EN VOZ ALTA

Venezuela, una lección para el mundo

Ricardo Escalante

Primera edición: 2026

Publicado por
VIK International, LLC
Austin, Texas, Estados Unidos

Foto de portada:
Rómulo Betancourt, flanqueado por su gran amigo Luis Piñerúa Ordaz (a su derecha) y por el autor del presente libro, camina hacia el terminal de pasajeros del aeropuerto de Maiquetía. La fotografía fue tomada en 1980 (archivo personal).

A mi esposa Carmen Ligia

A mis hijos Carla, Gabriel y Elena

A mis nietos Sofia Mariann y Gabriel

Prólogo

Ojos y oídos de testigo

Cuando a través de ese insufrible intruso que es WhatsApp me llamó Ricardo Escalante para solicitarme el prólogo de su libro *En voz alta*, la verdad fue que me tomó por sorpresa. Como desde los sucesos que pusieron fin al gobierno democrático de Carlos Andrés Pérez yo había iniciado un proceso de distanciamiento de la patria de mis padres y abuelos, que me ha llevado a vivir en una suerte de claustro al cual solo ingresan los interesados en la búsqueda de la verdad o del conocimiento, agradecí profundamente la distinción que Ricardo me confería, por cuanto él ha sido uno de los más destacados profesionales del periodismo venezolano.

En Caracas compartí con el amigo periodista muchas gestas informativas que marcaron épocas: la nacionalización de las industrias básicas; la creación de PDVSA, el establecimiento de la Fundación Gran Mariscal de Ayacucho, el desarrollo del cinturón universitario, la realización del Primer Congreso de Ciencia y Tecnología y, desde luego, los éxitos de la diplomacia venezolana que se concretaron en la regionalización de la lucha de Panamá por el control del canal interoceánico y el hálito final del proceso de paz de Centroamérica. Siempre admiré la meticulosidad en la investigación y la calidad de la prosa evidentes en los despachos de Ricardo Escalante, que como fuente para investigaciones eran un excelente insumo.

La trágica dinámica de la política venezolana me hizo perder contacto con Ricardo, hasta que un día reapareció en Houston, Texas. Desde entonces intercambiamos con cierta periodicidad opiniones sobre los sucesos que impactan la realidad política y económica de los Estados Unidos, país que experimenta una transformación importante en la medida en que la economía industrial cede paso a la economía digital. Hoy acometo la tarea de contribuir con esta ópera prima, aportando las reflexiones estimuladas por su lectura.

Este trabajo constituye la mejor bitácora de viaje de la democracia venezolana hacia su propia destrucción. En él se aprecian con claridad los hitos que llevaron a la quiebra institucional, el papel de los odios personales en la ruptura de los hilos democráticos; la ausencia de visión del empresariado, la confusión de roles en los medios de comunicación y las infinitas falencias de la dirigencia política.

Con este texto se llena un gran vacío en la narrativa de la crisis venezolana, porque las múltiples obras que recogen el proceso de la caída de la democracia y de la debacle económica, se concentran en la descripción de los procesos económicos o políticos incluyendo los geopolíticos, pero ninguna había descrito lo que es la savia de nuestra República: el comportamiento de las élites y de la sociedad civil. El rol fundamental de las élites y de la sociedad civil fue invocado por Benjamin Franklin cuando respondiendo a la pregunta de un periodista sobre lo hecho por los constituyentes norteamericanos, indicó "Creamos una República, si es que podemos mantenerla"...

En voz alta nos trae un recuento de la colusión de las élites venezolanas para proteger sus intereses parciales en desmedro del orden democrático, sin percatarse de que sacrificaban el interés general de la República y la novel democracia que apenas había funcionado por un poco más de cuatro decenios. Los intelectuales dieron sustento a la tesis de que el sistema estaba podrido, cuando lo realmente podrido eran las élites, que nunca comprendieron que la democracia es un ejercicio que reclama la sucesión de liderazgos. Muchos jóvenes talentosos tuvieron que conformarse con ser segundones, porque las posiciones cimeras de las instituciones públicas y privadas habían sido ocupadas ad eternum por líderes formados durante la Segunda Guerra Mundial, por lo que su visión y objetivos vitales carecían de relacionamiento con una realidad mundial que de manera creciente se inclinaba hacia los avances tecnológicos. Igual ocurría en los partidos políticos, cuyos líderes no solo bloquearon la sucesión, sino que se aferraron a políticas económicas de corte presbischiano, cuando la economía internacional y muy particularmente la energética, se encontraban en franca globalización. El sector empresarial venezolano de las postrimerías del siglo XX, salvo contadas excepciones, había logrado desarrollarse gracias al apoyo del

Estado. Con la excepción de un empresario controvertido y mediático que había salido a nadar en el mar profundo de la economía más avanzada del mundo, el resto del empresariado venezolano era adicto a la extracción de rentas desconociendo los principios de la creación de riqueza.

Fue así, como bien lo describe Ricardo Escalante, como sucumbió la República venezolana. Las elecciones de diciembre de 1988 fueron la prueba contundente del divorcio entre la sociedad civil y las élites. En esa ocasión hubo una abstención del 43%, que fue mayoritaria en los estratos C, D y E de la población. Fueron los estratos A y B, que reúnen a las elites del país, los que concurrieron mayoritariamente a votar, y aunque tenían una opción de progreso encarnada por Henrique Salas Römer, escogieron una de retroceso e implosión. La alternativa seleccionada estaba, además, vinculada a uno de los más oscuros intereses regionales. Fidel Castro, líder de Cuba, había puesto sus ojos sobre Venezuela desde los años cincuenta. Su idea era acceder a las fuentes de energía del continente y, por esa vía, al control económico de la región. En 1999 el recién ungido líder de Venezuela, Hugo Chávez, le abrió las puertas a su plan de ocupación. El resto de esta historia se conoce ampliamente porque nunca hubo en el hemisferio occidental una destrucción tan masiva de un Estado sin que mediara guerra o conflicto interno armado.

Otro aspecto fundamental de *En voz alta* es la descripción del proceso de formación y desarrollo de la clase media venezolana. A partir del perfeccionamiento de la infraestructura vial y económica que realizan los gobiernos de Rómulo Betancourt y Raúl Leoni, el país comienza a insertarse en el progreso. La presencia de las empresas petroleras con campos donde los empleados eran dotados de vivienda y de infraestructura educativa y recreativa, además de los servicios de seguridad social, establecía un modelo de gestión moderno e incluyente, contrastante con los sistemas feudales de Venezuela.

Con la apertura de universidades, la dinamización del crecimiento en la medida en que el petróleo se enseñoreaba en la matriz energética mundial, se abrían aún más los cauces de las relaciones económicas, culturales y sociales internacionales a la clase media venezolana, que termina por adoptar los métodos de trabajo y el comportamiento de países como Estados Unidos. Esa clase media desarrolla dos elementos fundamentales para toda democracia. El primero es el apego y valoración de la libertad, el segundo es la conciencia de sus intereses. Por ello no acompaña a las élites en el proceso de defenestración de la democracia y ha sido la protagonista de la gesta cívica más hermosa del Continente. A lo largo de casi treinta años ha protestado cívicamente, ha puesto sus hijos a combatir en el frente de batalla en que ha perdido a muchos y ha recurrido a todas las instancias internacionales en búsqueda de justicia. Resiste los acosos del gobierno que incluyen espantosas torturas, desapariciones y encierros. Hoy se ha agrupado detrás de un liderazgo en que se siente retratada: el de María Corina Machado. El retrato de esa sociedad civil está muy bien logrado en esta obra.

En voz alta sirve y servirá siempre a dos propósitos: el primero es emocional. Los venezolanos podemos decir que no ha habido una sociedad civil más gallarda que la nuestra y por ello las esperanzas de recuperación de la libertad no mueren. El segundo es comprender que en América Latina todavía sobreviven estructuras institucionales feudales que promueven el corporativismo y el mercantilismo. En lo político el corporativismo es excluyente de la participación y por ende de la formación democrática. En lo económico el mercantilismo impide la competencia y promueve la extracción de rentas, con lo cual las economías raras veces desarrollan su potencial. Por tanto, vivimos en un continente lleno de economías parapléjicas que son incapaces de absorber la mano de obra que genera cada nación. Y es así como acumulamos pobreza. Al no haber competencia no se produce la renovación tecnológica, y al haber protección del Estado los eslabones de la cadena de valor global nunca se asientan en nuestras naciones. Por eso no logramos hacernos parte de las economías avanzadas.

La tarea fundamental de quienes lean *En voz alta* deberá ser el inicio de un plan de apoyo a esa clase media gallarda que tan bien retratada allí se encuentra, porque ella es el reflejo de la personalidad del autor. Solo personas como Ricardo Escalante podrán reconstruir una Venezuela de libertad sólida en la que la sociedad civil logre sustituir las instituciones del medioevo por instituciones del siglo XXI.

Beatrice E. Rangel

Exviceministra de la Secretaría de la Presidencia
Exministra de la Secretaría de la Presidencia
Consultora internacional de negocios
Miami, febrero de 2025

Capítulo I

Presagios infames

Muchos, unos más otros menos, pasaban por alto los perjuicios infligidos por sus malas artes a un país con abundantes recursos naturales, clase media robusta, sin fanatismos religiosos o raciales y sin los crueles conflictos bélicos de los siglos XVIII y XIX. Tanto insistieron, tanto se ensañaron y con tanto desenfado lo hicieron, que terminaron por arrasarlo todo, hasta dejar a casi treinta millones de venezolanos en la miseria y en manos de una pandilla de malhechores.

El relato que comienza con algunos pasajes de mi niñez en el corazón de los Andes, en la entonces remota San Cristóbal de calles empinadas, casas de zaguán, escasos edificios y gente decente con arraigadas tradiciones conservadoras, porque ni siquiera en ese apartado y apacible rincón de Venezuela, escapábamos al silencioso e indetenible daño que al estilo de termitas en madera seca, carcomía el tinglado social sin fórmula alguna de salvación. La falta de conciencia nos impedía percatarnos de los alcances malignos de cuanto ocurría.

En el ocaso de la dictadura del rechoncho general Marcos Pérez Jiménez (1952–1958), de lunes a viernes yo asistía a las siete horas de clases en la escuela Junín del barrio La Romera, donde un maestro arcaico nos humillaba a palmetazos, confiado en que a nadie importaban los derechos del niño y casi nada se había legislado sobre el tema. Al salir cada tarde de la escuela me trasladaba al modesto taller de carpintería de mi padre en el centro de la ciudad, donde después de un pedazo de pan, otro de queso y una taza de café con leche, ayudaba en la faena y escuchaba conversaciones de distinto tenor. Sin espacio para el aburrimiento y con ojos de niño provinciano, allá vi los primeros pasos de una democracia que a duras penas sobrevivió cuatro décadas.

Además del estudio y de algunos ratos de juego, mis tres hermanos y yo nos criamos en un ambiente de trabajo y estrechez económica, mientras las noticias apenas me interesaban. Cuando el taller no proveía la subsistencia del hogar, mi contribución consistía en cosechar limones, naranjas y toronjas en el amplio solar de la casa, para venderlas en el viejo mercado cubierto situado frente a la Plaza Bolívar, que un mal día fue arrasado por un voraz incendio. Mi hermano menor hacía lo propio con los huevos de las pocas gallinas del corral de nuestra madre, mientras ella se las ingeniaba con la costura. En pocas palabras, nos rebuscábamos un poco por aquí y otro por allá.

Sentado en la acera de una esquina próxima a la casa, los sábados por la tarde yo contemplaba a las muchachas del vecindario al pasar y contaba cuentos con los amigos, así hasta la aparición de Pedro "Chapuza", un personaje popular de grandes zapatos y chaquetas con enormes bolsillos repletos de camándulas y medallas, a quien hacíamos malas pasadas. Pedro era un fiel reflejo de esa ciudad en la cual los cadáveres eran velados en los hogares, adonde él llegaba sin ser convocado, guiado como por un radar. Aunque la etiqueta de llorador teatral le quedaba grande, cuando el muerto era un conocido o amigo suyo, las lágrimas le corrían en medio de las oraciones o en la emoción de sus panegíricos. Nosotros, muchachos irreverentes al fin y al cabo, esperábamos la oportunidad para interrumpir los rezos, tras lo cual él nos perseguía con improperios a voz en cuello, aunque sin verdadero ánimo de alcanzarnos. Aquella era una mala versión del juego del gato y el ratón.

En medio de esas peripecias, el 23 de enero de 1958 amanecimos con la noticia de la huida de Pérez Jiménez, arrinconado por la agitación de los militares, a quienes él se ufanaba de conocer bien pero que en realidad se le iban de las manos, así como por la prolongada resistencia civil. Fue un día de celebración para todos, con sueños de prosperidad y libertades plenas, pero los fantasmas del autoritarismo estaban enterrados a medias y espantaban en cualquier sitio y a cualquier hora. Por eso aún hoy pagamos caras las consecuencias.

A la caída del déspota y animados por el júbilo libertario, grupos de estudiantes salieron a patrullar las calles en previsión de desórdenes que por fortuna no se presentaron. En ese panorama, dirigentes políticos, sindicales y empresariales, exploraban posibles acuerdos para transitar la vía de una nueva Venezuela, en cuyos inicios la junta gobernante puso en marcha un costoso plan de empleo de emergencia de pobres resultados. Al regresar del exilio unos invitaban a un gobierno de concentración nacional, mientras otros hablaban de consensos, de concordia, de armonía. Había de todo un poco.

Pérez Jiménez había asistido a cursos de especialización en la rancia academia de Chorrillos, en Perú, por donde desfilaban generaciones de latinoamericanos atraídos por el supuesto derecho de los uniformados a organizar logias, conspiraciones y golpes de Estado. Con reconocida astucia y ascendencia entre sus compañeros de promoción, ese militar venezolano se entrometió en política hasta defenestrar a dos presidentes de signos opuestos: uno militar, el otro civil. La primera vez lo hizo en 1945 en alianza con miembros de Acción Democrática, contra el general Isaías Medina Angarita, sin que él mismo le echara mano al poder. La segunda fue tres años más tarde contra Rómulo Gallegos, figura sobresaliente del mismo partido y de las letras latinoamericanas, y entonces Pérez Jiménez sí entró a formar parte de la junta militar y más tarde asumió el control total del poder.

A partir de 1958 las ilusiones se abrían paso entre los venezolanos, al tiempo que los desestabilizadores aparecían como de la nada y con sus desmanes se hacían sentir hasta en los períodos de paz social generados por los altos precios del petróleo. Para socavar las bases de la democracia, los inadaptados sacaban provecho de los medios de comunicación y de cualquier otra posibilidad que se les presentara. Con elementales principios de la dialéctica marxista, ellos se empeñaban en distorsionar los criterios de los ciudadanos para aniquilar la razón de ser del sistema, valiéndose de las libertades consagradas en la Constitución.

Fue así como pasaron los años y después de Hugo Chávez haberse aferrado al poder y muerto en él, decidí juntar una serie de cabos sueltos de la historia contemporánea para contribuir a desentrañar las causas y los causantes del desmantelamiento del sistema. Opté por examinar el lapso comprendido entre los primeros días de la democracia en 1958 y el deceso de Chávez en marzo de 2013, aunque con inevitables referencias a otros personajes y situaciones con incidencia clave en la vida contemporánea de los venezolanos. Leí, revisé archivos, hablé con actores y testigos de aquellos sucesos, hurgué en los recuerdos y en las amarillentas libretas de notas de mis años como reportero de los principales periódicos de Caracas y de la provincia, refresqué anécdotas y noticias, en la seguridad de que ahí estaba la génesis del chavismo. El periodismo era mi puesto de observación privilegiada en aquel país en franca ebullición que aflora en mis recuentos y reflexiones.

Ahora escribo impulsado en buena medida por sugerencias de amigos de muchos años y lo hago sin rigor científico o social, sin ánimo de hacer historia porque no soy ni historiador ni explorador de cataclismos sociales, pero sí como hijo directo de un modo de vida con pluralidad de ideas y porque, en definitiva, presencié en primera fila situaciones cuyas repercusiones hoy nadie se atrevería a negar. Narro aquí detalles que establecían la diferencia entre un líder enérgico, fuerte, con visión, olfato y capacidad para actuar, y otro con vastos conocimientos, dotado de cultura enciclopédica y larga experiencia en las cuestiones del Estado, pero cegado por la egolatría. Durante la investigación y redacción del presente texto, amigos y diversas fuentes consultadas me preguntaban las razones por las cuales concluiría en el gobierno de Hugo Chávez y no en el de Nicolás Maduro. La respuesta invariable era sencilla: porque con Chávez culminó la liquidación de la democracia, mientras Nicolás Maduro se encargó de acentuar las restricciones a las libertades individuales y colectivas.

Los lectores no demorarán en descubrir el uso de la primera persona para dar forma a un contenido de neta factura periodística sin fines autobiográficos, porque mi vida careció de las vivencias públicas suficientes para sacarle filo a unas memorias. Bueno, en realidad tampoco se puede pecar de modestia, pero aquí no se trata de contar historias personales por más seductoras que pudieran ser, porque correría el riesgo de caer en lo meramente anecdótico, dejando de lado lo sustancial: la triste y dolorosa experiencia que perjudicó no solo a los venezolanos, sino que se hizo sentir hasta en los rincones más apartados del Continente y aún más allá. Y lo hago en primera persona porque el periodismo implica lo que interesa a la gente: la parte humana, los sentimientos, lo grande y lo pequeño de la vida cotidiana, hechos que me despojaron de ingenuidad y me inculcaron la suspicacia. El periodismo fue y sigue siendo mi pasión.

Desde el final de la democracia ha transcurrido el tiempo necesario para empezar a ver las cosas en perspectiva, distintas a cómo se apreciaban en tiempo real. Es así como al enfriar los arrebatos circunstanciales vemos la fragilidad y las virtudes de aquel sistema político basado en pesos y contrapesos, para arribar a conclusiones con algún tinte aleccionador. Todavía quedan, por supuesto, individuos de la época democrática interesados en tapar sus desechos con tierra, como los gatos, o que justifican los errores de familiares, amigos y compromisos grupales, pero es indispensable examinar las fisuras de esa sociedad y las motivaciones de quienes entonces lucían victoriosos.

Al descorrer el velo de los progresos alcanzados en aquel período, descubrimos que, sin lugar a dudas, ese fue uno de los más fascinantes de la historia republicana de Venezuela, tanto por la calidad como por la magnitud de los alcances sociales y económicos, que en esos momentos no eran evaluados de manera justa porque mirábamos el camino con gríngolas, como los caballos de carreras, con una perspectiva corta y distorsionada. La propaganda negativa era tan estruendosa y efectiva como el torpedo que impacta la línea de flotación de una nave, la paraliza y deja a la tripulación en condiciones de indefensión. Por eso no es erróneo decir que a pesar de sus bondades, la democracia venezolana comenzó a hacer aguas desde temprano y afectó a otras naciones.

El 13 de mayo de 1958, transcurridos tan solo cuatro meses desde el final de la autocracia de Pérez Jiménez, un hecho de grave incidencia fue reseñado por los periódicos del mundo entero: turbas enardecidas estuvieron a punto de ocasionar una invasión cuando en la avenida Sucre, en el oeste de Caracas, trataron de linchar al entonces vicepresidente de Estados Unidos, Richard Nixon y a su esposa Pat, en la última etapa de una infausta gira por Latinoamérica. Si los marines hubiesen pisado el territorio nacional, con toda seguridad habrían dado al traste con el incipiente y a la vez tambaleante experimento político nacional.

Las sincronizadas manifestaciones de violencia en varios sitios de la capital, demostraron que no se trataba de una repulsa aislada contra el gobierno norteamericano, sino de algo pensado con detenimiento por los alteradores profesionales de la tranquilidad pública, para gritar al mundo entero que ahí estaban ellos, decididos a romperse el pecho por un modelo bárbaro disfrazado de paraíso terrenal. Es verdad, en esa ocasión hubo quienes defendían la importancia de la libertad y lo hacían con dedicación, pero fueron esfuerzos incompletos porque no se les dio el carácter de principios cívicos indispensables y perdurables. Los jóvenes de las generaciones siguientes han debido crecer con los valores de la honestidad y de la fe democrática, pero al no haber sido así por fallas del sistema educativo, incurrimos en fracasos que dieron lugar al papel prevalente de hipócritas e inmorales.

Con anterioridad a la visita de Nixon había habido insistentes rumores sobre un posible plan magnicida, a pesar de lo cual la vigilancia policial no fue reforzada y la incapacidad de la junta de gobierno venezolana resultó obvia. Los agentes del servicio secreto estadounidense contuvieron hasta donde podían a los atacantes, que rompieron los vidrios del vehículo y escupieron el rostro de la señora Nixon. La junta de gobierno, empresarios, sindicalistas, los partidos políticos y, sobre todo, altos dirigentes de izquierda repudiaron los actos vandálicos, mientras estaba a la vista la participación de la juventud comunista y de miembros de la entonces ala marxista de Acción Democrática.

Esa era todavía la época de la política del gran garrote, del dominio de Estados Unidos en la región con el uso de la fuerza, en coaliciones con militares represivos y otros sectores de derecha en cada país, lo que a la postre azuzaba los sentimientos de repulsa a las manifestaciones imperialistas norteamericanas. Las bananeras y otras transnacionales de triste recordación hacían y deshacían al Sur del Río Grande, propulsadas desde el Departamento de Estado, la CIA y el Pentágono, por funcionarios temibles, artífices de operaciones desestabilizadoras y derrocamientos de presidentes.

El atentado de Caracas sucedió en el ambiente caldeado por la condecoración que con desmedidos elogios, el vicepresidente Nixon acababa de imponer en Asunción al despiadado dictador paraguayo Alfredo Stroessner. No mucho antes el mismo Pérez Jiménez había sido condecorado por sus "contribuciones" a la paz regional y por su demostrada vocación anticomunista. Estados Unidos no solo toleraba a los gobiernos militares reaccionarios, sino que los patrocinaba con desembozo, porque en el apogeo de la Guerra Fría eran obedientes a sus designios económicos y cómodos para contener la penetración soviética.

Extraviados en discusiones ideológicas y en las contradicciones del totalitarismo soviético, así como en las definiciones de su papel en el nuevo sistema político nacional, los comunistas aún no habían adoptado el terror como el método de lucha que poco después utilizaron para trastornar la vida nacional. En ese clima de confusión tampoco imaginaban que el joven barbudo Fidel Castro que estaba a la vuelta de la esquina, se iba a erigir en inspirador, asesor y financista de su fallido proyecto guerrillero, movido por la nada inocente intención de extraer de Venezuela pingües beneficios para su tiránica revolución cubana.

Pues bien, en una de mis tardes en el taller de carpintería, entre el café con leche y el pedazo de pan con queso, empecé a ver a uno de los luchadores contra la dictadura, que se suicidó meses después de haber salido de los calabozos de la Seguridad Nacional en Caracas, donde le aplicaban descargas eléctricas en los testículos hasta dejarlo inconsciente, con cigarrillos le quemaban el rostro y los brazos, le arrancaban las uñas y a batazos le rompieron los huesos de la cadera y las piernas. Caminaba con dificultades extremas, apoyado en muletas, porque la crueldad le había impedido la asistencia médica en prisión y su cuerpo estaba en ruinas. En tertulias vespertinas él relataba sus actividades políticas y la implacable persecución policial, sin que nadie sospechara la ausencia de alicientes de vida.

Yo escuchaba en vilo los relatos sobre la clandestinidad y la vida en prisión. Como el encierro suele labrar lazos entre víctima y victimario, ese señor no olvidaba ni los nombres de sus verdugos ni algunos gestos de condescendencia. Contra lo que hubiera sido deseable, yo me mantenía callado, sin decir o preguntar nada, porque en aquella sociedad conservadora un muchacho no tenía derecho a intervenir en las conversaciones de los mayores, así hasta el instante en que mi padre recibió la noticia fatal y visiblemente conmovido nos informó.

Dos años más tarde, el 20 de abril de 1960, experimenté en carne propia los atropellos militares con motivo de un cuartelazo en San Cristóbal, combatido con firmeza por el gobierno del presidente Rómulo Betancourt. Como ese día no había alimentos en nuestra casa, mi padre y yo emprendimos una caminata de varios kilómetros para abastecernos en un pequeño negocio que era atendido a través de una ventanilla. De regreso con aquellas pesadas bolsas de fibras de fique al hombro, en el momento menos esperado una patrulla nos detuvo en una esquina. Sin pedir ni escuchar nuestras obvias explicaciones, nos propinaron varios planazos, a empujones nos hicieron subir al camión y nos trasladaron a una estación de policía cercana. Además del ardor en la espalda y en el pecho, el incidente me produjo una desazón que todavía recuerdo como si hubiese ocurrido esta misma mañana.

En la modesta vida de mis padres no cabía la militancia partidista, pero sí estaban atentos a cuanto ocurría, con amigos y parientes reacios al autoritarismo y, como era lógico, con la esperanza de una vida mejor. Él, Ricardo como yo, se hizo solo porque su madre murió en el parto y el marido, mi abuelo, un campesino de Pregonero desasistido de medios para criar el niño, lo entregó a una familia adinerada cuyas pretensiones eran utilizarlo de sirviente al estilo colonial, sin proveerle ni el más elemental trato humano ni educación. Harto de la humillación, él huyó cuando tenía ocho años y encontró trabajo en una carpintería, donde aprendió el oficio de su vida y la esposa del dueño lo estimulaba para que asistiera medio tiempo a clases en una escuelita cercana.

Además del respeto inspirado por el lazo filial, desde la niñez desarrollé una férrea amistad con mi padre. Sosteníamos largas conversaciones y juntos viajamos un par de veces a Caracas por unos cuantos días, en los cuales noté la enorme diferencia entre mi ciudad de aires pueblerinos, y la capital, con tráfico congestionado y gente de rápido caminar. La vida caraqueña era de otras dimensiones, la migración del campo a las ciudades empezaba a acelerarse. Habitantes de la provincia se desplazaban hacia el centro cuando todavía los cinturones de miseria no causaban agobio, unos lo hacían para buscar trabajo, otros para acudir a institutos de educación superior, que en el interior se contaban con los dedos de una mano. Nuestro primer viaje fue inolvidable por agotador, duró tres días a través de la vieja carretera trasandina, subiendo y bajando montañas, con paradas en pequeños y fríos caseríos.

Allá en San Cristóbal, a más de setecientos kilómetros de Caracas por vías llenas de curvas, pendientes y huecos, la población también experimentaba los excesos de la represión del despiadado aparato policial de la dictadura. No con todos se podía hablar con libertad contra el régimen porque había soplones y el miedo se hacía sentir. A los comunistas y a los dirigentes de Acción Democrática correspondían las glorias de la resistencia a los vejámenes de la tiranía.

Al iniciar mis estudios en el Liceo Simón Bolívar, ya en el gobierno de Betancourt (1959–1964), aparecieron los grupos de izquierda radical con sus protestas orientadas a ganar incautos para el estruendoso movimiento guerrillero patrocinado desde Cuba, que jamás consiguió apoyo popular pero sí dejó muertos, heridos y cuantiosos daños económicos. Voceaban la consigna "Cuba sí yanquis no", mientras el fulgurante Fidel Castro deslumbraba a los jóvenes del continente, a pesar de la feroz ola de fusilamientos, torturas y expropiaciones del incipiente régimen que poco después se proclamó comunista. En la revista cubana *Bohemia* yo leía reportajes sobre las ejecuciones sumarias del castrismo, ilustrados con fotografías e historias espeluznantes.

Estudiantes de la Universidad de Los Andes catequizados por marxistas venían desde Mérida con sus prédicas agitadoras. Quemaban neumáticos, lanzaban piedras, rompían vidrieras de negocios, enfrentaban a la policía como en casi todo el país, en disturbios orquestados para perturbar el clima social. Fidel Castro creía entonces en la tesis de exportar revolución cubana por la vía violenta, con invasiones y estímulos a los focos guerrilleros y a las protestas estudiantiles. En esa ocasión fracasó, pero casi cuatro décadas después alcanzó el cometido a través de un teniente coronel tan decidido como él a perpetuarse en el poder.

Todo aquello, además de los capítulos de la historia nacional cargados de excesos, me enseñaba la importancia de la vida en libertad. Con esas lecciones aprendí poco a poco a ver las cosas con un sentido crítico que después se agudizó en el ejercicio del periodismo, cuando la influencia de los periódicos seguía firme y nadie presentía los acelerados e impactantes avances de la electrónica en el mundo de las comunicaciones. Las redes sociales, los teléfonos celulares inteligentes y los grandes beneficios y graves riesgos de la inteligencia artificial, ni siquiera existían en las películas más fantásticas.

Mi debut reporteril ocurrió a finales de 1970 en el peldaño más bajo, con notas de relleno para el recién inaugurado diario *La Nación* en San Cristóbal. Yo había estudiado dos años de periodismo de la Universidad Central cuando la alharaca de un proceso de renovación académica estaba en curso, el nombre de la escuela todavía no era de Comunicación Social y vivía en el apartamento de mi hermana mayor en las Colinas de Bello Monte, hasta que el presidente Rafael Caldera, cansado del uso de la Universidad por grupos de izquierda extrema, tomó la absurda decisión de cerrarla por un año y me vi forzado a regresar al Táchira. Por esos mismos días Caldera también clausuró las escuelas técnicas industriales, de las cuales egresaban en seis años contingentes de personal calificado para múltiples empresas.

De *La Nación* pasé a la corresponsalía de *El Carabobeño* en Caracas y vivía en San Agustín del Norte, en un cuarto de mala muerte que a duras penas podía pagar, en una pensión situada a tres cuadras de las viejas instalaciones del Nuevo Circo, que todavía servían de escenario para actos políticos y corridas de toros. Entre los residentes de aquella sórdida vivienda estaban un médico borrachín empleado del Seguro Social, de conversación grata, contador de chistes y siempre atento a quien lo necesitara; un camionero distribuidor de cervezas y una puta barata que cada noche hacía chirriar los oxidados resortes de su cama de hierro, mientras al dormir a pierna suelta la casera no se enteraba de nada.

Entre penurias y estirando cada centavo pude alquilar un pequeño apartamento en Ciudad Tablita, en la populosa parroquia Sucre, donde mi esposa Carmen Ligia en su avanzada preñez, y yo, un reportero pobretón, descubríamos la necesidad de la convivencia ciudadana. Las limitaciones económicas nos impedían ir a un cine y todavía más a un restaurante. Ahora, con la perspectiva que da la vejez, encuentro entre agitada y divertida buena parte de los proverbiales episodios de aquella Caracas, en cuya atmósfera era inimaginable el día en que otro militar vendría a arruinarlo todo, a inculcar el odio de clases y a horadar la moral pública.

El apartamento estaba situado a pocos metros de unos bancos de concreto rodeados de arbustos, donde los trasnochadores del vecindario se reunían varias veces por semana. Para ellos las noches avanzaban al influjo de cervezas, ron, marihuana y algo más, con anécdotas y chistes atornasolados que provocaban carcajadas y aplausos, hasta que alguien clamaba por "¡Daniel Santos! ¡Daniel Santos!". Ahí entraba en escena un improvisado imitador del cantante boricua con sus canciones, gemidos e historias, con el mismo encanto del verdadero. Acompañado por un timbalero, él tocaba una guitarra y entonaba "La despedida", "Linda", "El preso", y otros hermosos boleros, hasta el instante en que alaridos, balaceras, ambulancias y persecuciones policiales, ocasionaban estampidas.

A nadie en Ciudad Tablita le asistía el derecho a vivir sin sobresaltos, aunque en realidad Carmen Ligia y yo jamás fuimos víctimas del hampa. Claro está, éramos cautelosos, nada nos detenía en el camino y evitábamos la calle a deshoras. Ahí nació nuestra adorada Carlita y conocimos gente decente, trabajadora, familias con jóvenes profesionales universitarios que saborearon el ascenso en la estructura social. En esa Venezuela no había quien pensara en expropiaciones de empresas y haciendas, saqueos, invasiones a casas y apartamentos promovidas por el gobierno, y todavía menos que el caos y el terror un día se convertirían en políticas de Estado. Nada de lo que seguía a "Daniel Santos" apuraba la lentitud de aquellas noches endiabladas, hasta que alguien pedía a gritos "¡la primera válida, la primera válida!" Ahí otro artista anónimo iniciaba su turno con la narración de una imaginaria primera carrera en el todavía esplendoroso Hipódromo La Rinconada, que los fines de semana agitaba las expectativas de los venezolanos con las apuestas del 5 y 6.

Las "narraciones hípicas" eran la parodia de un legendario animador que durante medio siglo acaparó la sintonía de radio y televisión en Venezuela, a quien apodaban "Alí Khan", como el polifacético jinete multimillonario y propietario de haras, hijo del Aga Khan III, por cuyos brazos pasó una larga lista de despampanantes y ansiadas mujeres de la clase alta internacional, incluyendo artistas de moda del cine norteamericano. "Khan" describía los jinetes, sus pesos y récords, las yeguas competidoras y sus fechas de nacimiento, los colores, pedigrí, las distancias a recorrer y otros detalles, así hasta la súbita interrupción para unas cuñas comerciales tan buenas como la supuesta carrera que estaba por empezar: "Gillette, la mejor afeitada" y otras más. Seguía con aquello de "la yegua tal no quiere cuadrar…. Ahora todo está listo y… ¡Se ordenó la partidaaa!.." De esa manera, entre "carrera" y "carrera" y mucho más, al llegar la sexta y última "válida", yo tenía que levantarme todavía soñoliento, pasar por la ducha, comer algo y correr hasta la parada del autobús para ir al periódico, donde cumplía mis largas jornadas.

¡Cómo olvidar entonces a Ciudad Tablita!

En aquellos días que mezclaban sueños y dificultades en iguales proporciones, cualquiera podía comprobar la acelerada movilidad social de los primeros quinquenios democráticos y, sobre todo, del primer gobierno de Carlos Andrés Pérez (1974-1979), muy popular por sus letras iniciales, CAP, y por tantas cosas más. En ese momento mi esposa, nuestra pequeña hija y yo, tuvimos acceso a un cómodo y recién construido apartamento en la avenida Libertador, con financiamiento a largo plazo, baja tasa de interés y cómodas mensualidades, a través del sistema nacional de ahorro y préstamo, cuya ayuda era de alto valor para la incipiente clase media en un clima de paz económica y social. Venezuela respiraba los aires frescos del pleno empleo, de universidades con niveles académicos cada vez mejores y del plan de becas Gran Mariscal de Ayacucho.

Los episodios centrales de esos cuarenta años giraban en gran medida en torno a Carlos Andrés Pérez, a su obra y sus vicisitudes, así como a las conspiraciones civiles y militares que de manera invariable se tejían contra su extensa carrera en los asuntos públicos. Decir esto hoy pudiera sonar exagerado, pero el tiempo ha dejado ver que incluso en el trienio 1945–1948, siendo él muy joven, tuvo algo que ver con las transformaciones entonces emprendidas, así como de manera protagónica en todas las ocurridas a partir de 1959. Sus muchos admiradores y los no pocos enemigos lo hacían motivo de acaloradas discusiones.

Aunque la impronta de Rómulo Betancourt fue definitiva en el proceso de asentar la democracia, las personalidades antagónicas de Rafael Caldera y Pérez siempre estaban en el meollo de una rivalidad con caras consecuencias para la vida nacional. De forma natural y hasta inevitable, lo entonces acaecido lleva al lector desaprensivo a la comparación de las personalidades de aquellos dos dirigentes. No hay que hilar fino para llegar a ellos y, como es lógico pensar, en las discusiones había otros participantes con influencias, pero ambos eran protuberantes y acaparaban la atención colectiva.

Después de *El Carabobeño* pasé a trabajar casi tres años en la corresponsalía del diario zuliano *Panorama* en Caracas, donde la jefatura de redacción estaba en manos de un rabioso anticomunista cubano de los tiempos del sátrapa Fulgencio Batista, un viejo de malos modales, procaz, que en las tardes y bajo los invariables efectos del alcohol colocaba la lupa en cada frase para detectar las improbables pistas de contrabandos fidelistas, hasta la afortunada tarde de mi renuncia para ir a *El Universal,* donde recorrí diversas fuentes y me anclé por casi veinte años en las de política.

Mes a mes, año tras año, en *El Universal* coseché la amistad de un grupo de reporteros de excepción con quienes al final del día recorría bares y restaurantes buenos y malos, en largas tenidas en las cuales salían a relucir los chismes de actualidad. Entre los asistentes a esos cónclaves no faltaban dirigentes curtidos en el combate a la opresión, convencidos de que la tranquilidad de la democracia reinaría por siempre, pero las sinrazones de muchos pavimentaban silenciosas el camino para que un día viniera otro uniformado con su quincalla de fantasías a dañarlo todo, a destrozar lo que con tanto esfuerzo se había conseguido.

Al llegar 1985 me separé del periodismo por algo más de cuatro años para ir a un cargo diplomático en Londres, donde aprendí a ver las cosas del país con el desapasionamiento que da la distancia, en lo cual también pesaron mucho la lectura y las largas discusiones semanales con un grupo de amigos de varias naciones, entre quienes destacaba George Philip, profesor en el Departamento de Gobierno de la London School of Economics y buen especialista en temas latinoamericanos. Recuerdo que al tocar un día el tema de la democracia venezolana mientras almorzábamos en el barrio chino, afirmé que gozábamos de solidez y expuse ciertos argumentos, mientras el paciente George escuchaba para luego rebatirme con firmeza. Con serenidad él diagnosticó las inquinas, ambiciones y falta de profundidad en la formación cívica de los militares, elementos que le permitían pronosticar amenazas para el sistema. "Ya verás, en cualquier momento volveremos a ver un militar en la Presidencia de Venezuela", profetizó con su olfato perspicaz.

El director y copropietario de *El Universal*, un aristócrata con trajes grises de fina seda, corbatas francesas e italianas y empedernido fumador de pipa, era un practicante de la buena paga a un modesto equipo de periodistas, en el grato ambiente de una sala de redacción estable y codiciada por reporteros de otros medios, que desapareció cuando él perdió el control de la compañía. Los periódicos rivales también disfrutaban de solidez económica, pero el caudaloso ingreso publicitario de *El Universal* hacía grande la diferencia, que por falta de visión nunca dinamizó la estructura de la redacción. Con su invariable estilo conservador, ese fue uno de los últimos grandes rotativos de América Latina en incorporar sus periodistas al inexorable universo de las computadoras. La tacañería y la falta de visión impidieron la oportuna digitalización de los valiosos archivos de texto y fotográficos del diario, en los cuales reposaba buena parte de nuestra historia. En cada escritorio había una vetusta máquina de escribir mecánica: la mía era una Olimpia no tan pesada como otras, pero cambiarle la cinta tomaba al menos media hora y me dejaba las manos manchadas de tinta.

Aquellos años de acceso relativamente fácil a las fuentes informativas me facilitaban, como a todos los demás periodistas, el trato a buena parte de la élite dirigente y ver sus virtudes y defectos. Eran años emocionantes que ocupaban mis días hasta el anochecer, con el vértigo de noticias que en escasas ocasiones ni siquiera fueron publicadas, algunas de las cuales ahora comento a manera de crónica y, por supuesto, no puedo dejar de confesar el placer que me producían las exclusivas. En este relato el lector encontrará alusiones a hechos que me hacían pensar que el clima de libertades sobreviviría más allá de los sinsabores cotidianos. El mío era un optimismo desmedido.

De vuelta en Caracas reanudé la cobertura de las fuentes políticas para *El Universal*, hasta el día de mi renuncia para dar tumbos en trabajos de otra naturaleza, hasta que *El Nacional* me acogió por siete años cuando su historia rebosante de valentía frente a la dictadura de Pérez Jiménez y como escuela de egregios periodistas, ya dejaba traslucir languidez, falta de agudeza y complicidades políticas. En ese lapso vi de cerca las desviaciones de ese rotativo y los entendimientos que ayudaron a Hugo Chávez Frías a llegar a su meta.

En las viejas épocas, cuando ir de San Cristóbal a Caracas tomaba más de una semana a través de tortuosos caminos, páramos y ríos, había bandoleros que se creían revolucionarios, comandaban montoneras y asaltaban a la vera del camino. Ese pasado poblado de espectros explica cómo y por qué después de haber corrido tanta agua bajo los puentes, los mandamases todavía reaparecen entre los venezolanos, mientras el hombre de la calle se sumerge en desidia e incapacidad ante las arbitrariedades. Uno de aquellos asaltantes de caminos del siglo XIX y comienzos del XX fue resucitado por el bisnieto Hugo Chávez, en una campaña calculada para proyectarse como heredero de prohombres. Pedro Pérez Delgado, el bisabuelo, alias Maisanta (1881-1924), en un arranque de venganza había asesinado por la espalda al lugareño que preñó a su desprevenida hermana, para luego escapar y dedicarse al delito y a revueltas sangrientas que serían elogiadas por Chávez como si se tratara de valerosas hazañas.

Refrescar aquellos lejanos antecedentes que muchos pensaban erradicados ayuda a entender los orígenes de la explosión social conocida como El Caracazo, ocurrida el 27 de febrero de 1989, así como de los cruentos golpes de Estado de febrero y noviembre de 1992, que dislocaron los cimientos de aquella sociedad con instituciones de solidez apenas aparente, y otros hechos de incidencia clave en el desmoronamiento de la democracia. Las voces de mal agüero tronaban incesantes, llevadas y traídas por vientos anunciadores de penurias, pero solo unos cuantos daban crédito a las temerarias especulaciones.

Hasta el segundo ascenso de Carlos Andrés Pérez a la presidencia de la República en febrero de1989, los viejos y nuevos detractores ponían a circular la conseja de que la salud del sistema estaba en condición terminal porque el cáncer de la corrupción había minado todos sus huesos. Como esas campañas eran de nunca acabar, pocos avizoraban el peligro del movimiento encabezado por Chávez, a pesar de que desde hacía casi trece años su conspiración avanzaba a plena luz del día. Quienes querían arrasarlo todo aprovechaban las circunstancias para sembrar la idea de que la única solución era el garrotazo militar. Nadie, ni siquiera los más suspicaces, atribuían fundamento a los pronósticos de una inminente insurrección militar.

El cuatro de febrero de 1992 tan solo un puñado de familiares y amigos sabía quién era y en qué consistían los aspavientos del jefe de la tramoya golpista, Hugo Chávez. Sus andanzas eran conocidas en círculos del Ejército, pero el factor crucial de su movimiento radicaba en el anonimato en la calle. A partir de ahí el discurrir de los años lo descubrió como lo que siempre había sido: un tosco y sagaz oficial del Ejército con claros objetivos de mando, diestro manipulador de insensatos e ingenuos que lo acompañaron en la sublevación. Y cuando por fin tuvo el poder en sus manos, se dedicó a torcer el curso de las instituciones y a hacer ley su voluntad. Entre las víctimas mortales de la segunda asonada del mismo año, perpetrada el 27 de noviembre, estuvo incluso uno de mis amigos, un inquieto y jovial reportero de *El Universal*, cuyo pecho fue atravesado por una bala de fusil mientras en búsqueda de información se desplazaba por las inmediaciones de la caraqueña base militar de La Carlota.

El listado de asonadas en la historia venezolana es tan extenso que no pocos tratadistas le han dedicado volúmenes completos. No en balde los militares han gobernado y hundido a la población en asesinatos, torturas, exilios, enfermedades, hambre, retrocesos educativos, desempleo y otros sufrimientos, durante más de las tres cuartas partes de la historia republicana. Al desembocar esa historia de altibajos en la campaña electoral de 1998, muchos creían ver en la tarjeta de presentación de Chávez a un demócrata corregidor de deficiencias, impresión por él cultivada con retórica desde su primer día en el palacio presidencial, para instaurar un régimen de pesadilla que en catorce años trató a la población como si nunca se hubiera zafado de caudillos y montoneras.

Desde épocas ancestrales y más allá de cualquier avance cívico, gobierno tras gobierno habíamos probado pócimas de todo tipo para nuestros males. En esas estábamos cuando en marzo de 1994, Chávez salió de la prisión de Yare, a setenta kilómetros de Caracas, inclinado a liderar el llamado a la abstención electoral para ahondar las contradicciones sociales, pero sus amigos lo persuadieron de las perspectivas de triunfo de una candidatura presidencial transgresora, de protesta, irreverente, tras lo cual, sin cejar en su vocación autoritaria, optó por competir en las elecciones con el soporte de su propia organización, el Movimiento Bolivariano Revolucionario 200 (MBR-200), transformado en Movimiento V República.

A Chávez no le resultó azaroso el cambio de estrategia porque desde la escuela primaria se las arreglaba de cualquier modo para satisfacer sus delirios. En ese sentido, Fidel Castro apareció en su vida en el momento oportuno para moldearlo con lecciones fantásticas prolongadas hasta las madrugadas. Con un habano encendido en una mano y una taza de café negro en la otra, Castro lo estimuló para que creara la cofradía de congéneres que en repetidas oportunidades él mismo había procurado sin éxito en otros países latinoamericanos. De manera instintiva y sin haber estudiado a Maquiavelo, Chávez aprendió del maestro que el objetivo justificaba cualquier medio y no debía confinarse en las fronteras nacionales.

El mensaje antisistema de ese militar triunfó en el proceso electoral de diciembre de 1998, abonado por el descrédito de los partidos y sus jefes tradicionales, por las denuncias de corrupción y la acción de conspiradores experimentados, con el agregado de la depresión del mercado petrolero, el alto costo de vida y las deficiencias de los servicios públicos. Con esos elementos Chávez cosechó el fruto de la propaganda que por décadas otros habían sembrado.

El teniente coronel, nacido en el estado llanero de Barinas en una familia de maestros de escuela con seis hijos, era un mestizo desconfiado de todo y de todos que dormía con un ojo abierto, listo para ponerse en guardia de un solo brinco. Algo por instinto y mucho por interés de Fidel

Castro, en el ejercicio de los asuntos del Estado andaba a la caza de adversarios, y cuando no los encontraba los inventaba para atraer incautos y oportunistas. Cuando en diciembre de 1994 Castro invitó a Chávez a visitar La Habana como retaliación por algunos gestos inamistosos del presidente Rafael Caldera hacia la revolución cubana, lo cortejó al presentir que se trataba de un personaje maleable, fácil de tutelar, y no se equivocó. La jugada le salió mejor de lo esperado.

Chávez, un extravagante oficial de paracaidistas, se estrenó en la Presidencia como seductor de dirigentes de muchas naciones que lo consideraban demócrata, proveedor de bienestar a los sectores populares, distinto y desenfadado aunque no maligno. Hasta el cándido embajador norteamericano de los primeros años presidenciales de Chávez, decía que a él había que evaluarlo por lo que hacía y no por los discursos incendiarios. Unos estiraban la mano sin disimulo porque lo sabían pródigo con lo ajeno, otros se limitaban a verlo de cerca por curiosidad, como si se tratara de un personaje de circo con uniforme militar, vestido a ratos con trajes de siete mil dólares y adornado con relojes de lujo.

En Venezuela no había habido alguien con la eficiencia del paracaidista para promover su personalismo, en lo cual combinaba el uso de instrumentos tradicionales y modernos de la comunicación de masas. Concentró en manos del Estado la mayoría de las emisoras de radio y televisión y censuró a los demás medios, impuso un sistema de dádivas y mecanismos de presión, y a cada paso violaba las leyes redactadas a su medida. Con desenfado y dilapidando la bonanza económica, cortejó a los gobiernos similares del continente para amarrar sus votos en los organismos internacionales. Como si eso fuera poco, a su favor soplaban los vientos de la oposición nacional atomizada, ciega, plagada de pifias, controversias, intereses particulares y sin un mensaje único ajustado a la realidad que vivíamos.

En los primeros meses de 1998 yo había entrevistado una vez a ese militar tropical para una revista de *El Nacional*, cuando su candidatura presidencial no había logrado el impulso definitivo y lo único consistente de su mensaje era el desprecio a los partidos políticos. Aparecía en un distante tercer lugar de las preferencias electorales, pero los estudios de opinión pública lo asomaban con un imprevisible potencial de crecimiento sostenido. La primera señal de esa perspectiva se notó en las fiestas de Carnaval de febrero de ese año, cuando el disfraz infantil más popular fue la imitación del uniforme de paracaidista de Chávez con su boina roja ladeada.

La entrevista ocurrió en un apartamento medio vacío del edificio La Hidra, en la urbanización La Boyera, entre los cerros del este de Caracas, donde Chávez se disponía a reunirse con sus estrategas. Fue una conversación nada memorable que retrataba a un personaje simpático, populachero, sin la preparación más elemental para dirigir el Estado, del que ignoraba sus funciones, la organización y las leyes que lo regían. Sus intervenciones públicas se caracterizaban por las generalizaciones, expuestas con una retórica seductora y con la convicción de que las cosas se arreglarían por las buenas o por las malas.

Ese día y en ese lugar vi por primera vez a un joven alto, delgado, desarrapado y con rostro de buena gente, a quien no conocía y de quien jamás había oído hablar, Nicolás Maduro, encargado de atender llamadas telefónicas y otras cosas que no reclamaban destreza alguna. Chávez me lo presentó y quedé convencido de que se trataba del recadero de confianza. En los meses siguientes coincidí con Maduro en lugares públicos, lo aproximé e intercambiamos las palabras suficientes para percibir el nivel educativo básico y la precariedad de su vocabulario. La conciencia de sus limitaciones lo hacía malicioso y distante y, por supuesto, nadie sospechaba que ese individuo que solo abría la boca para incurrir en disparates, catorce años más tarde sería catapultado a la Presidencia de la República por el mismo Chávez en los estertores de la muerte, asesorado por el inseparable guía Fidel Castro.

Los años al volante de los autobuses del Metro de Caracas, unos meses como empleado bancario sin tareas específicas (un recadero), la contextura fuerte, la estatura y una pasantía en una escuela de formación de cuadros en Cuba, habían sido las credenciales de Maduro para acercarse al entonces aspirante a la magistratura nacional. Además de espaldero en aquellos agitados meses de la campaña, la lealtad al jefe le sirvió para obtener una diputación, a partir de la cual fue saltando de rama en rama sin despertar recelos entre los más inteligentes, que de manera inexorable terminaban apartados o perseguidos cuando menos esperaban. Ese individuo de corte primitivo pasaba desapercibido con facilidad porque nadie lo consideraba un rival en potencia. Nadie le atribuía importancia y esa, precisamente, era su arma secreta, sin que ni él mismo se percatara. Maduro encarnaba una suerte desmejorada del personaje cómico Mr. Bean.

En la primera campaña electoral del teniente coronel pocos sospechaban que el desorden y el delirio se desbocarían en su ejercicio del poder. Por todos lados denunciaba intentos de magnicidio que se acumulaban por docenas, sin que las investigaciones dieran cuerpo a los presuntos implicados. Tenía sus artes para el engaño y las usaba en cualquier ocasión y a cualquier precio, porque en él habitaba un cínico contumaz. Al caer en sus manos la nación amable, pacífica, con un especial sentido del humor, se esfumó la deliciosa costumbre popular de practicar a cualquier hora y en cualquier sitio el "deporte" de hablar contra políticos, gobernantes y todos los demás. En ese ambiente las críticas de Chávez devenían en exageraciones y mentiras totales, aceptadas como buenas por los ingenuos.

Chávez vivía un carrusel de emociones extremas: era encantador, humilde, contador de chistes y anécdotas inverosímiles, prometedor y adulante ante quienes tuvieran cualquier cosa que pudiera importarle. Arrogante, prepotente y grosero ante los contrarios. Después de los frecuentes lapsos de euforia y grandilocuencia, el mundo se le venía abajo con explosiones de ira, obsesiones, depresiones y encierro. A las retahílas de ofensas contra los curas, seguían los estados depresivos y las llantinas. De rodillas besaba anillos y crucifijos de los religiosos e imploraba perdón. Maldecía, lo pateaba todo a su paso y hasta confesaba lo poco que dormía.

Era un individuo complejo, atormentado, con esas actitudes características de los afectados por resentimientos o enfermedades genéticas o incubadas en la infancia y en la juventud, con orígenes distintos a lo social o económico. Las rachas de ánimo del teniente coronel daban de qué hablar en distintos sitios y abrían la brecha a insólitas conjeturas. Cuando las relaciones entre él y su segunda esposa atravesaban situaciones conflictivas, acudían a un extraño siquiatra de mala reputación profesional que había sido ficha y candidato presidencial del Partido Comunista, en cuyo pasado había habido denuncias de agresiones sexuales a varias pacientes y fue enjuiciado y sentenciado por violar y asesinar a una joven universitaria. En una etapa Chávez se deshacía en loas para ese médico y hasta lo incorporó a su lista de nominados al Congreso, para luego execrarlo como a tantos otros, tras lo cual el siquiatra se vengaba diciendo que el presidente era un "militar autoritario, un mentiroso compulsivo e inestable".

Poco tentado a seguir las normas y los convencionalismos éticos, a Chávez lo dominaba una profunda visión utilitaria de las personas, lo que con frecuencia repercutía por igual en sus actos y en el gobierno, condenando a los venezolanos a vivir en un clima de zozobra permanente. Su relación con las mujeres era borrascosa y de manera invariable terminaba mal. Como casi todos los caudillos latinoamericanos, era promiscuo, con celestinas al alcance de la mano e hijos desperdigados. En su cama se turnaban funcionarias de distinto nivel recién bañadas, ariscas muchachas de barrio, esposas de ministros y de generales con moral reblandecida, reinas de belleza y hasta encabritadas diplomáticas de otros países. Ni siquiera se detenía con menores de edad[1]. Como el dictador italiano Benito Mussolini, creía que tanto las masas como las mujeres se dejaban subyugar por hombres fuertes y que él era uno de esos. Estaba muy lejos, por supuesto, de poseer la cultura y otros refinamientos de *Il Duce*, de quien sabía poco o nada.

En Chávez anidaba una faceta esotérica, supersticiosa: creía en brujería y babalaos, en magia. Participaba en ritos con gallos a los que terminaban por torcer el pescuezo. Hechiceras le leían la borra del café, las cartas de la suerte y el humo del tabaco. Le preparaban brebajes de distintos colores, olores y sabores. Chamanes cubanos jamás habían

---

[1] Ver Luis Pineda Castellanos El Diablo paga con traición, 2004, Producciones Karol, C.A.

celebrado rituales en la capilla de Miraflores, en los que, con alpargatas negras y franelas blancas, el barinés zapateaba al conjuro de figuras de la independencia nacional y echaba humo hasta por los oídos. Con los ojos brotados de un poseído por espíritus, invocaba el alejamiento de las ondas maléficas.

Las dotes histriónicas de Chávez se perfeccionaban cada vez más, aunque las contradicciones propias de la indigestión de conocimientos no dejaban de aflorar. Para mantener las expectativas de los seguidores esparcía promesas acompañadas de definiciones ideológicas tan indescifrables como esa del socialismo del siglo XXI, que no era ni socialismo ni del siglo XXI. Solo un menjunje de ardides utilizados por dictadores de distintos signos y tiempos. Institucionalizó un sistema de triquiñuelas para aparecer ante los desposeídos como un Robin Hood vengador, con la calculada intención de granjearse apoyos en procesos electorales organizados para bien del proyecto personal. Mientras nadaba en envidiables índices de popularidad, en sus interminables discursos hacía creer que la democracia radicaba en las amañadas consultas populares que por cualquier motivo convocaba.

En el desarrollo de los programas de gobierno intervenían funcionarios de moral herrumbrosa que causaron perjuicios a la vida y costumbres de los venezolanos. Unos con historiales de asaltos a bancos, secuestros, estafas, asesinatos, extorsiones y chantajes, otros involucrados en tráfico de armas y narcóticos, desfalco de dineros públicos y otras actividades ilegales en el pasado reciente. El equipo de Chávez era como extraído de una caja de Pandora, que hacía y deshacía a su gusto, y muchos de ellos escaparon impunes con asombrosas fortunas.

Los militares eran primordiales en el afianzamiento del gobierno, asistidos por decenas de miles de agentes de inteligencia cubanos, muchos de ellos encubiertos en batas de médicos, como entrenadores deportivos, especialistas en educación y en asuntos tecnológicos, que informaban a La Habana cuanto ocurría en Venezuela. La rápida inclusión de oficiales de las Fuerzas Armadas (FAN) en las distintas dependencias públicas, revivió el militarismo a ultranza que muchos creían olvidado.

En los primeros años del chavismo la Guardia Nacional reprimía las protestas populares a como diera lugar. Bandas de paramilitares —algunas enfrentadas entre sí-, se desplazaban en motocicletas, quemaban vehículos e instalaciones comerciales, robaban, extorsionaban, repartían palizas a diestra y siniestra, secuestraban, asesinaban. En sus actuaciones conjuntas, militares y paramilitares infundían terror. La ausencia de remilgos éticos del gobierno cedía lugar al discurso evangelizador de encumbrados funcionarios con pasado tenebroso. Con el discurso maniqueo de siempre, los planes de desarrollo económico de Chávez eran los más desaconsejados (vender arepas rellenas en las calles, cultivar hortalizas y criar gallinas y conejos en los balcones de los apartamentos).

Consciente de haber sido consumido por una de las variedades más agresivas de cáncer abdominal antes de cumplir los cincuenta y nueve años, en medio de complicadas intervenciones quirúrgicas, dolores insufribles y crecientes dosis de poderosos calmantes, Chávez continuó aferrado al mando hasta el final, sin renunciar a los vejámenes de todo tipo contra cualquiera. Los chamanes, las invocaciones de espíritus y las veneraciones obraban pocos milagros, sin que él renunciara a la siembra de sentimientos ultranacionalistas, clasistas, difíciles de revertir de la noche a la mañana. Así murió, sin el menor atisbo de arrepentimiento por nada, ni siquiera por su carga de muertos y heridos, que hubiese mortificado a cualquier criminal despiadado. Del tema de su salud hizo un tabú: en todo momento negaba la condición de enfermo terminal y perseguía a quienes se atrevieran a tocar el asunto en público.

Las lecturas de Chávez jamás dejaron de ser desordenadas e incompletas, en pocas ocasiones fueron más allá de las solapas y contraportadas de libros. Recomendaba con pasión el estudio de *El Capital*, de Carlos Marx, lo calificaba de primordial para entender las grandes transformaciones sociales y económicas del mundo en el último siglo y medio, pero, al mismo tiempo y sin que fuera necesario ponerlo entre la espada y la pared, admitía haber leído solo unas pocas páginas de esa biblia de los comunistas.

No era experto en Nietzsche pero tenía nociones de la voluntad de poder y hasta hablaba de *Zaratustra* como si fuera experto. Llevado de la mano de Fidel Castro, leía la tesis de la hegemonía cultural de Gramsci. El libro de cabecera de sus últimos años fue *Las venas abiertas de América Latina*, un tratado de generalidades del que hasta su mismo autor había abjurado hacía bastante tiempo.

Su pensamiento se fundamentaba en la hipótesis de que a la hegemonía se llega no solo con el uso de la fuerza bruta, sino también al influir con sevicia en los credos de la gente. No vacilaba a la hora de vulnerar la dignidad de los venezolanos con los recursos que estimara necesarios porque así lo dictaba su ética o, mejor, su falta de ética.

Capítulo II

Las grietas del sistema

Una de las causas de la caída del sistema de libertades instaurado después de Pérez Jiménez fue el desmedido reclamo de la sociedad civil a las esferas del poder político, cuya capacidad de respuesta se veía sobrepasada a cada momento por hechos de apariencia fortuita. Como en cualquier otra democracia, los partidos políticos, los sindicatos, las asociaciones empresariales, culturales y otras, ejercían a plenitud sus derechos y exigían soluciones inmediatas. A esa debilidad se sumaban las mezquindades y vicios de grupos e individuos prominentes, que sin descanso conspiraron hasta dar al traste con los esfuerzos y logros alcanzados.

Dicho lo anterior, es oportuno echar un vistazo a la situación política general de Venezuela entre 1958 y 1998. En primer lugar y sin temor a equivocaciones, puede afirmarse que había funcionarios envueltos en corrupción, pero no que los presidentes fueran ladrones y, menos aún, jefes de mafias o narcotraficantes. Hubo sí presidentes que por ceguera, envidias, obsesiones, ineficiencia, complejos de superioridad o por la influencia de malos acompañantes, incurrían en deslices. Al lado de ellos marchaban los empecinados en descarrilar a los gobiernos.

La fragilidad de las instituciones impedía el éxito de los intentos de superar el militarismo y otros males, que trastocaban los ensayos para establecer una sociedad sólida en lo económico y lo social. Los quebrantos se reflejaban en las actuaciones de la Corte Suprema de Justicia, del Congreso de la República y de los partidos políticos de las décadas anteriores a la llegada de Hugo Chávez. Después del Pacto de Puntofijo, que en 1958 estableció las bases de la democracia, a los partidos les faltó visión para arribar a consensos duraderos para reducir la pobreza e implementar una economía menos dependiente de la renta petrolera, con facilidades para diversificarse y multiplicar las fuentes de empleo, porque al fin y al cabo el país era uno solo y lo bueno y lo malo atañía a todos.

Quienes exigían caída y mesa limpia con la pretensión de abolir el sistema, una y otra vez ingeniaban fórmulas que desembocaran en una asamblea constituyente que despejara el rumbo a sus intenciones. Unos procedían con buenos deseos, otros con propósitos ocultos planteaban reformas a la Constitución. Al llegar Jaime Lusinchi a la presidencia de la República en 1984 ideó una comisión de reforma del Estado integrada por representantes de diversos sectores, que escuchó opiniones y redactó un enjundioso estudio, pero AD y el mismo Lusinchi no demoraron en dar marcha atrás al descubrir que los cambios reducirían sus áreas de influencia.

Los discursos contra la Constitución de 1961 encontraban eco en los medios de comunicación, utilizados por ciertos personajes para sus propios fines. Esa Carta Magna, cuya vigencia fue la más larga entre las veintiséis habidas hasta entonces, era catalogada por los inconformes como fuente de todas las torceduras y no le reconocían virtudes, a pesar de haber sido el faro de la democracia representativa, del régimen de partidos y, en definitiva, de una república con un balance positivo aunque perfectible. En los primeros treinta y cinco años del siglo XX, llegamos a tener nueve constituciones, todas elaboradas al gusto y a la medida de los dictadores de turno.

El tiempo ha demostrado que la de 1961 era una buena Constitución y que sus deficiencias rondaban más bien lo administrativo: la eficiencia podía haberse conseguido con la aplicación efectiva de las leyes y, sobre todo, con un cambio en la mentalidad de los líderes políticos, económicos y sociales, tal como lo evidenció la descentralización que originó la elección directa de los gobernadores y alcaldes. Los tribunales podían haber sido más estrictos en la aplicación de la ley sin que eso se entendiera como un problema constitucional.

En ese mismo lapso existieron los pesos y contrapesos que permitían denuncias, investigaciones y la aplicación de las sanciones correspondientes. La falta de reciedumbre generaba insatisfacciones en determinadas circunstancias, pero la Contraloría y la Fiscalía General de la República marchaban con independencia del Poder Ejecutivo, tal como lo demostraban las sentencias contra empleados inmorales. Las actuaciones del fiscal general de la República y de la Corte Suprema de Justicia condujeron a la injusta destitución y condena penal del presidente Carlos Andrés Pérez, quien en ningún momento obstaculizó la marcha de los poderes legislativo y judicial. Al entregar el mando sin resistencia, el presidente demostró sólidas convicciones democráticas, a la larga reconocidas hasta por los calumniadores de oficio. En esa etapa la gestión de los gobiernos era sometida a la lupa escrutadora de los ciudadanos. La Comisión de Contraloría de la Cámara de Diputados recibía denuncias, las procesaba y promovía debates. Al margen de todo existían políticos y periodistas hipócritas que hacían carrera como denunciadores.

La acumulación de desórdenes administrativos y los vicios atávicos hacía que los ciudadanos reclamaran sin cesar servicios públicos efectivos. Era una odisea tratar de obtener de manera expedita la cédula de identidad o el pasaporte, tramitar permisos en oficinas públicas o acudir a consultas médicas en el Seguro Social, cuyas partidas presupuestarias iban en proporción inversa a la calidad de sus servicios. Hacía falta un gobierno que se ocupara de las pequeñas cosas que tocan a la población y forman criterios colectivos. No disponíamos de mecanismos que garantizaran la continuidad y el mantenimiento de costosas obras públicas, que muchas veces quedaban inconclusas. La inseguridad personal y colectiva hacían de las suyas. Aupadas por opositores de turno y agitadores por encargo, las quejas eran de nunca acabar.

En el país no existía una cultura cívica capaz de inculcar el respeto indispensable a las señales de tránsito, a las instituciones, a los dineros públicos y privados, además de que tampoco prevalecía la necesidad de aprobar sin vivezas los exámenes escolares. No reinaba una conciencia ciudadana estricta que comenzara en el hogar, tal como hasta ahora ha sido en los pueblos escandinavos, con envidiables índices culturales y de desarrollo humano. En escuelas y liceos se enseñaba una historia cargada de autoritarismos e inquinas, con menciones insuficientes a insignes figuras civiles contemporáneas y a la incidencia de su legado en la vida nacional. Eran problemas arrastrados desde la época colonial, agudizados por el crecimiento progresivo de la población.

VICIOS MILITARES

El menosprecio a la sociedad civil invadía los tuétanos de los cadetes desde su primer día en la Academia Militar, hasta exhibirlos con ese sentido de superioridad propio de quienes empuñan las armas, alimentando así la conseja de que a un civil se le podía militarizar, pero civilizar a un militar era tarea exclusiva de dioses. Se trataba de una supremacía propicia a los atropellos y a las desviaciones éticas. No era raro el uso de la justicia militar para intimidar a los periodistas por publicar chanchullos o violaciones a los derechos humanos.

El militarismo nacido en las guerras civiles venezolanas del siglo XIX había cedido paso a montoneras y caudillos que se sentían propietarios del país, que hacían cuanto les venía en gana. El mismo Simón Bolívar abrió la espita a la insensatez al decretar los haberes militares: recompensas con tierras y otros bienes a miembros del ejército por sus servicios a la patria. Hasta hubo oficiales que se apoderaban de tierras destinadas a soldados rasos que habían demostrado valentía.

Los militares venezolanos nacieron como terratenientes, con una fuerza descomunal capaz de obstaculizar el desarrollo, mientras el grueso de la población seguía pobre, en la ignorancia, diezmada por enfermedades endémicas y con acceso restringido a la educación. En aquella Venezuela rural los jefes militares sin formación de ningún tipo actuaban en sus feudos al estilo de taitas o protectores, lo que dejaba secuelas perdurables. Y aunque en sus veintiocho años de dictadura Juan Vicente Gómez unificó el país, y echó las bases para que los militares obtuvieran educación académica, especializaciones y otros niveles de formación superior, el militarismo jamás perdió la virulencia y sus consecuencias.

En su libro *El 18 de octubre de 1945*, el abogado y sociólogo Marco Tulio Bruni Celli, conocedor del monstruo político por dentro porque vivió toda la vida en Acción

Democrática y participó en su dirección colectiva, señalaba que desde las academias a los militares "se les condiciona a un pretendido monopolio del patriotismo, en el que fundamentan un etéreo derecho a decidir el futuro de la nación. Toda la simbología militar, la forma, la música, las banderas, las consignas, los desfiles se convierten en expresiones de poder, lo que junto al monopolio de las armas alimenta su pretendido deber primario de ser guardianes de la patria. Ese es su destino manifiesto. Esta filosofía que sigue vigente en la formación de los militares está asociada al militarismo, al modelo pretoriano, al morbo de la intervención militar en la política" ...

Con las naturales excepciones, entre los militares venezolanos siempre prosperó un amplio catálogo de casos de corrupción, tráfico de influencias y otros vicios. En los sondeos de opinión pública del período democrático, las Fuerzas Armadas aparecían evaluadas de manera positiva, pero en las compras de aviones, barcos, armas, municiones, uniformes, botas, etc., muchos de ellos aparecían involucrados en cobros de comisiones indebidas, sobreprecios, contrabandos y otras irregularidades. Lo mismo sucedía hasta en los procesos administrativos de las más pequeñas y apartadas dependencias militares. Y aunque muchos civiles profesaban un respeto ciego hacia las Fuerzas Armadas, la verdad es que ellas jamás dejaron de ser un oneroso fardo para la sociedad.

Ahora bien, cualquier análisis histórico o sociológico de la conducta de los militares y de su peso en la vida nacional, bien pudiera concluir en que su vocación autoritaria ha sido tan arraigada, que ni se disipa ni se disipará de buenas a primeras. De la misma manera, la propensión de los civiles a dejarse engañar por caudillos ha sido y es profunda, tal como se puede comprobar en cualquier repaso histórico, a pesar de las inexorables y traumáticas experiencias dictatoriales.

EMPRESARIOS Y SINDICALISTAS

La responsabilidad de los empresarios en el desprestigio de los gobiernos también era evidente. Como en otras naciones latinoamericanas, el acentuado paternalismo estatal engendró el trabajo no productivo. Cuando a partir de 1959 un gobierno trataba de reducir el amparo económico injustificado o malsano, empresas y empresarios sin escrúpulos reaccionaban con sonoras campañas desestabilizadoras, como si aquello les perteneciera por derecho propio. Grupos de empresarios se disputaban parcelas de poder que imponían o frenaban decisiones según sus conveniencias, lo que se traducía en menoscabo del progreso social y acarreaba el descontento en las masas.

La corrupción de los grupos de presión económica estaba a la vista. Era infinita la lista de préstamos no devueltos al Estado y de proyectos privados tramposos, en ocasiones con la complicidad de funcionarios venales, mientras otros, interesados solo en obtener ganancias desmedidas a costa del pueblo, no asumían el riesgo empresarial derivado de su responsabilidad social. Había, claro está, una minoría de empresas y empresarios con aportes honestos al bienestar social y a la dinámica económica nacional.

Otro elemento llamativo es que, a diferencia de Colombia y Brasil, en Venezuela se había forjado una cultura reacia al sector empresarial, promovida por los partidos de izquierda y por gobiernos populistas. Siempre salía a flote el señalamiento de que la iniciativa privada era sinónimo de avaricia, especulación y robo, y ese era un concepto injusto porque la creación de riqueza es indispensable para el progreso de cualquier país. Sin el desarrollo de iniciativas privadas generadoras de riqueza, el empleo y el bienestar general son cargas que solo los gobiernos totalitarios pueden echarse al hombro por tiempos limitados.

Entre las décadas de los 40 y los 80, Venezuela no estuvo libre del proteccionismo proclamado y puesto de moda por la Comisión Económica para América Latina (Cepal), que daba prioridad al Estado como actor primordial del desarrollo con la sustitución de las importaciones. Los efectos inmediatos del cepalismo ilusionaron a vastos sectores de la región, pero a mediano y largo plazo demostraron incapacidad para solventar las distorsiones colaterales. La Cepal, dependiente de las Naciones Unidas, sostenía desde el principio la tesis de que la protección estatal era indispensable para enfrentar la superioridad técnica y económica de los centros económicos internacionales, pero el meollo radicaba en el prolongado y exagerado cobijo a los aparatos productivos, sin que a corto y mediano plazo los costos de bienes y servicios fueran competitivos y animaran las exportaciones no tradicionales.

Con el arranque de la producción petrolera en gran escala surgió la protección oficial a los sectores industrial, agroindustrial y otros, con subsidios exagerados que estimulaban las mañas para expoliar la riqueza nacional, en vez de practicar una competencia sana. Los tentáculos estatales se extendieron a actividades a las cuales nunca debieron haber llegado: hotelería, acerías, fábricas de cemento, pasteurizadoras, queseras, haciendas, aerolíneas comerciales. Como en otros lugares de la región, los efectos positivos iniciales pronto generaron situaciones indeseadas.

La tradicional insuficiencia de la estructura física de la industria turística originó la construcción de una impresionante red hotelera sin participación accionaria del sector privado, pero su pésima administración fue obstáculo para hacerla rentable, por lo que jamás dejó de ser un desaguadero para la República. Al entrar en bancarrota muchas empresas financiadas con préstamos de instituciones oficiales, eran asumidas por el Estado para evitar el aumento del desempleo y para recuperar parcialmente las deudas. De esa manera nos acostumbramos al crecimiento elefantiásico del Estado.

Las luchas de curtidos y honorables dirigentes sindicales arrojaron contratos colectivos con avances económicos y sociales para los trabajadores y sus familias. Se estableció el salario mínimo, los sueldos aumentaron, se creó el Instituto Nacional de Capacitación Educativa (INCE), nacieron los centros de recreación y esparcimiento para los trabajadores y sus familias en todas las ciudades importantes. No obstante, del movimiento laboral salieron dirigentes inmorales. Algunos de renombre terminaron encausados y fueron a la cárcel.

Con la quiebra del Banco de los Trabajadores de Venezuela en noviembre de 1982 quedó al desnudo la más grande corrupción sindical del país, con participación directa de miembros de la Confederación de Trabajadores de Venezuela, de Acción Democrática y del gobierno copeyano de Luis Herrera Campins (1979-1984). Cientos de miles de ciudadanos y de familias que confiaban en la supuesta solidez del entonces banco más grande de la República, se vieron afectadas y vinieron a recuperar sus ahorros tarde y mal, cuando el bolívar ya había sido devaluado, mientras el prestigio de la central obrera y de AD sufría un golpe difícil de asimilar.

MEDIOS EN DESMESURA

Desde 1958 los medios de comunicación venezolanos se fueron alejando cada vez más de lo que debía ser su función esencial, para erigirse en autores e instrumentos de maniobras perversas. La mayoría de esas empresas era utilizada para ejercer presión y chantaje para obtener prebendas, con campañas injustas cuyo precio a la larga sería oneroso para el país. En las contiendas electorales, sus dueños y directivos de periódicos, radioemisoras y televisoras, mediatizaban las líneas editoriales a cambio de escaños en el Congreso de la República y de otras posiciones en los centros de decisiones. De manera simultánea se sentían parte del gobierno y de la oposición.

En ese tiempo la comunicación de masas era inflexible, con una rigidez que cercenaba el derecho del ciudadano común a la información no viciada y a la réplica ante cualquier infundio. La libertad de expresión servía de herramienta para fines particulares, con lo cual se limitaba y distorsionaba la verdad. Esos empresarios se creían intocables, poseídos por una fuerza omnímoda para moldear la opinión pública a su voluntad. Se caían a dentelladas por frecuencias de radio y televisión, de telefonía celular y por contratos de todo tipo con el Estado. Disparaban bombas de profundidad a la posibilidad de aumentar los ingresos fiscales de la República, manipulaban la información hasta legitimar falsedades y ser aliados de los enemigos naturales de la democracia. Con impunidad decían y repetían mentiras, y en eso Venezuela mostraba una larga secuencia de casos. Venezuela no era la excepción, porque en América Latina había otros países en los cuales los medios de comunicación se valían de su influencia para desacreditar a los gobiernos.

Aquella experiencia democrática venezolana lo tenía todo para avanzar en la corrección de sus imperfecciones porque disponía de instrumentos legales e institucionales para lograrlo en paz y sin sobresaltos, pero los periódicos, las televisoras y las emisoras de radio, no le hacían concesiones. Día y noche, sin pausa alguna, la atacaban sin misericordia los siete días de la semana. En Caracas y en el resto del país había ejemplos de profesionales y medios respetables, dignos, pero sobresalía el periodismo despreciable, de incalculables efectos dañinos, sin las saludables restricciones éticas. Nunca como entonces el periodismo venezolano atravesó un período maldito, que enmugrecía la conciencia ciudadana con el pretexto de la defensa de la libertad de prensa y de la lucha contra la corrupción. Periódicos y televisoras como *El Nacional* y *Radio Caracas TV* (RCTV) eran casos extremos de promoción de disturbios e inestabilidad social. Su misión era aniquilar al presidente Pérez, a quien consideraban enemigo, y no se detenían en juicios de ningún tipo para enlodar su honestidad. Lo pintaban como un canalla a quien había que dar su merecido.

El Nacional, el periódico político por excelencia, tenía como punta de lanza contra el gobierno una columna sabatina titulada *El paredón de papel*, firmada por un reportero pero en realidad escrita por un grupo de confianza ocupado de atizar la ira colectiva. A partir del 4 de febrero de 1992 su línea editorial arreció para favorecer a los golpistas y terminar cosechando dos posiciones primordiales en el primer gabinete de Chávez: la primera fue el ministerio de la Secretaría, que recayó en el director del diario, Alfredo Peña, un periodista cuyos comienzos habían sido como mensajero y reportero de *Tribuna popular*, el órgano oficial del Partido Comunista de Venezuela. Bajo su jefatura, el periódico no supo lo que era equilibrio y menos aún ética profesional. Predominaban las trastiendas. La segunda posición fue la dirección de la Oficina Central de Información, asignada a la esposa del accionista mayoritario del periódico, Miguel Henrique Otero. Todo el mundo conocía las ataduras de *El Nacional* al proyecto autoritario de Chávez y a nadie le extrañaban. Con posterioridad a todo aquello, los benevolentes descargaban en Peña y en otros la responsabilidad de la agitación social practicada por ese medio, tratando de esconder las culpas de Otero.

El comportamiento de *Radio Caracas Televisión* era de igual tenor. Con larga experiencia en la producción y exportación de telenovelas, utilizaba sus noticieros y otros programas para desestabilizar al gobierno y al presidente Pérez. Al igual que *El Nacional*, después de la asonada de Chávez el canal arreció su línea antisistema y lo primero que se le ocurrió fue sacar al aire un culebrón que con rapidez se convirtió en un éxito sin precedentes, con claros objetivos difamatorios. *Por estas calles*, una historia de amor en una sociedad corrompida, llegó a tener 480 episodios. Al sentirse utilizado por el canal con fines desestabilizadores, el escritor Ibsen Martínez, autor de la telenovela, confesó que mientras trabajaba en el guion, Marcel Granier lo llamaba para acicatear los ataques al presidente.

Funcionarios gubernamentales y políticos eran vetados por los noticieros y los programas de opinión de la televisora. Durante la administración de Luis Herrera Campins fue prohibida la propaganda de cigarrillos y licores por considerarlos nocivos para la salud y la buena educación de los jóvenes, lo que alentó la política revanchista de Radio Caracas Televisión de dar prioridad a las noticias perjudiciales al gobierno. Eso originó la renuncia del director del noticiero —un médico apasionado por el periodismo que por años había trabajado en la sección cultural de *El Nacional*—, por considerar que se trataba de una decisión no ética de la empresa. La razón estaba del lado de Luis Herrera, quien como presidente no debía ni podía ceder al chantaje, pero su impopularidad limitaba la capacidad para enfrentar con éxito los ataques a las políticas oficiales.

A medida que se avecinaban las elecciones presidenciales de 1998, los propietarios de los medios de comunicación y periodistas sin escrúpulos descubrían los "encantos" de Hugo Chávez. Se reunían con él, lo halagaban, le daban dinero, lo invitaban a cenar en sus casas y en otros lugares privilegiados. *Venevisión, Radio Caracas Tv* y otras empresas le cedían espacios para la promoción gratuita de su imagen y, en definitiva, contribuían a su victoria con la esperanza de ser correspondidas. Paralizaban o minimizaban las informaciones críticas para no dañar los radiantes destellos de su candidatura.

Semanas antes de la clausura de las transmisiones de *Radio Caracas TV*, en mayo de 2007, la cabeza visible del canal, Marcel Granier, una tarde asistió a un encuentro con un grupo de opositores para examinar lo que a ojos vistas era inminente. Uno de los presentes recordaría haber dicho: "Marcel, debes revivir la telenovela *Por estas calles,* transmitirla en horario estelar con nombres y apellidos de gente del entorno de Hugo Chávez, con denuncias de los abusos y la corrupción reinante… En pocos días te cerrarán el canal y tendrás que irte del país, pero eso traerá consecuencias y quedará claro que Chávez no tiene el fuste democrático de Carlos Andrés. ¡No tienes otro camino!"

Confiado en el alcance de la televisora, que iba más allá de las fronteras nacionales, el empresario Granier escuchaba el razonamiento, basado en la conducta transgresora de *RCTV* frente a los gobiernos anteriores, que por lo general habían sido tolerantes con los detractores para no exponerse a acusaciones por supuestos o reales atropellos a la libertad de expresión. Mesándose el bigote, Granier intentaba hilvanar la respuesta: "No. No puedo. Lo mejor es que yo vaya a Brasil, a España y a otros países, a denunciar los planes del gobierno. Tal vez la presión internacional resulte más efectiva para impedir el cierre del canal"…

Por una ironía del destino, ese empresario de medios y su socio principal, pagaban caro un hecho nada distante: A medianoche del tres de febrero de 1992, habían eludido la difusión de un mensaje del ministerio de la Defensa instando a los insurrectos al abandono de las armas. Los empleados de turno respondían con evasivas que fueron interpretadas como simpatía hacia los alzados, o como un deseo de estar en posición ventajosa en caso de triunfo de la insurgencia.

Como si lo anterior fuera poco, un prominente exministro adeco recordaría haber telefoneado esa misma noche a Marcel Granier para explorar la posibilidad de que CAP se dirigiera al país desde las instalaciones de *Radio Caracas Tv*, a lo cual la réplica fue que el canal estaba tomado por tropas rebeldes, cosa incierta. Un poco más tarde, cuando en el canal de la competencia, *Venevisión*, aparecieron Carlos Andrés Pérez y los opositores Eduardo Fernández, Teodoro Petkoff y otros, para *RCTV* fue claro el descalabro de los rebeldes. Fue ahí cuando *Radio Caracas TV* se encontró en el disparadero de retransmitir el canal competidor y de difundir sus propias entrevistas.

Luego, a medida que el gobierno chavista avanzaba y censuraba y cerraba medios radioeléctricos en un lugar y en otro, *Radio Caracas Televisión* difundía denuncias, aunque ya había dejado atrás la tendencia editorial de los programas tumba-gobierno y la lista de altos funcionarios y políticos vetados por sus noticieros y programas de entrevistas. Con su comportamiento, *El Nacional* y de *Radio Caracas TV* cavaron sus propias tumbas y dejaron una dura lección sobre la función de los medios de comunicación en las sociedades democráticas y, sobre todo, en aquellas con la depresión e incertidumbre de la venezolana.

El accionista mayoritario de *Venevisión*, Gustavo Cisneros, entretanto, halló un apoyo de alto valor en ese expresidente norteamericano con cara de niño ingenuo que era Jimmy Carter, viejo amigo suyo, para colocarse al servicio del régimen y continuar los negocios como si nada hubiera ocurrido. Carter, consagrado a la defensa de principios democráticos en el continente, concertó y asistió a un encuentro celebrado el 18 junio de 2004 entre Chávez y Cisneros, en el cual este se comprometió a poner sordina a las críticas de la televisora al gobierno. A partir del día siguiente las transmisiones de *Venevisión* eran otras, con noticieros y espacios de opinión más propios de un paraíso de querubines que de la Venezuela terrenal y, sin explicación alguna, nunca más Cisneros se dejó ver en los eventos públicos de la oposición, en los cuales antes era visto en primera fila, y empezó a dedicar más tiempo a sus actividades económicas y sociales en el exterior.

La naturaleza editorial de *El Universal* era distinta. En febrero de 1989 ni el periódico ni su director, Luis Teófilo Núñez, disimularon su malestar por la presencia de Fidel Castro en los fastos de la segunda ascensión de Carlos Andrés Pérez a la presidencia de la república, a los cuales asistieron presidentes, primeros ministros, reyes y cancilleres de todos los rincones del planeta. Como al tirano caribeño le gustaban los desplazamientos siempre aparatosos, llegó a Caracas acompañado por un doble suyo, con barba, gorra y uniforme militar, quien para crear confusión se dejaba ver sonriente en distintos sitios sentado en el asiento posterior de en un Mercedes Benz negro blindado, con un habano humeante en la mano derecha. La mejor manera de manifestar el desagrado de *El Universal* fue ignorando al cubano, mientras los demás medios se desvivían por sus imágenes y frases. Para *El Universal* era como si Castro no existiera. No publicó una sola palabra suya, ni hizo referencia a su rueda de prensa, ni difundió fotografías de sus abrazos con CAP, ni de los múltiples encuentros con otros mandatarios y, por supuesto, menos aún le solicitó una entrevista. Nada de eso le interesaba.

Hacía tiempo la dictadura castrista había labrado su deshonra con más de cinco mil juicios sumarios que concluyeron en fusilamientos, torturas a decenas de miles de hombres y mujeres y dieron a la Isla el carácter de una ominosa prisión, pero aun así Fidel tenía admiradores en distintas partes, tal como en aquella ocasión se vio en Caracas, cuando 911 intelectuales, artistas, periodistas, académicos y muchos arrimados de ocasión, publicaron en *El Nacional* un remitido a página entera plagado de loas a su pomposa estampa con uniforme militar. El explícito escrito, titulado *Bienvenido, Fidel,* orquestado contra ese periódico de derecha que era *El Universal,* bien podría ser releído ahora y digerido con paciencia para dibujar las conclusiones que nos impidan reincidir en la tozudez y la ceguera. Allí se decía: ..."al saludar su visita a nuestro país, queremos expresarle públicamente nuestro respeto hacia lo que usted, como conductor fundamental de la Revolución Cubana, ha logrado a favor de la dignidad de su pueblo y, en consecuencia, de toda América Latina. En esta hora dramática del Continente solo la ceguera ideológica puede negar el lugar que ocupa el proceso que usted representa en la historia de la liberación de nuestros pueblos. Hace treinta años vino usted a Venezuela, inmediatamente después de una victoria ejemplar sobre la tiranía, la corrupción y el vasallaje. Entonces fue recibido por nuestro pueblo como solo se agasaja a un héroe que encarna y simboliza el ideal colectivo. Hoy, desde el seno de ese mismo pueblo, afirmamos que Fidel Castro, en medio de los terribles avatares que ha enfrentado la transformación social por él liderizada y de los nuevos desafíos que implica su propio avance colectivo, continúa siendo una entrañable referencia en lo hondo de nuestra esperanza, la de construir una América Latina justa, independiente y solidaria."

Estábamos entonces a tres años de la aventura antidemocrática que catapultó a Chávez a la fama y, por supuesto, era descabellado atribuir posibilidades de éxito a los planes de Castro de erigirse en artífice de todas las decisiones venezolanas. Ahora, después de tanto tiempo, recobra vida en mi cabeza aquella actitud frontal de Núñez y de *El Universal*, y la encuentro contradictoria con la asumida por ellos mismos en diciembre de 1991, cuando lo tuvieron todo en sus manos para desmantelar la conjura militar de

Chávez contra Carlos Andrés Pérez, para salvar la democracia y cosechar la gloria de la denuncia de ese hecho de excepcional valor periodístico, pero desaprovecharon una oportunidad de oro.

Entre hallacas, pan de jamón y escanciando un buen vino tinto, dos generales del Ejército le desgranaron a Luis Núñez los intríngulis de la insurrección que trasnochaba a Chávez desde su época de cadete y también los nombres de sus complotados. Copa en mano y en ascuas, Núñez escuchaba cada palabra, sin que eso fuera suficiente para que el periódico y él movieran un solo dedo. Era plausible que los dos militares actuaran así porque les constaban los nexos amistosos existentes entre el editor y CAP, o porque deseaban ver en el diario los pormenores de la confabulación.

El compromiso de *El Universal* con la democracia y con la libertad de prensa, suponía la postura decidida que por alguna razón no se vio cuando estábamos a solo mes y medio del golpe de Estado. El periódico hubiese alborotado el avispero de la opinión pública con desmentidos de los implicados y sus protectores con antifaz de demócratas y, en forma simultánea, hubiera cumplido una responsabilidad cívica oportuna, beneficiosa para la buena marcha de las instituciones y de la ciudadanía en general. Uno de los editoriales de Luis Teófilo Núñez, que con frecuencia ocupaban las dos columnas de la parte superior derecha de la primera página, calzados con el seudónimo *Amadís*, como el caballero errante, o una noticia precisa, inteligente, bien escrita, verosímil y con un titular desplegado, hubiese paralizado la acción de los golpistas, le hubiese abierto los ojos al presidente y obligado al ministerio de la Defensa a apresar a los indiciados, someterlos a juicio militar y pasarlos a retiro.

¿Por qué *El Universal* incumplió entonces la obligación cívica de develar la conjura? Es posible que el flemático director estimara que el editorial o una noticia sobre el espinoso asunto, causaría daños a su amistad con CAP o arrojaría repercusiones indeseables para la paz nacional. Tal vez pensó que lo apropiado era no interferir en cualquier posible averiguación de las instancias militares competentes, pero lo más probable es que quienes tenían las riendas de la redacción no aconsejaran a Núñez con la contundencia apropiada o lo hicieran mal, de lo cual abundaban antecedentes. La credibilidad del diario permitía pensar que una denuncia de ese calibre no sería descalificada de buenas a primeras. Ni siquiera los eternos "defensores de los derechos humanos" hubiesen abogado con facilidad por la "inocencia" de la logia chavista. Los cómplices civiles también hubiesen experimentado aleccionadoras repercusiones y, por qué no, algunos hasta hubiesen ido a parar en prisión.

El talón de Aquiles de la redacción radicaba en la jefatura ejercida por un triunvirato en el cual el tercero, el jefe de información —un ermitaño por naturaleza llamado Pedro

Llorens–, era el más capaz y agudo, con un especial sentido político y de la historia, lo que le permitía captar al vuelo los ángulos noticiosos y escribir títulos, sumarios y notas bien elaboradas para la primera página, pero su autoridad se veía supeditada a los otros dos. Entre ese jefe de información y yo surgió una amistad férrea que se prolongó por décadas, a pesar de que yo había salido del periódico. En reiteradas oportunidades él y yo conversamos sobre aquel episodio que pudo haber sido trascendental para el país y también para el diario, que lo tuvo todo para impedir el golpe chavista pero se quedó de brazos cruzados. *El Universal* seguía las instrucciones del director, pero el atraso de la estructura de mando y la falta de arrojo para publicar hechos de esa gravedad eran evidentes. Lo cierto fue que el periódico incurrió en lo que cualquier malicioso hubiese podido calificar de complicidad por omisión.

Como el tiempo es implacable y lo transfigura todo, ahora es necesario decir que los responsables directos de las posiciones adoptadas por *El Nacional* y *Radio Caracas Televisión*, Miguel Henrique Otero y Marcel Granier, enfrentaron con decisión a Chávez cuando ya se les habían visto las costuras. Eso es innegable. Sin embargo, ni uno ni otro dieron muestras de remordimiento por el daño infligido al país, ni se dieron por aludidos por más duras que fueran las críticas a su pasado chavista. Para Granier y Otero era preferible fingirse ajenos a lo malo de sus conductas. El sueño de revivir los medios y la influyente posición económica y social de que gozaron en la Venezuela democrática, los inducía a afirmar que ellos se habían limitado a reflejar realidades incontrastables y a cumplir "con objetividad" su obligación comunicacional. El desgastado concepto de la objetividad daba para cualquier explicación por descabellada que fuera.

Los Notables en acción

En 1993 las protestas callejeras hacían que el país echara humo por los cuatro costados, mientras prominentes escritores, académicos y periodistas desafectos al régimen, en vez de medicinas efectivas prescribían las más contraindicadas y con los peores efectos secundarios. Desde el golpe militar de Chávez ellos tenían sus conciliábulos e iban de un sitio a otro con predicamentos carentes de moral.

Arturo Uslar Pietri, con prestigio nacional e internacional como escritor, era el motor principal de *Los Notables*, un grupo de "intocables" enemigos del presidente Pérez y de la democracia. Luego de una agitada vida política en los años cuarenta y del inicio de la democracia, él aparecía con regularidad en entrevistas en los periódicos y en un programa de televisión semanal dedicado a la cultura. Al llegar el segundo gobierno de CAP, Uslar se colocó bajo los focos para ser el intelectual mediático por excelencia, para advertir los peligros que aguardaban a los venezolanos y lanzar insinuaciones calculadas sobre lo que anidaban los uniformados. Los resquemores y deseos de venganza de Uslar contra Acción Democrática y, sobre todo, contra

Carlos Andrés Pérez, eran de bulto, difíciles de ocultar, y su voz grave siempre era una delicia para los medios, siempre ansiosos de todo lo malo.

A medida que la nación se enardecía por los efectos de la campaña negativa contra el gobierno y contra Carlos Andrés Pérez, Uslar Pietri escribió a la ligera un libro breve, sin las rigurosas precisiones documentales características de sus obras literarias, titulado *Golpe y Estado en Venezuela*[2], con afirmaciones distantes de lo sucedido durante El Caracazo, en la revuelta liderada por Chávez y también antes, durante el trienio 1945–1948. En el primer párrafo de la introducción de dicho texto el escritor decía: "Lo que ha ocurrido en Venezuela el 4 de febrero de 1992 se veía venir desde hace tiempo. El más superficial observador no podía dejar de darse cuenta del disgusto creciente que la mayoría de la población, particularmente la clase media y los trabajadores, para no nombrar los marginales y los desempleados, venía manifestando en muchas formas ostensibles con respecto a la gestión del gobierno"… Sus palabras no valoraban el alcance de las políticas económicas desarrolladas hasta ese momento por Carlos Andrés Pérez, ni el hecho de que las primeras manifestaciones de la sedición de Chávez se hubieran notado doce años antes, en la administración de Luis Herrera Campins y, por supuesto, tampoco aludía al

---

[2] Golpe y Estado en Venezuela, autor: Arturo Uslar Pietri. Pag. 11, primera edición, editado por Grupo Editorial Norma. 1992. Bogotá.

comportamiento de las élites y de los medios contra el presidente.

En su postura de derecha extrema, el autor de *Las lanzas coloradas* y de otras obras de especial relevancia en la literatura latinoamericana, reconocía el efecto positivo del aplastamiento de las insurrecciones militares y del equilibrio de poderes creado por el Pacto de Puntofijo, pero también hablaba de la degeneración de los partidos como consecuencia del reparto del poder indistintamente de quien estuviera en la Presidencia, con lo cual se debilitaba el ejercicio de la oposición. Con buenas dosis de veneno manejaba verdades a medias. Para el excanciller Simón Alberto Consalvi, *Golpe y Estado en Venezuela* era el libro más "hijo de puta"[3] escrito en Venezuela en el último medio siglo.

La antipatía de Uslar contra AD nació en 1945, cuando el gobierno del general Isaías Medina Angarita fue defenestrado y él terminó enjuiciado por presunto peculado durante su gestión como ministro del Interior, en el instante en que todos lo estimaban sucesor automático de la banda tricolor en el pecho. El sueño presidencial de Uslar era recurrente, aunque a Medina nadie le quitaba de la cabeza la idea de que el escogido debía ser un andino de pura cepa y no el ministro escritor, por considerar que en esa arraigada

---

[3] Contra el olvido, conversaciones con Simón Alberto Consalvi. Autor, Ramón Hernández. Editorial Alfa, primera edición, 2011. Impreso en Caracas por Editorial Arte.

costumbre estaba la clave para conjurar el caos. A ese frustrante hecho se agregaba otro que jamás dejó de ser controversial: la Junta Revolucionaria de gobierno que siguió a Medina Angarita, presidida por Rómulo Betancourt, incautó la casa y otros bienes de Uslar, quien se vio forzado a abandonar el país y desde entonces siempre le acuñaba a Betancourt el calificativo de ignaro.

La obstinación de Uslar por sacar a Carlos Andrés Pérez de la silla presidencial era compartida por el excanciller Miguel Ángel Burelli Rivas, el diputado José Vicente Rangel y otros veinte de renombre y acceso privilegiado a los medios de comunicación, unos más movidos y ruidosos que otros. En el ocaso de su vida Burelli confesó que Los Notables habían sido los autores del movimiento desestabilizador, cuyo primer paso fue una declaración preparada con frialdad, seguida por las exigencias de cambio de magistrados de la Corte Suprema de Justicia y de renuncia del presidente de la República. "Estando todo como en un punto muerto —escribió Burelli—, se me ocurrió insinuar la renuncia del presidente. Al otro día, Caldera la repitió, la ratificó Arturo Uslar Pietri, y se vio andar la idea acogida por la opinión pública... Ya después de esto (el segundo golpe militar de 1992) el gobierno entró en picada, trastabilló mucho y sobrevino lo que tenía que venir, que fueron los hechos posteriores, muy dolorosos todos, pero indicativos de la decadencia del régimen de Carlos Andrés Pérez"[4]...

Con el mismo tono admitió que al documento inicial de Los Notables "siguieron otras actividades, porque aquello no era sino el anuncio de que nos instalábamos en la arena pública a opinar y a actuar si era necesario, con nuestros derechos de ciudadanos"... Los pronunciamientos del grupo, acogidos con amplio despliegue periodístico, eran obvios resuellos de odio que contribuían a la exacerbación del ambiente nacional.

PARTIDOS VENIDOS A MENOS

Las constantes oscilaciones de los precios internacionales del petróleo acarreaban desempleo, subempleo, aumento de la delincuencia, escasez y encarecimiento de productos importados y, en consecuencia, descontento en la población y erosión en la popularidad de los gobiernos. Al disminuir la masa monetaria en manos del público, las culpas de todos los males eran atribuidas a los partidos y a sus dirigentes. Sin que faltara alguna dosis de razón, a los partidos se les tildaba de anquilosados.

Antes de empezar su segunda campaña electoral, Carlos Andrés Pérez ya tenía una visión nítida de la debilidad de las

---

[4] Ver Miguel Angel Burelli Rivas, En primera persona, memorias. 2010. Editado por Sucesión Burelli Rivas, pág. 494. Caracas

organizaciones partidistas y, al asumir la presidencia en 1989, se empeñó en refrescarlas mediante la descentralización administrativa que depositó en ellas la conducción política y administrativa de los estados y municipios, con lo cual la oposición logró éxitos importantes en la primera elección directa de gobernadores y alcaldes, celebrada casi al final del mismo año, mientras Acción Democrática, imbuida en conceptos atrasados y luchas estériles, cedía espacios sustanciales. No obstante, en la profundización de la decadencia de los partidos también influyeron otros factores, entre los que resaltaba la falta de formación doctrinaria y la ausencia de rigidez moral de sus cuadros.

Uno de los errores de los partidos era actuar como cotos cerrados durante largos períodos, dominados por individuos y grupos sectarios que impedían el ingreso de nuevos militantes que hubiesen dinamizado el debate de los problemas nacionales. Tal como ocurría en otros países latinoamericanos, en Venezuela esas organizaciones optaron por hacerse el haraquiri cuando la realidad demandaba la presencia más activa de nuevas caras. La testarudez les impedía convencer a la población de que el concepto de independencia política no era y no podía ser sinónimo de honestidad. La mayor participación de la sociedad civil en la actividad de los partidos hubiese conducido a un menor rechazo popular hacia ellos.

Como si lo señalado hubiera sido poco, en la contienda electoral que dio el triunfo a Chávez en 1998, Acción

Democrática, Copei y el Movimiento Al Socialismo, incurrieron en estruendosos e ingenuos disparates que los colocaron a las puertas del abarrotado cementerio de los partidos políticos. Los partidos y sus dirigentes eran estigmatizados por personajes nada extraños a la controversia diaria, que los catalogaban de representantes de la "vieja política".

Escindido por su creador y venido a menos, la segunda organización política nacional, Copei, abandonó en esa oportunidad la idea de ir con candidato propio a las elecciones presidenciales, para apostar, como en un juego de azar, a una deslumbrante reina de belleza sin el menor sentido de la majestad del Estado, a quien los asesores recomendaban peinarse y vestir al estilo de Evita Perón. Irene Sáez venía de ser Miss Universo, además de alcaldesa del pequeño municipio Chacao en Caracas, cuyas características distaban de la realidad del país. Con frivolidades, imprecisiones, contradicciones y sin comprender el alcance de sus propios pasos, Sáez desmanteló la elevada popularidad de sus meses iniciales de campaña. En esas circunstancias y ya defraudada por las autoridades de Copei encabezadas por el expresidente Herrera Campins —que después de haberla ensalzado le sacaban la silla—, la bella Irene Sáez continuó hasta el final de la contienda, mientras dentro y fuera del partido no faltaban las tempranas advertencias sobre el efecto contraproducente de aquellas decisiones más propias de aprendices que de dirigentes duchos, pero la brújula copeyana había extraviado el norte. O tal vez su sentido de Estado nunca había dejado de ser herrumbroso, a pesar de contar con hombres experimentados en la faena política y en el ejercicio del gobierno.

Es necesario retroceder aquí a 1958, cuando el principal baluarte de la democracia, Rómulo Betancourt, se empeñó en demostrar que el sistema solo sería eficiente con partidos libres y sólidos, y con ese objetivo estimuló la participación de Copei como alternativa política nacional, pero, por supuesto, era temprano para imaginar siquiera las pasiones que abultarían el pecho del líder socialcristiano Rafael Caldera y que a la larga tendrían un elevado precio para la vida de los venezolanos.

En 1998 Acción Democrática escogió como su candidato presidencial a Luis Alfaro Ucero, un viejo zamarro sin atractivos políticos y menos aún de brillo intelectual, que venía de controlar el aparato con mano de hierro. Era un hombre de corta visión a quien llamaban caudillo, con una extensa militancia adeca basada en metas trazadas siempre a la calladita, sin hacer ruido, sin casar peleas de frente con nadie, sin exponerse a derrotas degradantes o tener que hacer concesiones engorrosas. En sus tantas décadas de experiencia, Alfaro jamás dejó de seleccionar sus enemigos uno a uno, evaluando sus fortalezas y debilidades hasta arrinconarlos y liquidarlos en el momento preciso. Podía encontrar demoras en la ejecución de sus planes, pero por nada del mundo los modificaba, lo que le permitió un control estalinista de la maquinaria adeca y aniquiló a una hornada de jóvenes dirigentes que podía haber ejercido el liderazgo nacional.

A comienzos de la etapa electoral expertos norteamericanos depositaron en manos de Alfaro dos estudios en los cuales le sugerían renunciar a sus aspiraciones presidenciales por encarnar todo lo indeseado por la población. Ambos documentos vaticinaban el desplome inminente de la imagen de Irene Sáez y recomendaban postular cuanto antes a un dirigente joven con bajos índices de rechazo popular y buenas posibilidades de victoria, pero Alfaro no recapacitaba. Estaba obcecado con la captura de la candidatura a costa de lo que fuera y, con anteojos empañados, veía la silla presidencial al alcance de la mano.

Desde su juramentación como candidato adeco a la Presidencia, a Alfaro Ucero todo le salía mal y no era para menos. Pasaba horas y días encerrado en su oficina de la casa nacional de AD, sin roce con los votantes, sin conceder entrevistas periodísticas, sin que se le viera la cara en actos de masas. La calidad de su propaganda en radio y televisión dejaba mucho que desear, mientras los analistas se preguntaban dónde estaba, qué hacía y cuál sería su estrategia para enfrentar a Hugo Chávez, cuyo ascenso en los sondeos de opinión pública era inquietante.

De esa manera, en la recta final de la contienda, cuando apenas faltaban cinco días para las elecciones y el triunfo de Chávez estaba asegurado, AD y Copei cayeron en el despropósito de abandonar a sus candidatos presidenciales para respaldar a un dirigente regional de discurso conservador sin arraigo entre los votantes, que hacía pocos meses había fundado su propia tienda política. En el desespero por remediar sus cadenas de dislates, aquellos partidos de robusto pasado empujaron a una porción de sus militantes y simpatizantes en favor del teniente coronel golpista, mientras los escrupulosos preferían la abstención electoral.

El viernes 27 de noviembre de 1998, día de la infernal reunión del Comité Directivo Nacional de AD convocado para el premeditado acto, Alfaro fue el primero en llegar al espacioso salón de sesiones que conocía con los ojos cerrados, donde nunca nadie o casi nadie se había aventurado a contrariarlo. En la media hora de espera del comienzo de los discursos, él miraba repetidamente la esfera de su viejo reloj de pulsera al que daba la cuerda manualmente, sentado ahora en la segunda fila y no en el presídium, como lo había hecho durante los tantos años en que la nomenklatura lo escuchaba y obedecía sin chistar. Con actitud imperturbable y la altivez de siempre, oyó la condena de quienes horas antes lo temían y encomiaban, pero que esa tarde lo detestaban y evitaban mirarlo a los ojos. El aparato que por lustros le había sido fiel, ahora se juntaba para despreciarlo sin compasión.

A su turno Alfaro habló como toda la vida: con serenidad, poco, despacio, sin subir el tono de voz, sin insultar a nadie, con su característico estilo desangelado. Además de cada una de sus palabras, en ese ambiente enrarecido en que todos se sentían o fingían sentirse incómodos, no se escuchaba siquiera el ruido de una mosca. Ninguno de los envalentonados se movía un ápice y unos cuantos contenían la respiración, todos a la espera de que el sentenciado acomodara su cabeza en la "guillotina".

Recorriendo el auditorio con la vista y con el dedo índice acusador, Alfaro remató su discurso con una afirmación que ya no pretendía cambiar el enrarecido ánimo colectivo: "Ustedes me eligieron candidato, y cuando lo hicieron sabían que yo tenía 77 años y en las encuestas aparecía con el respaldo de solo 0,04 por ciento de los electores… Los intelectuales aquí presentes conocían mi limitada formación, pero aun así no dijeron nada. Ahora soy candidato por decisión de ustedes y prefiero una derrota digna a una renuncia humillante". Lo dijo tal como lo reseñé en una crónica publicada por *El Nacional* el viernes 4 de diciembre de1998, cuando la victoria de Chávez estaba prácticamente cantada.

A paso raudo, con la cara arrugada y sin despedirse de nadie, el ya excandidato adeco salió por última vez de la casa del partido al terminar la dramática sesión, escoltado solo por su hija y por el sempiterno chofer, sin dar lugar a que alguien se le acercara. Consumado el hecho y a conciencia de no tener nada más que buscar en la campaña electoral, el apocado Alfaro continuó hasta el final de la contienda electoral sin sentido en que se había embarcado, ahora solo con ánimo de vengarse de AD haciendo un aporte indirecto al triunfo de Hugo Chávez.

Su última aparición pública relacionada con AD fue desconcertante tanto para el partido como para él: al presentarse a los dos días a la sede del comité de independientes que lo había respaldado en la urbanización Altamira, se topó con un enorme candado en la puerta del local. No había ni espectadores, ni periodistas, ni curiosos, solo sus tres acompañantes. No quedaba nada, todo, todo se había desvanecido. Con visible desazón permaneció allí varios minutos, y cuando renqueante, afectado por una flebitis en la pierna izquierda, se disponía a emprender el regreso a su apartamento de muchos años en un sector de clase media de la urbanización Los Caobos, abrazó con afecto a un par de viejitas transeúntes que con cariño lo llamaron por su nombre de pila. Desasistido del aura de poder, en ese momento era un Alfaro Ucero distinto, que en silencio y sin soltar una lágrima sufría la soledad y la melancolía, la traición de los más cercanos. El cerrero y arrogante Alfaro de tantos años, que durante el segundo gobierno de Caldera había sido el poder detrás del trono, acababa de experimentar el amargo efecto letal de su propio veneno. La procesión iba por dentro.

En esas circunstancias de apocamiento ni siquiera faltaban dirigentes de raigambre adeca que en la vecindad de las elecciones de 1998 llamaran en voz baja a votar por

Chávez, no porque contravinieran la línea reacia al militar golpista. No. Procedían así movidos por antiguos pleitos parroquiales y familiares en Carabobo y en otras zonas del centro del país, conforme a los cuales el apoyo al nuevo candidato era inaceptable por deshonroso. Luego, en su malevolencia contra Carlos Andrés Pérez y su gobierno, esos dirigentes coincidían con Los Notables. Con objeciones a los programas económicos y con la exigencia de renuncia de CAP a la jefatura del Estado, eran los mismos que hasta hacía poco tiempo respondían a compromisos con la administración lusinchista para cosechar tajadas. En esa etapa se veía de todo.

Una vez superado el capítulo de Alfaro Ucero, Acción Democrática entró en un corto, confuso y lánguido proceso en el cual la secretaría general pasó de mano en mano hasta parar en alguien con los mismos resabios alfaristas, que centralizó todas y cada una de las decisiones hasta constituir una dirección nacional unipersonal, sin opiniones de fondo sobre nada y sin importancia alguna. Años más tarde y después de haber ayudado a Nicolás Maduro a salir de los peores disturbios callejeros registrados en una docena de años, la AD orientada de esa manera perdió fuelle y por vía judicial fue despojada del nombre, los símbolos y los locales partidistas, que recayeron en un oscuro y desprestigiado dirigente de Amazonas, más proclive a los arreglos de madrugada con el gobierno.

Al perder la razón de ser de los buenos tiempos, es decir, la justificación doctrinaria y principista de gran parte de su existencia, AD avanzó hacia un callejón sin salida. Después de haber calado hondo en el alma venezolana por encausar las transformaciones institucionales de mayor trascendencia en la historia moderna de la República, los enjundiosos debates internos protagonizados por los grandes líderes quedaron solo en el recuerdo. De partido combativo, orientador y de decisiones sólidas en los momentos más promisorios, AD devino en una entelequia seguida por reducidos círculos populares.

En el proceso electoral de 1998 la dirección nacional del MAS —que desde sus primeros años había ido despojándose del ropaje marxista para acercarse a la socialdemocracia—, no ocultaba el inaplazable deseo de ser parte del gobierno de Chávez. En el tercer trimestre de ese año, el aparato masista se sumó a la plataforma del militar porque lo sabía ganador, aunque hasta entonces solo un puñado de sus figuras se había reunido con él y le había dejado pasar impertinencias. La ausencia de identidad entre el candidato y el MAS era total. No compartían tesis filosóficas ni bases programáticas, nada, como no fuera el desespero clientelar. Al tomar esa vía el MAS desoyó los reiterados consejos de los líderes fundamentales Pompeyo Márquez y Teodoro Petkoff, quienes ante la jugada oportunista y carente de ingenio optaron por declararse independientes.

Al llegar la contienda electoral de 1998, Petkoff adversó a Chávez y tras un efímero paso por la dirección del vespertino *El Mundo*, en el año 2000 creó el periódico opositor *TalCual*, cuyas crónicas, análisis e incisivos editoriales, le granjearon una aureola de respeto en el mundo universitario y en la clase media profesional. A partir de allí el diario se encontró en el disparadero de despedir periodistas y técnicos y de imprimir cada vez menos páginas, presionado por la progresiva insuficiencia de ingresos publicitarios que la política chavista le aplicaba para mermar su ascendencia en la opinión nacional.

En ese momento ya era evidente que no más de un grupo de ciudadanos tenía conciencia del daño infligido a las instituciones por la insubordinación militar y la conspiración civil. Lo mejor que hubiese pasado el soleado martes 4 de febrero de 1992, habría sido que la gente saliera a las calles en defensa de esa democracia tan cara en vidas, años de esfuerzos y tiempo, pero ni siquiera hubo un dirigente prominente que hiciera la convocatoria, pese a que algunos condenaron la revuelta a través de la televisión y muchos se presentaron en Miraflores para solidarizarse con el presidente Pérez. Después de haber corrido a raudales el agua bajo los puentes, ahora es probable que haya quienes se formulen preguntas sobre el efecto de la muchedumbre en las calles, y la respuesta podría encontrarse en un antecedente venezolano no distante, así como en otras partes del mundo. En julio de 1958, es decir, seis meses después de la caída del dictador Pérez Jiménez, una descomunal manifestación popular frustró un golpe de Estado en pleno desarrollo, liderado por el ministro de la Defensa de la Junta de Gobierno en ejercicio, y al hacerlo demostró su compromiso con la incipiente democracia.

La noche de la insurrección de Hugo Chávez, durante el asedio de los escuadrones al palacio de Miraflores, la lucecita roja del teléfono interministerial de Carlos Andrés Pérez empezó a titilar. Al levantar el auricular CAP oyó la inconfundible voz de Rafael Caldera, deseoso de obtener información de primera mano sobre los sucesos. Los desencuentros entre ambos eran añejos, pero el confiado presidente dedujo que la revuelta había producido una coincidencia circunstancial. Bueno, dada la situación del momento eso era lógico. Testigo único de aquella conversación con altavoz fue el recién estrenado ministro del Interior, Virgilio Avila Vivas, quien tampoco descartó un resquicio de sindéresis calderista. Al finalizar el breve diálogo, Pérez salió camino de una televisora, sin saber todavía a cuál, para difundir cuanto antes el mensaje de que seguía al mando. La voz y la imagen del presidente eran indispensables en aquella angustiante situación y así lo entendió él.

Media hora más tarde y sin moverse de su residencia, la quinta *Tinajero*, construida a su gusto en un área de vegetación frondosa y entre vecinos adinerados, en la silenciosa urbanización Los Chorros, en el este de Caracas, Caldera escuchó a través de *Venevisión* la primera alocución presidencial de la noche y a los pocos minutos el categórico respaldo de Eduardo Fernández al sistema. Familiares y un puñado de adeptos lo rodeaban en la sala, a la espera de cualquier gesto o comentario sugerente, pero él no soltaba prenda sobre su posible reacción pública. En un arranque de atrevimiento alguien le asomó la idea de ir al canal de televisión donde aún permanecían Carlos Andrés Pérez, Fernández, Teodoro Petkoff y muchos otros. La respuesta no se hizo esperar: "No. Esperemos un poco más, no nos adelantemos a los hechos"…

El gobierno no desperdició segundos y supo sacar la ventaja militar, mientras Chávez veía retroceder a los suyos y se descubría aislado, presa del miedo, con las vacilaciones que casi al amanecer desembocaron en la rendición. Con el televisor encendido, Caldera exploraba vías para apuntalar su liderazgo reforzando las diferencias con el otrora preferido discípulo Fernández, por quien lo único que guardaba desde hacía cuatro años era el resquemor apenas superado por el odio hacia el presidente Pérez. A las siete de la mañana todavía no había despejado su posición y lo único claro seguía siendo que por ninguna razón debía coincidir ni con CAP ni con Eduardo Fernández, a quienes había echado la cruz para siempre. ¿Cómo habría procedido Caldera si Fernández no hubiese hablado por televisión? ¿Habría acudido a Venevisión para respaldar con firmeza a la democracia? Con toda seguridad no, porque por encima estaba el irrenunciable proyecto personal.

Bien entrada esa mañana de venezolanos pegados a las pantallas de los televisores, Caldera iba por la avenida Universidad con dirección al Capitolio Federal para fijar posición sobre los acontecimientos, cuando su automóvil blindado, con vidrios oscuros y placas del Senado, se detuvo ante la luz roja del semáforo de la esquina de Sociedad en el instante en que un grupo de exaltados transitaba por el lugar. Sin tener idea de quién iba en el asiento trasero, uno de los revoltosos pateó el vehículo con visible resentimiento social. El asistente de turno captó el cambio inmediato en el rostro de Caldera: sus ojos se iluminaron y dejó escapar una sonrisa. "¿Viste eso?", dijo. Más allá del significado literal de la expresión, Caldera acababa de confesar que había recibido la señal ansiada por más de doce horas para dar a sus palabras el toque atractivo, distinto, único, frente al suceso que le acababa de dar un vuelco a la historia nacional.

La sangre derramada aún estaba fresca cuando Caldera pronunció en el Congreso la arenga más célebre de su vida, más destinada a buscar simpatías en las masas que a salirle al paso a los facinerosos. "El golpe militar es censurable y condenable en toda forma, pero sería ingenuo pensar que se trata solamente de la aventura de unos cuantos ambiciosos que por su cuenta se lanzaron precipitadamente, sin darse cuenta de aquello en que se están metiendo", expresó ante los parlamentarios y ante las cámaras de televisión que lo transmitían en tiempo real.

Con su inveterado desprecio hacia Carlos Andrés Pérez, Caldera no perdía oportunidades para lanzarle ataques y acusaciones: "Es difícil pedirle al pueblo que se inmole por la libertad y la democracia, cuando piensa que la libertad y la democracia no son capaces de darle de comer y de impedir el alza exorbitante en los costos de la subsistencia, cuando no han sido capaces de poner un coto definitivo al morbo de la terrible corrupción, que a los ojos del mundo están consumiendo todos los días la institucionalidad", agregó.

En el segundo año del segundo gobierno del democristiano con múltiples y obvias flaquezas, miembros prominentes del movimiento guerrillero comunista de los años 60, como Pompeyo Márquez y Teodoro Petkoff, ocuparon posiciones políticas principales. Para el primero fue creado un ministerio sin cartera (de fronteras), mientras el segundo fue designado ministro de planificación económica (jefe de Cordiplán). Al final de su militancia en el Partido Comunista, Petkoff había publicado en 1969 *Checoslovaquia, el socialismo como problema*, libro que lo proyectó como un revisionista adelantado en el panorama internacional, cuando el eurocomunismo estaba en pañales, y encendió una larga polémica que sirvió de referencia a la hora de la división del Partido Comunista de Venezuela y contribuyó al nacimiento del Movimiento Al Socialismo en 1971. Durante el encarcelamiento de Chávez en Yare, Petkoff lo había visitado dos veces y tuvo sus devaneos con él y varias veces reclamó su libertad, pero pronto cambió de acera al ver que se trataba de una inmodificable naturaleza arbitraria.

Caldera encomendó a Petkoff la tarea de insuflar nuevos aires a su disparatado modelo económico. Con carácter volátil, pasado guerrillero y destreza para la polémica, Petkoff hizo el milagro de solventar algo del marasmo en que la administración estaba hundida por causa de la posición centralista. Entrado en años, con pelo canoso y arrugas en el rostro, en el líder izquierdista persistían restos del sarampión de los años liceístas y universitarios, pero aun así trazó las líneas de la privatización de la Siderúrgica del Orinoco y otras empresas y aceleró el proceso de apertura petrolera, medidas que tanto Caldera como él habían demonizado en los tiempos de Carlos Andrés Pérez.

La característica esencial de los dos gobiernos calderistas fue el tono desafinado, pero Petkoff logró aligerar en algo el segundo. Podía haber hecho más porque le sobraban imaginación, talento y conocimiento del país, pero de manera invariable dedicaba un tiempo precioso a vituperar a los críticos. Pese a disponer de experiencia y estudios admirables, la polémica le alejaba interlocutores. Como muchos otros, probó haber estado más hecho para la oposición que para el desempeño del gobierno. Al no comprender que en toda democracia los consensos son indispensables, las dificultades de Petkoff para atraer respaldos eran enormes. Actuaba a contracorriente y forjó la impresión de hacerlo con placer.

Una vez finalizado el período de Caldera, aquel dirigente emblemático de la izquierda de los años sesenta se colocó en las antípodas de lo que había sido su pensamiento de casi toda la vida, al erigirse en justificador del sobreseimiento del juicio militar a Hugo Chávez, así como en negador de las consecuencias insanas de ese hecho en la vida nacional. No mucho después Teodoro escribió en defensa de Caldera y de sus políticas: ..."Yo quiero referirme aquí a una conseja perversa y de mala fe, que pretende que el presidente Caldera es el culpable del triunfo de Chávez y del ciertamente desastroso y amenazante presente que vivimos, por haberlo liberado. Yo no tengo la menor duda de que fue una decisión políticamente correcta: para reequilibrar las fuerzas armadas, para canalizar los impulsos insurreccionales hacia el juego democrático y, sobre todo, porque nadie podía suponer hasta mediados del año electoral que el teniente coronel era un aspirante con posibilidades de llegar al más alto sitial del poder público"[5]. Petkoff era ahora buen amigo y admirador ferviente de Rafael Caldera.

La personalidad de Pompeyo Márquez, labrada a esfuerzo propio, en rudas condiciones y sin posibilidades universitarias, era menos impulsiva y más reflexiva que la de Teodoro, quien, por el contrario, desde el liceo se caracterizó por las calificaciones sobresalientes y las lecturas de historia,

---

[5] Ver el prólogo de Teodoro Petkoff a la versión digital de 2013 de la obra De Carabobo a Puntofijo: los causahabientes –La historia de la democracia en Venezuela, escrita por Rafael Caldera.

economía, sociología y literatura. Teodoro provenía de una familia comunista, hijo de un ingeniero químico búlgaro y una médico judía polaca, que habían llegado a Venezuela huyendo de la persecución nazi, mientras las raíces de Pompeyo eran criollas y humildes y hasta tuvo un pasado juvenil en la Acción Democrática primigenia (el Partido Democrático Nacional, PDN).

Muchas veces surgían ácidas discrepancias entre ellos y discutían acaloradamente, pero siempre terminaban en abrazos, con el cariño eterno y sin resentimientos. Pompeyo era un autodidacta alto, corpulento, afable, de admirable tesón, proclive al debate y a escuchar al rival. Su carácter no era el volcánico de Petkoff. En alguno de nuestros frecuentes almuerzos en restaurantes de las urbanizaciones La Candelaria y La Castellana, en Caracas, me describió los pormenores de su desencanto comunista y los motivos para no dudar en el combate frontal a Hugo Chávez. Con tono de voz enérgico y el rostro adusto que escondía al soñador de toda la vida, agitaba sus descomunales manos de gladiador al recordar con amargura los maltratos a los cuales su esposa e hijos estuvieron sometidos en Moscú, adonde fueron llevados en pleno apogeo de la Guerra Fría en los años 60, durante las persecuciones a que lo empujaban las actividades conspirativas contra los gobiernos de Rómulo Betancourt y Raúl Leoni.

Esos familiares vivían en la capital soviética en una suerte de campo de concentración, aislados, sobreponiéndose a las privaciones de un sistema que pregonaba la justicia y la igualdad que no practicaba. Pompeyo no olvidaba la última semana de febrero de 1956 en Moscú, cuando asistió como delegado al XX Congreso del PCUS, en el cual Nikita Khrushchev lanzó su famosa diatriba contra Stalin por sus atrocidades, pero sin enterarse de nada porque al igual que los demás invitados internacionales era llevado a lugares turísticos mientras la parte medular del evento discurría a puertas cerradas. En junio del mismo año Márquez conoció la noticia como todo el mundo, cuando medios impresos de Nueva York y Londres revelaron el texto de aquel histórico discurso de Khrushchev, con un impacto tan fuerte en su conciencia, que a partir de ahí no volvería a ser el mismo y empezó entonces el lento e inexorable viraje ideológico que muchos camaradas ortodoxos del PC le censuraban. Los abusos e hipocresías de los líderes soviéticos y de Mao Tse Tung (a quien conoció durante un viaje a la capital china), condujeron a Pompeyo al rechazo del culto a la personalidad y a todo aquello con tufo totalitario. "Juré no volver a incurrir en el error de seguir a ciegas a ningún líder por más fuerte o inteligente que fuera"…

Capítulo III

Chávez no era el único

Con la incertidumbre reinante desde El Caracazo y con insinuaciones de personajes como Arturo Uslar Pietri sobre la inminencia del zarpazo militar, el todavía anónimo militar Hugo Chávez se frotaba las manos, corría de un lugar a otro, daba rienda suelta a los actos de fuerza que revolvían su cabeza. En los cuarteles y en la Academia Militar reclutaba subalternos para sus desvaríos, en la calle establecía nexos con los rezagos de la izquierda radical. La suya era una idea fija.

Antes de febrero de 1992 otros complots militares habían sido develados e identificados casi todos los responsables, pero de modo recurrente surgían elementos que impedían el castigo que en otro lugar hubiera sido implacable. Las sanciones no pasaban de traslados a guarniciones del interior del país, a agregadurías o a cursos en el exterior. No faltaban prominentes oficiales sin espacio en el pecho para más condecoraciones, orgullosos de un apego cuasi religioso a los preceptos constitucionales, pero a la vez indulgentes ante quienes andaban a la caza de circunstancias propicias para las sediciones. Hasta hubo ministros de la Defensa que rechazaban propuestas indecentes pero no se atrevían a delatar a los instigadores.

¿Esos ministros eran acaso leales a la democracia que decían defender?

Ni siquiera el quinquenio de Luis Herrera Campins estuvo exento de las quimeras desestabilizadoras de oficiales afiebrados que viajaban a Europa con cualquier pretexto para después escabullirse a Cuba, Libia e Irak, donde recibían adiestramiento y dinero para sufragar sus descabellados planes. También los hubo de derecha radical nacionalista relacionados con los carapintadas de la cruel dictadura militar de Jorge Videla en Argentina. Al ser detectados y frenados en sus ascensos, algunos oficiales renunciaron a sus carreras, mientras otros como Chávez no perdían el anhelo de coronar sus actividades conspirativas.

En los inicios del gobierno presidido por Jaime Lusinchi, mientras el entonces capitán Hugo Chávez pasaba cuatro años como oficial de planta de la Academia Militar, fue descubierto en labores de catequización de cadetes para una asonada. El "castigo" solo llegó a su traslado al escuadrón de caballería motorizada Farfán en Elorza, un distante, caluroso y adormecido pueblo del estado Apure, en la frontera con Colombia, con su población acostumbrada a los asesinatos, secuestros, extorsiones, abigeato, y otras tropelías de la guerrilla colombiana.

La zona agreste podía haber sido intimidante para otro cualquiera, pero no para Chávez. Para él, por el contrario, ese era el terreno ideal para establecer contactos con terratenientes que hacían contribuciones sin sospechar sus intenciones, para efectuar reuniones secretas con cómplices que desde distintas regiones iban a ese lugar por uno o varios días. Unos con uniforme, otros de paisano, oficiales de distintas jerarquías eran vistos en el pueblo y en haciendas donde disfrutaban jugosas carnes en vara, quesos de año, ensaladas y whiskey, hasta que de buenas a primeras las malas andanzas de Chávez volvieron a ser detectadas y lo desplazaron a otro lugar, esta vez a Monagas. En la dirección de personal del Ejército reposaba el expediente de sus reiteradas violaciones a los códigos de ética, del cual una medianoche una mano invisible lo sustrajo para evitar daños a su carrera profesional.

En las postrimerías del mismo quinquenio, en la noche del 26 de octubre de 1988 varias columnas de tanques se movilizaron hasta el Ministerio de Relaciones Interiores y la residencia presidencial La Viñeta con la intención de secuestrar a Simón Alberto Consalvi, ministro de Relaciones Interiores encargado de la jefatura del Estado durante un viaje del presidente Lusinchi a Uruguay. Una llamada telefónica providencial y otros asuntos de último minuto retrasaron dos horas la partida de Consalvi hacia el alojamiento temporal, con lo cual la patraña facciosa se vino abajo. El ahora mayor Chávez tuvo algo o mucho que ver con ese lance con ribetes de circo pueblerino. Sin razón aparente, en la mañana del mismo día él estuvo hora y media en la sede del grupo de caballería Juan Pablo Ayala, reunido a puerta cerrada con el oficial que en menos de doce horas comandaría el desplazamiento irregular de las unidades blindadas. En la tarde participó en un partido de béisbol en el pequeño campo deportivo de Pagüita, a corta distancia de Miraflores, luego se bañó y cambió la ropa en el batallón Guardia de Honor, a solo doscientos metros del lugar de los hechos. ¿Acaso ganaba tiempo a la espera de alguna señal?

En el libro de novedades del Grupo Ayala quedó constancia de esa y otras visitas de Chávez, sin que existiera justificación ni permiso de los oficiales superiores. Todos los indicios apuntaban a que él estuvo implicado en aquella operación siniestra. Así era Chávez: desde sus años en la Academia Militar: husmeaba por los rincones, detrás de las cortinas, pegaba un oído a las paredes… No quería estar al margen de cualquier cosa con olor a alboroto porque eso era lo suyo. Desde la Academia Militar andaba detrás de confabulaciones, su trayectoria en las Fuerzas Armadas siempre fue una cadena de artimañas y las versiones sobre sus probables simpatías comunistas nunca dejaron de circular. Lo asombroso era cómo se las ingeniaba para encontrar los encubridores, que nunca faltaban.

Versiones sobre aquellos sucesos han ido y venido, pero ni siquiera los años han despejado un acertijo elemental: ¿Por qué nadie pagó condena o fue sacado del Ejército por el desplazamiento de los tanques? A partir de ahí el comandante de la citada unidad de acorazados fue visto como tonto útil de una cofradía de generales que desde la sombra movían sus piezas, y más tarde, al quedar rezagado en sus ascensos y sin jefatura de tropa, fue ignorado hasta por quienes lo manipulaban. Pasó a retiro por voluntad propia, como el anónimo y anodino militar que jamás dejó de ser.

De manera insólita el gobierno quiso disimular el hecho, que demoró días en trascender con rumores y a cuentagotas. Ni siquiera hubo explicaciones convincentes acerca del fracaso de las averiguaciones. ¿Jaime Lusinchi y su equipo ocultaban el embrollo o lo estimulaban al desconocer la verdadera situación militar? Era muy probable que al final del año electoral, Lusinchi no quisiera dar argumentos al candidato presidencial de Copei, Eduardo Fernández, contra el de Acción Democrática, Carlos Andrés Pérez, con quien desde hacía más de un lustro solo hablaba por forzosas razones. También era probable que buscara forjar la impresión de haber gobernado en una atmósfera de paz y bienestar, en concordia, con sólido reconocimiento militar y social. Y ni siquiera era descartable que las investigaciones hubiesen topado con las insoslayables presiones de encumbrados miembros de las Fuerzas Armadas. Cualquier cosa podía haber sucedido.

Ya fuera del gobierno, Consalvi rememoró varias veces el suceso, ocurrido en abierta violación de los protocolos y claves establecidas para desplazamientos de contingentes militares. Las averiguaciones no desentrañaron a los autores de algunas llamadas telefónicas y de radio encaminadas a soliviantar una guarnición y de movilizar toda una guarnición. Según el ministro de la Defensa actuante, el comandante de aquella operación fue interrogado por los cuerpos militares y civiles de inteligencia, sin que ningún rastro condujera a generales cómplices.

El presidente Jaime Lusinchi abordó el tema en público con frases alejadas de la realidad de los cuarteles y con más de mes y medio de retraso, mientras el recién electo Carlos Andrés Pérez configuraba su tren ministerial. En el saludo navideño a la guarnición militar del estado Aragua, el 17 de diciembre de 1988, Lusinchi expresó: "Mentes calenturientas propagaron versiones según las cuales el incidente de la noche de los tanques fue un golpe frío… Eso se acabó en Venezuela, y se acabó no solo porque este país ha avanzado y madurado en la expresión de sus sentimientos políticos, sino porque ni sus Fuerzas Armadas ni el pueblo, permitirían que se cambie el rumbo nacional"…

Antes de la noche de los tanques el Ejecutivo había tenido conocimiento de las maniobras de los Comacates, una logia así llamada por los grados militares de sus integrantes (comandantes, mayores, capitanes y tenientes), que en los cuarteles hacían circular panfletos con instigaciones contra el gobierno y los partidos, tratando de urdir un golpe. Por el escritorio presidencial habían pasado carpetas con documentos sobre los malos pasos del todavía desconocido oficial Chávez y sus compinches. No obstante las huellas por ellos dejadas en un lado y en otro, la vida continuaba como si nada pasara, sin inmutar a nadie. A las redacciones de los periódicos llegaban copias de esos mensajes, sin que ahí tampoco se les diera la importancia que en sana lógica debían merecer.

Por esos mismos días desde la comandancia de la Policía Metropolitana (PM) salieron señales de alerta sobre una serie de hechos ilícitos cometidos por funcionarios policiales. En efecto, desde hacía tiempo miembros de ese organismo relacionados con sectores de extrema izquierda y militares conspiradores, obstruían de manera sistemática el intercambio de informaciones entre los cuerpos de inteligencia y participaban en fechorías con el hampa común. El Ejecutivo sabía quiénes eran pero no procedía en consecuencia, tal como había sucedido la noche de los tanques. La gravedad de ambos casos era suficiente para reestructurar las Fuerzas Armadas y la Policía Metropolitana, pero el inmovilismo de las altas esferas era asombroso.

En el quinquenio de Lusinchi la prensa caraqueña reseñó otro hecho inaudito que fue reseñado en periódicos, pero no examinado en profundidad por el gobierno. Era la época de la Guerra Fría, y tras años de suministro de secretos soviéticos al gobierno de la primera ministra británica Margaret Thatcher, uno de los espías de más alto rango de todos los tiempos, el jefe del KGB en Londres, Oleg Gordievsky, desertó en 1985 y sindicó a un diplomático venezolano de origen palestino, de presunta colaboración con sus actividades. Ellos se reunían con frecuencia en la sede de la Organización Marítima Internacional, en restaurantes y otros lugares. Con su trato afable, caballeroso, estudioso de los temas fronterizos marítimos, autor de varios libros y con buenas relaciones en ciertos círculos universitarios caraqueños, aquel venezolano sin renombre político, no ocultaba sus ideas de izquierda y sus sentimientos antibritánicos, características que hubiesen podido inspirar un personaje central al estilo de Kim Philby en cualquier novela negra.

El venezolano aparecía en las libretas de contactos señalados por el doble espía ante el servicio secreto (MI-6), después de lo cual estuvo casi un año bajo la lupa, hasta ser declarado persona non grata y expulsado de Gran Bretaña. Para Venezuela ese era un caso extraño y hasta inverosímil, puesto que su política internacional jamás jugó papeles beligerantes en la Guerra Fría pese a su ubicación geográfica estratégica y a la condición de proveedor seguro de hidrocarburos para Estados Unidos y Europa.

Ese suceso nunca despejó una interrogante en la opinión pública: ¿Cuáles fueron los elementos concretos y fehacientes que pusieron en entredicho al diplomático venezolano? Ningún miembro del gobierno de Jaime Lusinchi se refirió al asunto en público y, por supuesto, no se podía descartar alguna inquina británica o hasta del mismo Gordievski, aunque en la embajada se aseguraba que esa relación era solo profesional, valiosa para Venezuela y sin propósitos ulteriores. Y algo más: no trascendieron posibles vínculos entre aquel funcionario del servicio exterior y los movimientos extremistas del Medio Oriente, que en la administración de Hugo Chávez se enquistaron en Venezuela y dieron mucho de qué hablar.

Al retornar a Caracas el funcionario de marras no formuló declaraciones sobre el incidente y reasumió con bajo perfil las tareas de investigación académica y docentes en la Universidad Simón Bolívar, donde gozaba de aprecio, mientras el Ejecutivo enviaba a Londres dos funcionarios de alto nivel policial para sostener reuniones con sus equivalentes y para interrogar uno a uno a los miembros de la embajada. La única explicación puesta a circular sobre su intempestiva expulsión era de naturaleza infantil: la familia no se había adaptado a las limitaciones económicas impuestas por aquella costosa ciudad. La investigación concluyó con un informe secreto sin consecuencias y en pocos meses el asunto cayó en el olvido. El presunto indiciado fue reivindicado por Hugo Chávez con su designación como embajador en Turquía —cuya capital había sido agitado centro de espías en tiempos ya viejos—, donde permaneció cerca de tres años.

En el período democrático los sueños de la población venezolana eran de una vida mejor, pero los sobresaltos no tenían cuándo acabar porque los remanentes conspirativos de derecha e izquierda no le daban tregua. Fue así como el 24 de junio de 1960 el presidente Rómulo Betancourt estuvo a punto de morir en el atentado financiado y coordinado por el déspota dominicano Rafael Leónidas Trujillo. Con las pruebas de la participación de Trujillo en el funesto plan, el gobierno venezolano planteó en la OEA una moción para sancionar por agresor al régimen de Santo Domingo, según lo establecido en el Pacto de Río de Janeiro. La petición fue aprobada con una votación de 19 a cero, sin votos en contra y sin abstenciones.

La misma noche de la explosión de la bomba en el paseo Los Próceres, el fundador de AD demostró su audacia y valentía al aparecer muy sereno en la televisión, en medio de fuertes dolores, con las manos vendadas, vistiendo un traje modificado para la ocasión. En un mensaje amplio y hasta jocoso, cortó por lo sano la ola de especulaciones que circulaban y concluyó deseando las "buenas noches a todos, a los amigos y enemigos del gobierno"...

En el clima de desasosiego imperante, Betancourt no tuvo más remedio que delegar por breves lapsos algunas tareas de corte administrativo en los ministros, para concentrar sus esfuerzos en el combate antisubversivo. Desde el primer día en el poder él actuó con reciedumbre hasta convertirse en eje central de la estrategia continental para frenar la activa injerencia de Fidel Castro en varios países de la región. Castro había estado de visita en Caracas entre el 23 y el 26 de enero de 1959, en el primer mes del triunfo de su revolución, mientras el todavía presidente electo Betancourt barajaba los nombres de su equipo ministerial. Pronunció discursos privados y públicos, entre ellos uno en el aula magna de la Universidad Central y otro en el corazón de la ciudad, en El Silencio, y se reunió con representantes de distintos sectores. Su meta era sacarle provecho a la riqueza venezolana y utilizar el país como punta de lanza del sistema que entonces escondía entre pecho y espalda, pero temprano quedó al descubierto.

Sin rodeos de ninguna clase Castro aprovechó el encuentro en la residencia de Betancourt, la quinta Los Núñez, para solicitar un préstamo de trescientos millones de dólares que fue rechazado en el acto y sin anestesia por el recién elegido mandatario, con el argumento real de que Pérez Jiménez y su cofradía habían vaciado las arcas nacionales. Por lo demás, los ingresos venezolanos apenas alcanzaban para solventar a medias los problemas acumulados en la etapa dictatorial. La inesperada respuesta de Betancourt no arredró al joven barbudo, quien, por el contrario, sacó de la manga lo que creía su as imperdible: el ruego de asignación de una cuota petrolera en condiciones preferenciales de pago, pero lo que no contemplaba era la posibilidad de regresar a Cuba sin nada en el bolsillo, desconcertado y hasta irritado. En esa época ya él veía a Venezuela como el país de las comiquitas infantiles de Rico Mac Pato, con montañas de dinero que esperaba utilizar como si fuera suyo, pero la reacción de Betancourt fue simple: aunque el petróleo era propiedad del Estado, las transnacionales se encargaban de extraerlo y comercializarlo. Aquellas dos horas de conversación en Los Núñez tuvieron un toque amargo que ni siquiera adivinaron los periodistas, que observaban a través del ventanal del jardín. Las reseñas más suspicaces describieron la entrevista como fría, sin abrazos, sin sonrisas y sin las usuales y rimbombantes frases de cortesía. La despedida no pasó de un rápido apretón de manos.

En El Silencio, ante más de cien mil personas y con el característico verbo fogoso, el visitante hizo afirmaciones pasadas entonces por alto, a las cuales el tiempo atribuyó el significado de venganza frente a la política betancourista: "Si alguna vez (Venezuela) se viera bajo la bota de un tirano, cuenten con los cubanos de la Sierra Maestra, con nuestros hombres y nuestras armas, que aquí en Venezuela hay muchas más montañas que en Cuba, que sus cordilleras son tres veces más altas que la Sierra Maestra, que aquí hay un pueblo heroico y digno como el de Cuba", aseguró en su famoso discurso. En menos de un año empezó a notarse la mano castrista detrás del incipiente movimiento guerrillero que se movía en las intrincadas montañas de los estados Falcón y Miranda, plagadas de serpientes venenosas e insectos transmisores de enfermedades tropicales que causaron muertos entre los aventureros.

Con su carga de reconcomio contra Betancourt, Castro no esperó la llegada de ningún tirano ni de nada parecido en Venezuela. De allí que con las primeras evidencias del patrocinio cubano a los focos guerrilleros surgidos en las zonas boscosas de varios estados, surgiera la tirantez que culminó en la ruptura de las relaciones diplomáticas y en el riguroso bloqueo político y económico que por décadas puso en apuros a la Isla. En el aire quedó la pregunta de si Fidel

Castro habría socorrido a los subversivos venezolanos si Betancourt hubiese cedido a sus pretensiones económicas.

En diciembre de 1960 asomaron las resquebrajaduras iniciales entre los miembros del comité central del PCV por el uso de los fracasados métodos de lucha violenta, impuestos por la mayoría de tendencia estalinista. Algunos, entre ellos el entonces joven Teodoro Petkoff, discrepaban de la idea de estimular y participar en asonadas militares, como las ocurridas en mayo y junio de 1962 en Carúpano y Puerto Cabello, por considerar que constituían un exceso de militarismo, anarquismo y terrorismo. La participación de Petkoff en el movimiento guerrillero, no obstante, fue activa y tuvo lapsos de clandestinidad en Caracas, prisión y protagonizó espectaculares escapes del cuartel San Carlos y del Hospital Militar.

Cuba y la Unión Soviética suministraban armas y entrenamiento a los rebeldes venezolanos, instalaban imprentas clandestinas, adoctrinaban jóvenes en las llamadas escuelas de cuadros cubanas y hacían propaganda internacional contra Betancourt. En noviembre de 1963, al seguir unas huellas sospechosas en una playa del estado Falcón, efectivos de la Guardia Nacional hallaron a pocos centímetros de la superficie cuatro toneladas de moderno armamento que tres años antes Bélgica había vendido a Cuba. Los seriales y escudos de esos equipos habían sido limados.

En esos años el Partido Comunista de la Unión Soviética depositaba cientos de miles de dólares en su embajada en la antigua Checoslovaquia, para ser trasegados en billetes a Venezuela vía Roma, París, Madrid, México y Bogotá. Los controles en los aeropuertos todavía no habían adquirido la sofisticación tecnológica actual, lo que facilitaba los despachos de dinero en efectivo sin dejar evidencias. No obstante, en abril de 1965, pocos meses después del inicio del gobierno de Raúl Leoni, un reputado y rico médico comunista italiano procedente de Milán de quien la policía política venezolana tenía datos precisos, era esperado en el terminal aéreo de Maiquetía, donde fue apresado en compañía de una supuesta amante de nacionalidad española. En compartimientos especiales de sus vestimentas escondían 330 mil dólares destinados a las guerrillas, que hoy equivaldrían a más de cinco millones.

Aquel hecho, conocido como el caso Beltramini por el apellido del médico (Alessandro), adquirió revuelo internacional por la intervención directa del Partido Comunista Italiano. El escándalo seguramente habría adquirido proporciones aún mayores si hubiese trascendido la implicación del extravagante editor milanés Giangiacomo Feltrinelli, heredero de una inmensa fortuna que dilapidaba en las desventuras extremistas que lo condujeron a la muerte violenta. Ferviente admirador de las originales acciones de fuerte impacto internacional de los guerrilleros venezolanos, Feltrinelli estuvo una o dos veces en Caracas, donde se entrevistó en forma subrepticia con líderes antisistema y hasta financió la publicación de un panfleto guerrillero. En esos días la amistad entre Feltrinelli y Fidel Castro estuvo cerca de germinar en uno de los grandes bestsellers de todos los tiempos, unas memorias que se frustraron entre avances y desencuentros[6].

El irrenunciable propósito castrista de sacar lucro de Venezuela se notó de nuevo en el primer trimestre de 1991, a un año del levantamiento de Chávez, cuando el escritor Gabriel García Márquez visitó en Caracas al presidente Carlos Andrés Pérez para hablarle sobre la dramática escasez de productos de primera necesidad que vivía el pueblo cubano durante el denominado período especial ocasionado por el derrumbe de la Unión Soviética, que dejó a Fidel Castro sin el precioso subsidio de casi seis mil millones de dólares anuales.

El premio Nobel colombiano sugirió la posibilidad de una apertura política patrocinada por Carlos Andrés Pérez para facilitar el regreso de Cuba al concierto de naciones latinoamericanas. ¿Era esa una iniciativa personal del renombrado escritor? Con toda seguridad no, porque él actuaba en estrecha colaboración con el dictador cubano y con sobradas razones muchos lo consideraban agente internacional de la propaganda castrista. Por lo demás, se trataba de una gestión política de altos quilates. No en vano,

---

[6] Ver Senior Service, biografía de un editor. Autor: Carlo Feltrinelli. Editorial Anagrama S.A. 2016

a fines de 1994 García Márquez intermedió entre el presidente Clinton, de Estados Unidos, y Fidel Castro, para calmar el problema político creado por el brusco y masivo éxodo de balseros cubanos, que en poco tiempo ascendieron a más de 125 mil y fueron etiquetados Los marielitos.

Al cabo de algunas semanas, en una cena en el restaurant Casa Vieja, en Caracas, el escritor colombiano convino con Carlos Andrés Pérez y su entonces canciller Armando Durán, la manera de encausar un diálogo directo entre los mandatarios cubano y venezolano. La cita Pérez-Castro se produjo el seis de julio de 1991 en la isla de La Orchila, donde CAP propuso una fórmula para la progresiva reinserción de Cuba en la comunidad latinoamericana, a cambio de pasos específicos de flexibilización política y económica por parte del régimen cubano. Uno de esos pasos era la designación de un primer ministro distinto de Castro, que conservaría la presidencia del Consejo de Estado.

El Grupo de los Tres (México, Colombia y Venezuela), respaldados por el jefe del gobierno español, Felipe González, se encargaría de promover el acercamiento con Cuba en la Primera Cumbre Iberoamericana, a celebrarse en septiembre del mismo año en la deliciosa Guadalajara, pero nada de eso sucedió porque el líder comunista apeló al pretexto de que para ser aceptada la propuesta, se requería el visto bueno del congreso del Partido Comunista Cubano, que ya estaba convocado para el siguiente diez de octubre. Como era de suponerse, el partido solo aprobó flexibilizar la tenencia de dólares, cosa que distaba mucho de las exigencias del Grupo de los Tres y de Felipe González.

En la sociedad venezolana siempre ha existido, además de lo antes descrito, una irresistible propensión a dejarse cautivar por autoritarios. Uno de los peores antecedentes fue encarnado por Marcos Pérez Jiménez, quien después de haber conculcado los derechos civiles y políticos de los ciudadanos en los años cincuenta, tuvo una pasajera resurrección política en las elecciones presidenciales de diciembre de 1968, al ser elegido senador con una abrumadora votación que constituyó una demostración de memoria corta de los caraqueños. Ese hecho debió ser anulado mediante un fallo de la Corte Suprema de Justicia. La historia demuestra que la debilidad de los venezolanos frente a la capacidad de los caudillos para embaucar, ha sido mucho más pronunciada que en cualquier otro país latinoamericano y no pareciera fácil de erradicar.

El régimen perezjimenista se ufanaba de la construcción de autopistas, edificios públicos y residenciales y otras obras, todas con sobreprecios que multiplicaron la deuda, rebasaron la capacidad fiscal y desataron una recesión que desmembró la fuerza de la dictadura y contribuyó a su caída. En ese ambiente el país perdió oportunidades de desarrollo. Las importaciones se dispararon y el Estado asumió tareas propias del sector privado. Entre 1953 y mediados de 1957, con una población inferior a siete millones de habitantes (antes de la explosión demográfica), Venezuela había experimentado una bonanza al subir el precio del petróleo de 2.14 dólares a 2.65 dólares por barril. El ingreso adicional por ese concepto reportó cerca de cien millones de dólares, que al valor de la época representaban una cantidad muy apreciable y daban al gobierno una enorme capacidad de maniobra política. Las exportaciones de crudos subieron de 1.8 millones de barriles por día a 2.77 millones, mientras el consumo interno de hidrocarburos no excedía los cuarenta mil barriles por día.

Como en cualquier gobierno de fuerza, los organismos contralores de la administración pública de entonces no funcionaban con rigor. Eran simples parapetos del autócrata. El sistema judicial adolecía de autonomía, los partidos políticos estaban acorralados y los medios de comunicación eran atenazados por la censura, lo que aumentaba el descontento popular frente a Pérez Jiménez. El robo de los dineros nacionales por parte de la dictadura había sido de tales proporciones, que en los primeros meses de la administración de Rómulo Betancourt hubo quincenas en las cuales fue necesario solicitar préstamos bancarios para pagar sueldos de los funcionarios estatales. Eso explicaba también las medidas de austeridad adoptadas por Betancourt, que incluían el recorte de sueldos del mismo presidente, de los ministros y otros altos funcionarios.

Cinco años después de la anulación de la senaduría de Pérez Jiménez, sus simpatías en la calle conservaban el carácter arrollador. En cualquier esquina se escuchaban frases de añoranza y alabanzas al orden público y a sus obras físicas, ante lo cual en mayo de 1973 los partidos políticos más importantes se vieron obligados a establecer la enmienda número uno de la Constitución para inhabilitar políticamente al exdictador. Fue así como nació la sabia disposición conforme a la cual los condenados mediante sentencia firme por delitos contra la cosa pública, perdían sus derechos políticos en forma definitiva.

¿Qué transformó a Pérez Jiménez en fenómeno político después de haber sido repudiado en enero de 1958 y de su espectacular escapada con maletas repletas de dinero? ¿Qué habría sucedido si él hubiese retornado al poder por vías democráticas, habría permitido acaso el libre funcionamiento de las instituciones que por años denostó y pateó? Las respuestas a estas y otras preguntas eran reveladoras de la ingenuidad de quienes evocaban algunas obras espectaculares de infraestructura y la "tranquilidad" de la vida en dictadura, en comparación con las diatribas y los problemas económicos y sociales no resueltos por la democracia. Quienes veían con ceguera la realidad del país no tomaban en cuenta los progresos educativos y sanitarios, las redes viales construidas por gobiernos democráticos y el contraste de ideas inherente a la vida en libertad.

El resurgimiento de Pérez Jiménez ocurrió mientras Venezuela era gobernada por Raúl Leoni en una coalición denominada Ancha Base, integrada por Acción Democrática, Unión Republicana Democrática y el Frente

Nacional Democrático. No se trataba de un régimen autoritario o monopartidista, por cuanto ninguna falla era atribuible a una sola figura sola política y, aunque Acción Democrática atravesaba una amarga disputa interna por la candidatura presidencial de 1968 —cuyo corolario fue la división que dio origen al Movimiento Electoral del Pueblo—, el desprestigio de los partidos no se había acentuado. Lo grave era la zozobra que vivíamos los venezolanos, fomentada por extremistas de derecha e izquierda.

Otras manifestaciones de resurrección política de tiranos se habían visto en distintos países de la región y del mundo, tal como se vio en Chile con Carlos Ibañez del Campo, quien después de ser derrocado en 1931 en medio del malestar popular ocasionado por una crisis económica, en 1949 fue elegido senador y presidente en 1952, amparado en su fama de fuerte y opresor, aunque también eficaz, enarbolando banderas clientelares contra la corrupción. Las ofertas electorales de Pérez Jiménez fueron coincidentes con las de Ibañez del Campo.

Los imprevistos tercermundistas de Venezuela entre 1959 y 1979 no sorprendían a nadie. Así, los años fueron transcurriendo con lentitud hasta la entrada de Hugo Chávez al poder con admirables niveles de popularidad, pese a sus conspiraciones y al historial de mal desempeño en la escuela primaria, en el liceo y hasta en el curso de Comando y Estado Mayor de las Fuerzas Armadas, en el que fue reprobado en dos asignaturas cardinales: operaciones e inteligencia. Los estudios de mejoramiento profesional no eran requisito indispensable para los ascensos militares, pero se tomaban en cuenta en las evaluaciones periódicas.

Su ingreso a la Academia Militar sucedió sin que se cumplieran los requisitos formales, por cuanto en el último año de secundaria no aprobó la asignatura de química orgánica y, por lo mismo, no obtuvo el título de bachiller. Sin embargo, el padre de la familia Chávez Frías usó sus influencias en Copei durante el primer gobierno de Caldera para que Hugo fuera aceptado en la Academia, no por sus por sus dotes estudiantiles sino por su afición al beisbol, deporte de su pasión en el liceo O'Leary de Barinas, cuando la delgadez y los pies grandes daban lugar al apodo de Tribilín. Más aun, ni siquiera descolló como beisbolista. El origen congénito de la flaqueza moral de Hugo Chávez, aumentó más adelante con las ansias de riqueza de sus padres, hermanos, hijos y sobrinos.

Amigos y compañeros de la adolescencia recordaban al Chávez de Barinas por sus bromas de mal gusto, chistes, fábulas llaneras y loas a un famoso pitcher venezolano de las grandes ligas del beisbol de los años sesenta apodado el "Látigo" Chávez, a quien no lo unían nexos familiares. Y como eran tocayos, fantaseaba poniéndose en los zapatos del gran lanzador. En esa época cualquiera hubiese podido formular hipótesis sobre su futuro, unas con sentido, otras no, pero el padre perseveraba en proveerle una ocupación como la militar, que le garantizara estabilidad social y económica. De otra manera el destino de Chávez hubiera sido jugar beisbol en un equipo local, cantar coplas con voz destemplada o ser "arañero" (vendedor callejero de dulces de coco preparados por la abuela), porque su rendimiento estudiantil no daba para más. Y de haber tomado el sendero del bate, de las canciones llaneras o la venta de dulces, le habría ahorrado terribles desgracias al país.

El padre de Hugo, el maestro de primaria Hugo de los Reyes Chávez, había hecho carrera en el Ministerio de Educación mediante cursos de mejoramiento profesional en los períodos de vacaciones, y antes de llegar a Copei había dado otros bandazos en política en busca de réditos particulares. En los difíciles años de la dictadura hasta se coló entre los seguidores de Pérez Jiménez, entre quienes lucía orgulloso en los actos públicos. En los gobiernos de Copei el maestro cambió de franela y gorra para ser fanático de Rafael Caldera y de Luis Herrera Campins y, de esa forma, escaló hasta la dirección de educación regional barinesa y entabló amistad con los dirigentes nacionales del partido.

Al finalizar el curso de Comando y Estado Mayor para ascender a teniente coronel —que no contemplaba exámenes de recuperación para quienes fueran reprobados—, dos generales recomendaron dar otra oportunidad a Hugo Chávez y a otros cuatro con evaluaciones deficientes. En esa ocasión Chávez aprobó solo una de las dos materias pendientes, a pesar de lo cual el director de la Escuela

Superior del Ejército le otorgó el diploma. Con ese historial no existían razones para su ascenso profesional, pero en las Fuerzas Armadas reinaban los padrinazgos con efectos malsanos.

Chávez y varios compañeros fueron apresados en diciembre de 1989 por orden del comandante general de turno en el Ejército, después de haber acumulado indicios de subversión. Por recomendación de Ochoa Antich, el presidente Carlos Andrés Pérez desestimó tanto los informes de la Dirección Inteligencia Militar y de la policía política, como un dictamen del consultor jurídico de la Comandancia del Ejército, con elementos comprometedores de la responsabilidad de los sindicados.

Al ser ascendido a teniente coronel, a Chávez le asignaron tareas en una proveeduría de tercera categoría en el estado Sucre, una posición sin jefatura alguna de cuartel, apropiada para alguien con credenciales mediocres. Lo asombroso vino en algunas semanas, cuando el ministro de la Defensa, Fernando Ochoa Antich, y el comandante del Ejército del momento, Pedro Rangel Rojas, en una junta de alto nivel se mostraron deseosos de concederle el mando de tropa a Chávez, pero no esperaban toparse allí con el categórico desacuerdo de dos generales tan conocedores como ellos del expediente de mala conducta del barinés, lo que paralizó de manera temporal el cambio que pretendían.

Cuando la tranquilidad ficticia de los cuarteles aun no perturbaba las noches del presidente Carlos Andrés Pérez y de la clase política —y a despecho de los dos generales que expresaron las objeciones referidas—, el teniente coronel Chávez fue designado primer comandante del batallón de infantería de paracaidistas Briceño, con sede en Maracay, en el estado Aragua, en pleno centro del país, que contaba con varios cientos de hombres y gran capacidad de fuego, desde donde en solo seis meses avanzó como insurgente hacia Caracas. Era un nombramiento con visos de dudosa inocencia.

La importancia estratégica del batallón Briceño suponía una evaluación estricta del rendimiento y la conducta de los candidatos a oficiales. Eso no era asunto nuevo, sino de normal funcionamiento en las Fuerzas Armadas Nacionales, pero en el Briceño adquiría especial relevancia por su elevado número de hombres y el poder de los pertrechos disponibles. ¿Por qué en la selección de Chávez privaron entonces criterios de otro tipo? ¿Las normas militares venezolanas eran anacrónicas o pesaban más las complicidades?

Con el tiempo, en los archivos del Ejército fueron hallados dos oficios probatorios de las anormalidades que comprometían tanto a Ochoa Antich como a Rangel Rojas. En el primero, con fecha 17 de junio de 1991, la comandancia general del Ejército designaba los nuevos comandantes de varias unidades tácticas, entre quienes aparecía un teniente coronel de paso fugaz por el batallón Briceño, que fue reemplazado por razones todavía opacas. En el segundo, fechado el 18 de julio, el ministro Ochoa

Antich aprobaba la designación de Chávez para cumplir funciones administrativas en el Servicio de Proveeduría de las Fuerzas Armadas.

En un correo electrónico fechado a comienzos de 2020, Ochoa Antich me expresó que el nombramiento de Chávez como comandante del batallón *Briceño* fue un error del comandante general del Ejército, quien en agosto de 1991 sustituyó al oficial de breve paso por el cargo, que al parecer había solicitado su retiro porque los saltos en paracaídas no eran de su agrado. "Yo no percibí esa designación (de Chávez), ya que el presidente de la República y el ministro de la Defensa solo aprobaban las designaciones de generales, contralmirantes y vicealmirantes. Ese nombramiento facilitó la conspiración del 4 de febrero"…

En el libro *Así se rindió Chávez*, Ochoa Antich sostenía que la designación de los comandantes de batallones era atribución del comandante general del Ejército y que él, en su condición de ministro, no había estado al tanto del caso del oficial barinés[7]. No obstante, se contradecía al mencionar órdenes o sugerencias suyas al general Rangel Rojas para transferir a Chávez a una posición distinta y superior a la que desempeñaba en la proveeduría de escasa importancia en el estado Sucre.

---

[7] Así se rindió Chávez, página 90, autor Fernando Ochoa Antich.
   Editorial CEC. S.A.

Pese a las evidentes flaquezas institucionales del período 1958-1998, solo un puñado de venezolanos de nobles convicciones temía el avance del germen militarista que culminó con la entronización de Hugo Chávez en la Presidencia. Así, cuando se presumía que la majestad del cargo era primordial, él se regodeaba en su inextinguible vocación agitadora, con su infaltable taza de café negro en la mano y con un placer como de hechizo, narraba las peripecias que lo pusieron tras las rejas en 1992, pero sin el menor recuerdo de los 37 muertos, cientos de heridos y millonarios daños materiales que causó.

El primer encuentro del teniente coronel con Fidel Castro tuvo lugar el 13 de diciembre 1994 en la capital cubana, donde fue recibido con honores de jefe de Estado en el aeropuerto José Martí. Pocas veces las atenciones del cicerone habían sido tan espléndidas con un recién iniciado en política, cuya única acción de resonancia él mismo había condenado tanto de viva voz como en la carta que envió al presidente Pérez dos o tres días después del 4-F. Las habilidades encantadoras de Fidel embelesaron de inmediato al invitado sediento de roce internacional. Desde el abrazo al pie de la escalerilla del avión y en medio de un enorme despliegue publicitario, el cubano no se separó de Chávez en sus 72 horas en La Habana, lo que aumentó los rumores sobre las posibles ideas comunistas del teniente coronel.

Castro había ingeniado la visita de Chávez para vengarse de Caldera por sus varias reuniones con prominentes dirigentes contrarrevolucionarios, y por haber anunciado al ministro de cultura isleño que en la primera cumbre de jefes de Estado de las Américas —a celebrarse el diez de diciembre de1994 en Miami—, él expondría el criterio de que la crisis del gobierno castrista era "terminal". Fidel, en consecuencia, aceleró los preparativos para la llegada de Chávez a La Habana tres días después del cónclave de Florida, lo que dejó en evidencia las deficiencias estratégicas del inefable doctor Caldera y alentó la intromisión cubana en los asuntos internos de los venezolanos.

A medianoche del 6 de diciembre de 1998, cuando Chávez celebraba su triunfo electoral recibió un emotivo mensaje del isleño tropical, que ahora veía más cerca que nunca el sueño de ponerle la mano a la riqueza venezolana: "Aunque te acosaron incesantemente y te calumniaron por el hecho valiente de tu visita a Cuba, pensando que así restarían fuerzas y votos a tu candidatura, tu aplastante victoria demuestra que los pueblos han aprendido mucho. Los cubanos, que han seguido de cerca y en silencio tu épica campaña, comparten con los venezolanos su noble y esperanzador júbilo. Te deseamos éxito en la difícil e inmensa tarea que tienes por delante en este momento, crucial de la historia de nuestra América en que ha llegado la hora de los sueños de Bolívar. Fidel Castro."

Con excepcional experiencia, inteligencia, cultura histórica e intuición para sacar provecho de cualquier coyuntura, Castro proveía a Chávez las herramientas necesarias para que una vez en el poder afianzara con facilidad un régimen vertical, unipersonal, de instituciones simuladas. Dichos planes de asistencia serían determinantes para que Chávez endureciera la represión de la policía política, multiplicara los miembros del ejército, los armara hasta los dientes y los ideologizara. De esa forma, Venezuela transmutó de país democrático ejemplar en punta de lanza totalitaria en América Latina.

Una de esas enseñanzas fue el principio según el cual "las elecciones solo se hacen para ganarlas", cosa que, por lo demás, no era original de Fidel porque Stalin y otros dictadores la habían dicho y repetido por doquier. El escritor cubano Norberto Fuentes un día me relató en Miami que con ocasión de la segunda toma de posesión de Carlos Andrés Pérez en febrero de 1989, Castro le advirtió a Daniel Ortega la inconveniencia de una cita electoral no controlada en Nicaragua. En la enrevesada negociación que condujo a las elecciones generales en la nación centroamericana, el sandinista desestimó el consejo del experimentado dictador de dar largas a las negociaciones, porque al enemigo no se le hacían concesiones ni grandes ni pequeñas. Sintiéndose invencible, Ortega fue a las elecciones y salió derrotado por Violeta Chamorro, una señora sin experiencia política pero sí bien asesorada por CAP y otros animales políticos. "Hablé con Daniel, se lo advertí, le insistí pero no me escuchó", comentaría quejumbroso el líder cubano ante el desastroso resultado comicial en Nicaragua.

A diferencia de Daniel Ortega, Chávez siguió al pie de la letra las lecciones del cubano. Tuvo, no obstante, los contratiempos derivados de sus torpezas, pero supo enmendarlos con arranques de arbitrariedad y audacia. Aprendió que las elecciones solo eran meros instrumentos para profundizar la dominación social, para lo cual era válida cualquier forma de coerción, desde la más subliminal hasta las más crueles. Sin que nadie se lo preguntara, un día dijo en su programa radio y televisión *Aló Presidente*, que llegar al palacio de Miraflores le había costado años de perseverancia y no estaba dispuesto a salir de ahí por nada del mundo. "Aquí me quedaré treinta o cincuenta años y más tarde me iré a Barinas, a jugar con mis nietos y a descansar en un chinchorro, a la sombra de un árbol de mango"...

Cada año y de acuerdo con la orientación de Fidel Castro, Chávez ya devenido en presidente celebraba el 4 de febrero como "día de la dignidad", equiparándolo al 5 de Julio, Día de la Independencia Nacional, con desfiles militares, largos y mentirosos discursos, fuegos artificiales e invitados extranjeros en el Paseo Los Próceres de Caracas. Quería insuflarle aires emblemáticos a la desdichada fecha para convertirla en un símil del asalto de Fidel Castro al cuartel Moncada en La Habana en julio de 1953.

Con el uso controlado de los medios de comunicación, irregularidades en el padrón de votantes, amenazas a los empleados públicos y presiones a quienes en el sector privado ejercían algún tipo de oposición, celebró una serie de elecciones regionales y locales, todas amañadas. El dos de diciembre de 2007 Chávez perdió un referéndum convocado para establecer la reelección presidencial indefinida, un Estado socialista con poderes omnímodos y limitaciones a la propiedad privada. Fue una larga y tensa noche, cargada de rumores sobre un posible malestar entre los militares. Desde la tarde había habido apuros en el Consejo Nacional Electoral, donde captaban las señales del descalabro presidencial. Hubo demoras en la difusión de los escrutinios, mientras el descontento de la población subía como la espuma de la cerveza. En la madrugada Chávez se vio forzado a admitir la derrota, pero a los dos días reapareció desafiante ante la televisión para anunciar la repetición de la consulta popular, sin que la Constitución y las leyes así lo contemplaran.

"Sepan administrar su victoria, porque la están llenando de mierda. ¡Esa es una victoria de mierda! Llamen la nuestra una derrota, pero es una derrota de coraje, de dignidad"… El vocabulario presidencial se agotaba hasta para rebatir una crónica del reportero Hernán Lugo Galicia sobre los apuros del chavismo, publicada en *El Nacional*: "Toma nota Lugo Galicia, porque lo tuyo es pura mierda", vociferaba Chávez ante las cámaras de televisión. Con sus fuentes informativas de primera mano en el partido oficialista, el PSUV, Lugo Galicia había descrito paso a paso lo ocurrido desde las 7.30 de la noche de aquel domingo decembrino, cuando Chávez anunció al Alto Mando Militar que esperaría el final del lento conteo de las actas de votación para reconocer la derrota, que podía tomar entre diez horas y varios días, pero altos oficiales de Maracay lo atajaron con advertencias sobre los peligros de la demora. En el ínterin él atribuía el fracaso a engaños e ineptitud de su comando de campaña.

Una publicación veraz, bien documentada, descriptiva de la respuesta a la consulta popular, era desafiante e intolerable para ese hombre habituado a gritar a los subalternos y a humillarse ante los superiores en los cuarteles. Sin comprender lo que significaba discutir razones, Chávez se sentía iluminado y poseedor de la verdad absoluta y, por lo mismo, frente a él los medios debían ser acríticos, sumisos. Como en tantos otros casos, el cerco a Lugo Galicia aumentó hasta empujarlo al exilio. Eran días de protestas callejeras por distintas razones, utilizadas como pretexto para perfeccionar los instrumentos represivos. Al experimentar al año siguiente otro revés en la elección de gobernadores en los estados Zulia, Miranda, Carabobo, Táchira y Nueva Esparta, así como en la alcaldía Metropolitana de Caracas, el gobierno aceleró el despilfarro de los fondos nacionales. El Presidente hablaba casi a diario en cadenas de radio y televisión, regalaba lavadoras, licuadoras, televisores, dinero en efectivo, y ponía en práctica otras formas de doblegar voluntades. Con esos procedimientos, el 15 de febrero de 2009 impuso la reelección presidencial indefinida.

Esa era la naturaleza de Hugo Chávez, vivía para enquistarse en el poder. No era demócrata y nunca lo fue. No le interesaban los partidos políticos, ni los sindicatos, ni las organizaciones empresariales o culturales. Nada de eso. Y como no tenía la preparación indispensable para ser estadista, pues tampoco tenía proyectos de desarrollo económico o social, ni sabía rodearse de buenos asesores. En una oportunidad y sin que nadie se lo preguntara, confesó que no creía en partidos políticos y ni siquiera en el suyo, el PSUV, porque su confianza recaía solo en los militares.

En 2010, en la alocución aniversaria de su levantamiento militar, Chávez fue explícito en la justificación de su vieja quimera: "El 4 de febrero de 1992 no solo ocurrió una rebelión militar patriótica, sino que se hizo imposible un golpe militar de derecha. Los soldados cumplieron una jornada necesaria e inevitable. Ahora el pueblo es un gran ejército. Nosotros los soldados somos la vanguardia del pueblo de Bolívar"… En pocas palabras, no dejaba pasar ocasión sin mostrar la demagogia, tal como hizo tres días más tarde en *Las líneas de Chávez*, la columna semanal que publicaba en periódicos de Caracas y otras ciudades: "Las armas de la crítica dieron paso a la crítica de las armas. La política entreguista del "puntofijismo" llegaba a su más nauseabunda expresión con el programa neoliberal de Carlos Andrés Pérez: el país estaba subordinado al FMI y al Banco Mundial y de rodillas ante el imperio; los partidos políticos se dedicaban al saqueo y a la burla social… Nosotros teníamos que dar un paso al frente ante ese estado de cosas, con el más puro compromiso con la redención de la Patria para devolverle al pueblo las armas de la República".

Capítulo IV

El pasado en pocos nombres

Rómulo Betancourt, demócrata raigal

En las cuatro décadas anteriores a la asunción presidencial de Hugo Chávez, los venezolanos tuvimos jefes políticos experimentados en las luchas contra los regímenes de facto, defensores de la pluralidad de ideas y de las libertades ciudadanas, entre quienes es indispensable recordar unos cuantos y sus circunstancias, para comprender las bondades del sistema que hubiesen debido preservarse y los quebrantos a subsanar. Por eso abordo aquí a los personajes primordiales de la democracia sin incurrir en pretensiones forenses, es decir, sin el propósito de practicarles las autopsias políticas que corresponderán a historiadores y sociólogos, porque mi deseo es transmitir mis experiencias periodísticas y los conceptos que me formé de cada uno, con sus virtudes y defectos. Lo hago para ayudar a entender lo acontecido y sus repercusiones.

El primero de los dirigentes fundamentales de esas cuatro décadas fue Rómulo Betancourt (RB), fundador Acción Democrática (AD), el partido político más importante de la historia venezolana, un hombre de excepción a quien los tempranos errores le enseñaron a anteponer los intereses del país a los particulares. En sus inicios políticos, mientras vivía en Costa Rica, se convirtió al comunismo, pero pronto devino en radical anticomunista con alguna influencia de su buen amigo José Figueres, el gran dirigente socialdemócrata que en tres oportunidades presidió la nación centroamericana. Sin el activismo político de Betancourt no habría sido posible la democracia a partir de 1958, por cuanto sus contribuciones fueron esenciales para asentar el sistema, y demostró la necesidad de la administración pulcra de los presupuestos nacionales y su uso eficiente, al tiempo que acicateaba el debate interno en AD y todo lo que condujera a la capacitación doctrinaria, sin imponer criterios únicos o adoración a la personalidad.

Una soleada mañana de comienzos de 1960 caminaba yo por la carrera nueve de San Cristóbal cuando lo vi por primera vez. Iba hacia la gobernación estadal con traje oscuro y su acostumbrado sombrero blanco. Me disponía a atravesar una calle cuando su caravana de apenas dos vehículos y dos motociclistas llegó e hizo la parada obligatoria de algunos segundos, él levantó la mano, para saludar y sonreír al adolescente flacuchento y desgarbado que era yo. Hasta ahí yo solo había visto sus fotos en periódicos y revistas y escuchado en la radio su atiplada voz, acuñadora de adjetivos y frases y adjetivos rebuscados: sicofantes, periclitados, multisápidas hallacas, cadáver insepulto... La sorpresiva escena de aquella mañana me impactó y, como era lógico, tan pronto llegué a la carpintería le narré a mi padre lo que acababa de presenciar. En nuestra casa no veíamos televisión —que todavía era en blanco y negro—, porque los precios de los receptores excedían la capacidad adquisitiva de mis padres.

¿Esa impresión orientó en algún sentido mi interpretación ulterior del personaje y su posición en la política nacional? No lo sé y nunca me detuve a pensarlo, pero lo que sí puedo decir es que con los años llegué a la conclusión de que las suyas no eran meras posturas teatrales. Creía en ellas, las defendía con argumentos sólidos y nada lo hacía cambiar. Con su sola presencia Betancourt infundía respeto. Años más tarde, en la década de los setenta, en su edad provecta hablé con él en unas cuantas ocasiones, sobre todo cuando se proponía viajar al exterior y bajaba al aeropuerto de Maiquetía acompañado por uno que otro compañero de partido. Además de apasionado por la política y empedernido fumador de pipa, él estaba también entre los amantes del teatro y del béisbol de grandes ligas.

Betancourt dedicó sus días y noches a Acción Democrática, la organización que con cinco presidentes de la República[8] y admirables sacrificios, consiguió una era de esplendor y realizaciones trascendentales para los venezolanos, para luego entrar en una espiral de desviaciones disciplinarias y morales, además de otros equívocos que desgastaron el otrora robusto soporte de la población. Esa fue una de las primeras y más lamentables decadencias de los

---

[8] Rómulo Gallegos, Rómulo Betancourt, Raúl Leoni, Carlos Andrés Pérez y Jaime Lusinchi.

partidos históricos de América Latina, labradas a esfuerzo propio.

La última residencia y a la vez oficina del líder adeco, la quinta Pacairigua —comprada para él por el partido porque no tenía donde vivir—, situada en la parte alta de la agradable urbanización Altamira de Caracas, era lugar de frecuentes reuniones con sus visitantes nacionales y del exterior. Con la pipa encendida, cada mañana RB pasaba revista a los hechos relevantes a través de los periódicos. Después de leer los artículos de su interés, se ponía de pie en el centro de la sala para ver los enfoques de las primeras páginas, que esparcidas en el piso daban la sensación de desorden, pero esa era su mejor forma de hacer comparaciones y extraer conclusiones. Fue un lector ávido de revistas en inglés y francés a las cuales estaba suscrito.

Betancourt encarnó un personaje venezolano de todas las épocas, con especiales virtudes y, al mismo tiempo, con baches en su formación e innegables posiciones de rigidez extrema en determinadas situaciones. Entró a la política en el mundo convulsionado por el estalinismo, el nazismo y el fascismo, así como por el respaldo de Estados Unidos a las dictaduras en América Latina y por el yugo del déspota Juan Vicente Gómez en Venezuela. Se erigió en un líder controversial, reconocido y respetado hasta por los críticos más enconados. Con asombrosa decisión, desde sus quince años enviaba cartas a amigos y familiares, con análisis y opiniones sobre los problemas venezolanos y latinoamericanos que le inquietaban.

En 1944 Acción Democrática era un partido joven y activo en sus reclamos de democratización, mientras la Presidencia de la República estaba en manos del general Isaías Medina Angarita con sus repetidas promesas de apertura de los derechos ciudadanos, pero al mismo tiempo empeñado en conservar el sistema electoral de segundo grado para que, a semejanza de lo planteado por Lampedusa en su aclamada obra *El gatopardo*, todo cambiara para que todo siguiera igual. Al enloquecer Diógenes Escalante —el diplomático que cumplía gestiones en Washington, en torno a quien el gobierno y la oposición habían pactado la sucesión presidencial—, se frustraron las posibilidades de escoger otro candidato de mutuo acuerdo, y el 21 de abril de 1945 —seis meses antes de ser derrocado—, Medina pronunció en el Congreso un discurso de respaldo a la candidatura de uno de sus exministros de agricultura, sin tomar en cuenta los reclamos de cambio de los partidos opositores y del país en general. Hasta entonces el presidente de la República era seleccionado por el Congreso, que el Ejecutivo controlaba a través del Partido Democrático Venezolano (PDV).

Ante el desaliento reinante, en aquella oportunidad Medina afirmó: "Yo estoy seguro de que todos ustedes sabrán estar a la altura de su responsabilidad y, consecuentes con la línea política que libremente profesan, sabrán ungir con sus votos al hombre que mejor garantice la orientación política que nos identifica y ha merecido el reiterado y aplastante respaldo de la mayoría nacional"[9]…

Con atractivos planteamientos y considerable popularidad por su dedicación y astucia, Acción Democrática parecía ser la solución inexorable frente a un régimen que arrastraba los vicios de la tiranía gomecista, por lo cual la participación de los principales líderes adecos en el golpe del 18 de octubre de 1945 jamás dejó de ser objeto de controversias. En una alianza con jóvenes militares, AD intervino en la caída de Medina y a los treinta y siete años Rómulo Betancourt se elevó a la presidencia de la junta revolucionaria que gobernó al país hasta el 15 de febrero de 1948.

En 1945 los habitantes de Venezuela apenas excedían los cuatro millones, de los cuales el 86 por ciento ni siquiera sabía leer y escribir. El porcentaje de mujeres analfabetas era incluso superior. Caracas ni siquiera se acercaba a los 200 mil habitantes, mientras la influencia de los medios de comunicación alcanzaba a pequeños sectores, lo que daba a la sociedad venezolana la característica de desinformada, inculta y afectada por enfermedades endémicas. Los acontecimientos capitalinos se conocían en el interior de la República con semanas y meses de retardo. Ni más ni menos se trataba de un país rural que andaba a lomo de burro,

---

[9] Archivos del Congreso de la República, diarios de debates.

atrasado, carente en buena medida de los elementos fundamentales para el cultivo de la lectura y del sentido crítico.

Uno de los más profundos estudiosos de la vida y obra de Betancourt, el sacerdote jesuita Arturo Sosa Abascal, sostenía que "resulta teórica y políticamente injustificable asociarse a un grupo de militares para derrocar a un mandatario legítimo y llegar de ese modo al ejercicio del poder. Tratar de camuflar la participación en un hecho antidemocrático bautizándolo con el equívoco nombre de "revolución de octubre" o purificarlo por la convocatoria al poco tiempo de elecciones para una Asamblea Constituyente y la Presidencia de la República, no parece, desde los planteamientos originales pedenistas, suficiente razón"[10]…

Buena parte de la dirigencia de Acción Democrática estaba conformada por aguerridos jóvenes, muchos de ellos ni siquiera habían cumplido siquiera los veinticinco años, impetuosos, sin experiencia en cuestiones de Estado, que aún estaban en el proceso de definiciones doctrinarias pero representaban el embrión de una nueva clase política. Poseían ideas transformadoras, modernizadoras, aunque, como quedó claro en el trienio que en ese instante empezaba, se creían con autoridad para tomar las riendas nacionales,

---

[10] Arturo Sosa Abascal, Rómulo Betancourt y el partido del pueblo (1937-1941), pag. 467. Editorial Fundación Rómulo Betancourt. Caracas 1995.

desafiando a las minorías políticas y a otros actores sociales, con un costo elevado para el curso político de la República y, por supuesto, también para ellos.

Para refutar las voces disonantes, Betancourt daba después su versión con énfasis en la inviabilidad de Medina Angarita para sostenerse en la primera magistratura nacional. "Mientras Gonzalo Barrios y yo desayunábamos (después de una noche de discusiones), llegamos a la conclusión de que el dilema era inexorable: o interveníamos en la conjura en marcha acelerada, o los jóvenes militares derrocarían ellos solos al gobierno, constituyendo luego su propio régimen con imprevisible orientación ideológica", manifestó RB en una extensa entrevista publicada el 26 de octubre de 1975 por la revista caraqueña *Resumen*, cuya característica del momento era el odio contra Carlos Andrés Pérez.

A partir del derrocamiento de Medina Angarita, el escritor Arturo Uslar Pietri calificaba de trágicos el golpe y los acontecimientos del trienio subsiguiente, por considerar que habían abierto camino al atropello y al caos. El insaciable encono de Uslar contra Betancourt y contra Acción Democrática quedó al descubierto en una entrevista publicada por la Revista Iberoamericana de la Universidad de Pittsburgh en su número especial enero–junio de 1994, titulada "Venezuela: Historia, política y literatura. Conversación con Arturo Uslar Pietri".

Para el literato, en 1945 el país estaba dominado por una minoría de inexpertos con vagas ideas socialdemócratas, débiles frente a sus socios militares y frente a la opinión pública, que entraron en una carrera desenfrenada de demagogia en busca de respaldo de los militares que después los desplazaron. Y añadía: "Empezaron a politizarlo todo: los gremios, las universidades, todas las funciones públicas, y todo para que hubiera la base de apoyo. Eso creó una situación monstruosa porque empezaron a endeudar al país y cometieron errores garrafales en materia petrolera. Y cuando eso fracasó los militares desembarcaron y el país entró en la dictadura de Pérez Jiménez con todos sus defectos. Pérez Jiménez era en gran parte hijo de esa situación y, aunque rectificó algunas cosas, no fueron todas las que hubiera tenido que rectificar. Así desembocamos en 1958 y desgraciadamente Rómulo Betancourt volvió al poder"...

Betancourt, entretanto, recalcaba el ánimo del país en trance de explosión, que no soportaba la imposición de otro presidente desde Miraflores... El reclamo de elecciones libres era tema central de las conversaciones públicas y privadas de los venezolanos, pero a pesar de que el presidente Medina hablaba de un proceso de democratización, su obstinación era prolongar el anacrónico sistema electoral de segundo grado. El escritor Rómulo Gallegos y otros que lo conocían y trataban, le recomendaron con insistencia la inaplazable necesidad de transformaciones sociales y políticas, pero Medina no daba síntomas reales de entrar en razones.

A pesar de lo dicho en contrario por Uslar, los estudiosos de la historia contemporánea han reconocido los progresos cívicos y educativos establecidos después de Medina Angarita, en el trienio 1945-1948 y en los nueve meses del interrumpido gobierno presidido por Rómulo Gallegos, por su incidencia trascendental para la vida y costumbres de los venezolanos de muchas generaciones. Betancourt y la junta de gobierno que lo acompañaba abolieron las restricciones al libre funcionamiento de los partidos políticos, rebajaron de veintiuno a dieciocho años la edad de los ciudadanos para el ejercicio del voto, extendieron ese derecho a las mujeres y a los analfabetas, y le dieron el carácter de universal, directo y secreto al sufragio en las elecciones presidenciales, de diputados, senadores y miembros de las asambleas legislativas regionales, tras lo cual se formó una nueva generación que desempeñó papeles de primer orden en la vida nacional. En lo económico, esos tres años tendieron las bases para una nueva política petrolera que sirvió de antecedente a la nacionalización de la industria.

Sin embargo, a la par de los avances en materia de derechos políticos, pronto estallaron agrias controversias de AD con el Partido Comunista y con el recién nacido Copei (acrónimo de Comité de Organización Política Electoral Independiente), heredero de la Unión Nacional Estudiantil, cuyo conductor fundamental era el joven abogado Rafael Caldera, quien para bien y para mal continuaría unido a más de seis décadas de hechos nacionales. En ese estado de cosas sobrevinieron las controversias ideológicas que caracterizaron a la Asamblea Constituyente celebrada entre 1946 y 1947, para cuya integración Acción Democrática obtuvo 74.42 por ciento de los votos. Las elecciones demostraron que AD era la única tienda política de verdadero alcance e influencia nacional, y la constitución de 1947 en cierta medida vino a ser precursora de la de 1961 en su amplitud pacífica y respetuosa de los valores humanos universales, hecho luego admitido por muchos especialistas.

En 1948 los comunistas apenas llegaban a pequeños círculos pensantes y obreros, mientras Copei y Unión Republicana Democrática no habían cuajado su pleno desarrollo organizativo y político, por lo que su fuerza resultaba insuficiente para frenar los excesos de la junta de gobierno y, en consecuencia, sobrevinieron manifestaciones de intolerancia extrema, como el castigo de prisión para representantes de algunos periódicos por publicar en marzo de 1946 las diatribas de Uslar Pietri contra Betancourt. Los sectores sociales tradicionales no estaban exentos de la molestia ocasionada por la extralimitación del poder.

Al estrenarse Rómulo Gallegos en la Presidencia el 15 de febrero de 1948 —elegido dos meses antes por sufragio universal de los ciudadanos, incluyendo por primera vez a las mujeres y a los analfabetas—, las relaciones con su compañero de partido Betancourt no eran las ideales. Todo el mundo lo sabía. La comunicación entre ambos se limitaba a lo indispensable y pronto empezaron a depender de intermediarios. Como era lógico suponer, la tensión afectaba tanto al presidente y al Ejecutivo como a Betancourt y a Acción Democrática, y de ello sacaban provecho los militares ansiosos de poder y los grupos de civiles insidiosos que susurraban al oído del escritor.

Gallegos era admirado por la especial influencia político-social de su obra literaria en los círculos pensantes de su tiempo, sobre todo con la novela *Doña Bárbara*, valorada también entre las mejores de América Latina. Reunía cualidades ciudadanas y de padre de familia, pero distaba mucho de ser el dirigente adecuado para una nación subdesarrollada y convulsa, deseosa de transformaciones modernizadoras. Poseía un carácter difícil que le echaba más leña al fuego y lo convertía en el dirigente menos proclive a la conciliación política. En esas condiciones, cuando tenía solo nueve meses en la Presidencia, el 24 de noviembre de 1948, Gallegos fue depuesto por una acción de fuerza apoyada hasta por los jefes de la Iglesia Católica y ejecutada por una cofradía de oficiales del Ejército encabezados por Marcos Pérez Jiménez, el mismo oficial que en 1945 había acordado con Rómulo Betancourt y un grupo de compañeros adecos, el golpe contra Medina Angarita.

Pasaron los años, vinieron la resistencia a Pérez Jiménez, las muertes, los presos políticos, las torturas y las persecuciones, la clandestinidad y los destierros, que ameritaron la férrea lucha clandestina que contribuyó a la reflexión serena de RB, quien al regresar del exilio en 1958 demostró habilidad para vencer las adversidades. El exilio no obstaculizó su capacidad para continuar las tareas organizativas del partido, que le dieron respeto y propiciaron unas amplias y saludables relaciones internacionales. No obstante, los rezagos del cuestionamiento al pasado comunista de Betancourt y los roces con simpatizantes de la recién finalizada dictadura, revivían los temores de otro golpe de Estado, pero con perseverancia en pocos meses él supo persuadir a la mayoría de los venezolanos. Siempre perspicaz, intuía que si le ponía la mano a la candidatura presidencial coronaría su trayectoria en Miraflores, como en efecto ocurrió.

Durante el exilio Betancourt había estado al tanto del crecimiento del ala inconforme de Acción Democrática, lo que animó su decisión de recuperar el control del aparato partidista después de las elecciones nacionales de diciembre de 1958. Y lo logró aunque a un precio elevado, por cuanto el partido y el país perdieron una generación de jóvenes excepcionales, que en abril de 1960 rompieron con AD, fundaron el Movimiento de Izquierda Revolucionaria (MIR) y en apenas seis meses llamaron a la insurrección y emprendieron el rumbo errado de las guerrillas.

Todavía hay quienes piensan que aquella disputa era inevitable, pero como en política cualquier cosa puede suceder, no era descartable que una posición de concordia de Betancourt redujera el impacto de la fractura. Por lo demás, él disponía de la estructura burocrática para ofrecer cargos y atraer a unos cuantos radicales influyentes, pero esa eventualidad ni siquiera le pasó por la mente. Seguramente no quería trasladar al gobierno los focos de conflicto, que podían provocar una desbandada de funcionarios relevantes y agravar sus dolores de cabeza. A su actitud inflexible se agregaba la proclamación marxista-leninista de los divisionistas, que encandilados por el brillo inicial de la revolución cubana hasta desoyeron a experimentados comunistas nacionales como Pompeyo Márquez, que aconsejaba a los jóvenes mantenerse a toda costa en las filas de la organización y no caer en la provocación de la ruptura.

Márquez, cuyos conocimientos de la vida doméstica de AD eran minuciosos porque había sido militante de su organización primigenia, el Partido Democrático Nacional (PDN), defendía la tesis de que los izquierdistas podían vencer a la vieja guardia en nuevos procesos electorales internos del partido, cuyo peso en la vida nacional era determinante. Esa óptica externa lucía quimérica porque los contendientes no cedían. Cada día aparecían más y más motivos para que las divergencias ideológicas se hicieran insalvables y perturbaran el día a día de la sociedad.

Con un criterio distinto al betancourista, el entonces secretario general de AD en el Táchira, Carlos Andrés Pérez (CAP), se mantuvo en comunicación constante con los dirigentes juveniles regionales durante el conflicto, los persuadió y consiguió que solo un puñado de ellos acompañara a los creadores del MIR, aunque, claro estaba, una cosa era la situación adeca en el estado andino y otra distinta la nacional, sobre todo porque el grueso de la disidencia se concentraba en el Distrito Federal. Por lo demás, desde el primer minuto de su arranque, el MIR puso en evidencia un mosaico de corrientes internas, entre las cuales dos eran mayoritarias e irreconciliables en sus interpretaciones de la lucha contra el capitalismo: una empeñada en la guerra de guerrillas, la otra, con una postura más teórica, inclinada al fomento de las contradicciones sociales de la democracia. Según la primera y más numerosa, la guerra de guerrillas conduciría a la toma del poder a corto o mediano plazo; mientras la segunda negaba la existencia de condiciones objetivas para la confrontación armada y planteaba la estrategia de infiltrar los movimientos sindical, estudiantil, femenino y otros, hasta crear los focos de malestar que desembocaran en una revolución.

En las elecciones del siete de diciembre de 1958 los comunistas consiguieron 6.4 por ciento de los votos, concentrados sobre todo en Caracas y en la zona central del país. Al haber obtenido cerca de 17 por ciento del respaldo popular en Caracas, ellos creían que Betancourt y AD les habían escamoteado la victoria presidencial, tras lo cual diseñaron el plan de descalificar por todos los medios al presidente electo, acusándolo de estar atado de pies y manos al gran capital norteamericano. Con las seis curules parlamentarias alcanzadas en ese proceso, además de las que estaban en manos de la disidencia de AD, lograron configurar un ruidoso grupo subversivo amparado en la inmunidad parlamentaria.

En la absurda creencia de que las cosas serían fáciles y pronto sacarían a Betancourt de Miraflores, los comunistas y los miristas se dejaron obcecar por la incandescencia de la revolución castrista, sin comprender que las condiciones venezolanas diferían de las cubanas, entre otras razones porque en el país se acababa de instaurar una democracia con prometedoras expectativas de avance social y económico, fundamentada en la representación proporcional de las minorías y en el balance de poderes. Respaldado por 49.5 del electorado, Betancourt, por su lado, emprendió la línea política del anticomunismo extremo.

El hecho de que el Partido Comunista y el Movimiento de Izquierda Revolucionaria jamás alcanzaran respaldo popular masivo, condenó al fracaso los intentos guerrilleros de los años 60 y 70. En su contrasentido ni siquiera comprendían que los campesinos utilizaban la expresión "mocracia" para referirse al partido de sus simpatías, Acción Democrática, y no a la democracia. "Nosotros estamos con la "mocracia", decían en su lenguaje ausente de escolaridad, sin que los guerrilleros notaran que los campesinos confesaban así su identificación con AD y con el gobierno. Como era de suponerse, al desconocer el terreno en que se movían, la lucha de los extremistas era inútil. Una evidencia del desprecio ciudadano a los subversivos fue el estruendoso rechazo a su llamado a la abstención en las elecciones presidenciales de 1963, cuando la concurrencia a las urnas superó el noventa por ciento y Raúl Leoni, de Acción Democrática, consiguió la victoria sin dificultad.

Los más numerosos y peores intentos sediciosos de la historia contemporánea venezolana ocurrieron durante la presidencia de Rómulo Betancourt (1959-1964), que nunca retrocedió un milímetro frente al jaque de cuartelazos y guerrillas que ponían bombas un día por aquí y otro por allá. Además de matar militares y policías, asaltaban bancos, incendiaban instalaciones industriales, extorsionaban, paralizaban universidades y liceos. Hacían secuestros de aviones comerciales y de personajes de especial relevancia, entre quienes estuvieron el segundo jefe de la agregaduría militar de la Embajada de Estados Unidos en Caracas y uno de los grandes futbolistas de todos los tiempos en la cúspide de su carrera, el hispano–argentino Alfredo Di Stefano.

Los alzamientos militares más cruentos fueron El Carupanazo, el 4 de mayo de 1962, y El Porteñazo un mes después. En ambos casos quedó demostrada la participación de comunistas y ex militantes de Acción Democrática agrupados en el MIR, asesorados por Fidel Castro. La preparación del segundo golpe fue tan minuciosa, casi perfecta, que dejó el pavoroso saldo de cuatrocientos muertos y más de mil heridos en ambos bandos y también de civiles inocentes. El gobierno estuvo a punto de ser derrocado, a pesar de que a última hora los insurrectos habían sido infiltrados por policías controlados por Carlos Andrés Pérez desde el ministerio del Interior.

Otro acto subversivo de la mayor resonancia mundial ocurrió a las tres de la tarde del 16 de enero de 1963, cuando ante el desconcierto de más de doscientas personas, un comando guerrillero armado hasta los dientes se apoderó de cinco obras icónicas de Van Gogh, Paul Cezzane, Pablo Picasso, George Braque y Paul Gauguin, propiedad de los museos de Louvre y de Arte Moderno de París, que por un acuerdo de los gobiernos venezolano y francés eran exhibidas de manera temporal en el Museo de Bellas Artes de Caracas. Al cabo de 72 horas de tensión y conseguido el efecto propagandístico, los cuadros fueron devueltos en buenas condiciones.

Más allá de la derrota propinada por los presidentes Betancourt y Leoni a las guerrillas en los años sesenta, Fidel Castro jamás cejó en el empecinamiento de tumbar al gobierno venezolano. Incluso cuando los líderes insurrectos estaban de regreso de su utopía y discutían una estrategia distinta a los fusiles, el cubano arremetía contra ellos, los sindicaba de traidores y hasta financiaba a una facción de aventureros, entre quienes despuntaba Alí Rodríguez Araque, un comunista estudiante de Derecho con una historia personal escabrosa, que a la postre daría mucho de qué hablar y sería ficha esencial del gobierno de Hugo Chávez, desde el cual infligió graves daños a la estructura económica y moral del país.

Entre los fundadores del MIR hubo quienes al serenarse hicieron actos de contrición y escribieron testimonios de la desventura. Uno de ellos fue un inteligente estudiante de veintidós años, Américo Martín, que había estado entre los actores de la división de AD que dio lugar al MIR, a quien Fidel Castro veía como una promesa revolucionaria. Castro se empeñó en entrenarlo en tácticas de guerra y a cada paso lo ensalzaba. Sin embargo, al comprender la equivocación no mucho después, Martín abandonó la violencia y emprendió una larga carrera política. Fue diputado en tres ocasiones, candidato presidencial, autor de varios libros y, durante los peores choques entre Hugo Chávez y la oposición, fue gestor de intentos de conciliación nacional.

En el prólogo del tercer tomo de sus memorias, con el título *Triturado por los extremos*, Américo Martín confesó: "Con mis compañeros de aventuras estuve sometido durante demasiado tiempo a los simplismos dogmáticos del marxismo-leninismo; en su nombre tomamos decisiones absurdas y contraproducentes. Si no hubiera explicación o atenuante de importancia, (las decisiones insensatas) nos habrían conducido —a mí cuando menos— a enterrar para siempre la cabeza bajo la almohada"[11]…

El combate a las conspiraciones de derecha e izquierda ocupó gran parte del tiempo de Betancourt entre 1959 y 1964, más allá de lo cual puso en marcha planes de atención a los problemas que tocaban directamente a la población: construcción de acueductos, cloacas y alcantarillados,

---

[11] Américo Martin, *Triturado por los extremos*, Editorial CEC. SA., colección Libros El Nacional, publicado solo en versión digital. Caracas 2019.

hospitales y otros centros asistenciales, escuelas, carreteras y avenidas. Fundó Ciudad Guayana e inauguró el puente sobre el Lago de Maracaibo, el puente sobre el Rio Orinoco, la arteria vial conocida como "el pulpo de Caracas", además de haber impulsado la construcción de la represa del Guri y varios sistemas termoeléctricos.

Tan pronto Betancourt terminó el período constitucional en 1964, con sus cincuenta y cuatro años recién cumplidos, expresó el deseo de no volver a ser presidente. Se marchó del país por varios años para eludir insidias y chismes sobre un posible tutelaje suyo al gobierno de su compañero de partido Raúl Leoni, para regresar cuando faltaba año y medio para las elecciones presidenciales de diciembre de 1973, cuando todos lo consideraban casi seguro aspirante a dirigir de nuevo la República, y de haberse postulado no habría encontrado rivales de peso ni dentro ni fuera de Acción Democrática, porque su popularidad y honestidad estaban fuera de dudas. A la espera del momento apropiado para reiterar lo que era una firme decisión, en los últimos años él había dejado correr la especie de su posible aspiración.

El anuncio de Rómulo Betancourt no competir como candidato en diciembre de 1973 fue complicado tanto para el partido, que había estado en un suspenso prolongado a la espera de su pronunciamiento, como para él mismo, porque encendió una controversia conyugal con René Hartmann, quien ya se veía en el boato presidencial, con edecanes, espalderos, alabarderos y todo lo demás. Tan pronto la radio y la televisión transmitieron la noticia de su autoexclusión de la competencia electoral, René fue sorprendida por telefonazos de amigas con comentarios decepcionantes.

Al término de la concurrida rueda de prensa con el anuncio de su decisión, el líder adeco regresó al hogar a la hora del almuerzo. Allí surgieron encendidas recriminaciones, en medio de las cuales René tomó algunas prendas de vestir y se marchó a casa de su hijo Alfredo Coronil Hartmann, donde permaneció hasta el regreso de las aguas a su nivel normal. Ese incidente que entonces no trascendió al público en forma inmediata, reflejaba la personalidad recia de aquel hombre[12]. Él decidía con su conciencia, sin influencia de nadie.

La decisión de Betancourt despejó el camino de Carlos Andrés Pérez (CAP) hacia la candidatura presidencial, para erigirse pronto en la opción victoriosa frente al nominado por el partido rival, Copei, al que muchos creían imbatible por el respaldo del presidente Rafael Caldera y de fuertes sectores económicos. Desde los 16 años CAP había intervenido en política, sabía cultivar adeptos, se había labrado un nombre y peso propios tanto en AD como en el país y en el exterior. Ahí Betancourt se declaró al margen de

---

[12] Carlos Andrés Pérez recordaba que ese día todavía estaba en su oficina cuando Betancourt, muy afectado, lo llamó para contarle el incidente que acababa de ocurrir con su esposa.

la diatriba nacional, para ocupar el sitial de guía no solo de AD sino de la opinión pública y, en efecto, hizo sentir su voz en materias trascendentales como el debate del proyecto de Ley que reservaría al Estado la industria y el comercio de los hidrocarburos. No obstante, una cosa era su proclamada función orientadora y otra diferente la realidad, como lo evidenciaron determinadas actuaciones suyas ante las enrevesadas situaciones internas del partido, tal como lo reseñaba la prensa.

Por más de dos décadas el fundador de AD alimentó las expectativas sobre sus memorias que, según decía, desnudarían ante la opinión pública a los más enconados adversarios, entre quienes destacaba uno de los más grandes educadores del país, Luis Beltrán Prieto, otrora gran amigo y compañero de luchas convertido en protagonista de la traumática división adeca de diciembre de 1967, que dio lugar al Movimiento Electoral del Pueblo (MEP), partido que despacio y en forma inexorable se desdibujó hasta ser una sombra tenue sin aliento siquiera para desaparecer. Un mes antes de la fractura partidista, el 6 de noviembre de aquel año Betancourt envió desde Suiza una carta a Prieto, reveladora de que la suerte de la vieja y estrecha amistad estaba echada y ambos tomarían sendas opuestas para el resto de sus vidas. En ese texto de respuesta a otro de Prieto fechado tres meses y medio antes (el 26 de julio), el fundador de AD se refería a sus memorias como si estuviesen casi listas y próximas a entrar en la imprenta:

…"es el mismo (relato) que hago en mis memorias, ya en buena parte escritas. No esperaré a morirme, como lo hará Malraux, para la publicación de los tres tomos de sus Antimémoires. Las mías circularán en 1968 en edición completa. Si Dios me da vida, como siempre decía mi abuelita"… Eso lo escribió cuando todavía faltaban siete años para el inicio del primer gobierno de Carlos Andrés Pérez y 14 antes su fallecimiento. ¿Un hombre de su dimensión histórica tenía necesidad de lanzar amenazas de denuncias que haría en las memorias, que ni siquiera llegó a esbozar?

El uso reiterado de las anunciadas memorias como arma política podía entenderse como señal del deterioro fisiológico de Betancourt y no como algo anecdótico o circunstancial, pero ni los allegados particulares ni el aparato de AD tenían acceso a sus archivos, y mucho menos a los diagnósticos médicos. A la vista de todos él caminaba con pasos cada vez más cortos y su aspecto era sombrío, pero ni siquiera en alguno de los quebrantos de los últimos años trascendió si se había sometido a exámenes neurológicos que podían haber encendido las alarmas oportunas. Cuando se disponía a realizar uno de sus últimos viajes al exterior, Betancourt me dijo que uno de sus propósitos para las semanas siguientes era revisar el manuscrito del supuesto libro con el editor ya contratado, para lo cual llevaba en el abultado equipaje (trece maletas) numerosas cartas y otros documentos de soporte, y anunció que un año después la obra saldría a la calle tanto en inglés como en español.

Betancourt murió y las semanas y meses avanzaron sin que una comisión de alto nivel designada por AD, hallara el menor rastro de borradores en la biblioteca de Pacairigua. En ninguna parte había notas sueltas o papeles de soporte, nada. La secretaria de RB, una simpática señora de origen chileno que de lunes a viernes trabajaba en un par de oficinas que él hizo construir en la parte posterior de la casa, dijo no haber pasado en limpio los originales de ningún libro, ni realizado tareas relacionadas con el proyecto. Tras el fallecimiento de Betancourt, el presunto editor de Nueva York en ningún momento entró en contacto con la familia o con el partido, cosa que hubiera sido natural porque esa habría sido una publicación de especial trascendencia histórica, que con seguridad habría tenido cientos de miles de lectores en Venezuela y en el exterior. Es más, quedó bien claro que el editor ni siquiera existió. Hubo sí quienes dijeron haber visto unas pocas páginas que no pasaban de ser un bosquejo muy preliminar, pero esas versiones tampoco parecían tener mucho asidero.

En una de sus columnas semanales *Piedra de toque*, subtitulada *Charla con un zorro* y publicada en noviembre de 1977, el escritor peruano Mario Vargas Llosa relataba un encuentro suyo con Betancourt en Caracas, en el que el líder adeco emitía elevados conceptos sobre las autobiografías del británico Arthur Khoestler y del ruso León Trotski. La prosa de Khoestler, recordaba Vargas Llosa, supuestamente empujaba a RB a introducir cambios radicales en la estructura y el desarrollo de la cacareada obra: "Al principio había decidido escribir un libro puramente político, dejando de lado lo que fuera personal e íntimo. Ahora, en cambio, hablará también de su vida privada"…

En RB anidó, asimismo, una inocultable aversión hacia Carlos Andrés Pérez, el entrañable amigo de toda la vida que en los años mozos le sirvió de secretario y luego, en la peor época de la subversión, como director general y ministro de Relaciones Interiores, posiciones en las cuales mostró carácter enérgico y sin dobleces como defensor de la pluralidad de las ideas, del equilibrio de poderes, presidenciable y polémico. La inquina no afloró de buenas a primeras, sino en una sucesión de hechos cada vez más complicados, difíciles de comprender y sin perspectivas de vuelta atrás, ocurridos desde los inicios del primer gobierno de CAP.

La decisión de Betancourt de romper su relación con Pérez no se produjo de la noche a la mañana, sino en un proceso lento, complicado, de varios años, cada vez más amargo, con momentos de tranquilidad aparente y otros de ira, definido por algunos como la clásica "patada histórica", mientras también había quienes entraban en diferenciaciones de los tiempos y las personalidades de cada uno. Eso ocurrió después de casi cincuenta años de férrea alianza en duras situaciones, compartiendo ideas y proyectos políticos, pero sus personalidades divergían. Desde los comienzos del primer gobierno de CAP había claros indicios de que al creador de AD, cuya trayectoria de lucha activa había culminado, le incomodaba la fuerza del liderazgo de Pérez. Mientras Betancourt se empecinaba en el rechazo a las dictaduras de cualquier signo, Carlos Andrés las sondeaba para tratar de encaminarlas hacia soluciones democráticas. Dialogaba con presidentes de otros países y con líderes de partidos democráticos extranjeros para frenar la radicalización de los regímenes de facto.

Las primeras manifestaciones del distanciamiento brotaron como consecuencia de la reanudación de relaciones diplomáticas con Cuba y por la concepción del desarrollo económico nacional puesta en práctica por Pérez al subir al gobierno en 1974. Ambos líderes evitaban ventilar en público el asunto, que al comienzo se limitó a rumores y especulaciones periodísticas pero que fue adquiriendo intensidad progresiva hasta contribuir al debilitamiento de las instituciones nacionales, de los partidos políticos y de manera especial de Acción Democrática.

El 24 de junio de 1976 el creador de AD asistía a los actos conmemorativos de la Batalla de Carabobo cuando un oficial de la Fuerza Aérea se acercó para transmitirle la invitación de CAP para que juntos regresaran a Caracas en el helicóptero presidencial. La respuesta fue: "Por favor coronel, dígale al presidente que no puedo acompañarlo porque dentro de pocos minutos debo asistir en Valencia a una reunión impostergable"… Pues bien, RB no solo permaneció en el lugar hasta el final del desfile militar, sino que fumando pipa y leyendo un periódico esperó más de una hora la partida del jefe del Estado. Apenas el dignatario nacional emprendió el retorno a Caracas, comenzaron a circular los comentarios de quienes presenciaron la ostensible manifestación de repulsa, hasta llegar a los miembros de la dirección nacional de AD y aún más allá.

Era posible que Betancourt deseara ser consultado por el dignatario nacional sobre el sensible tema de la reanudación de los vínculos diplomáticos con la autocracia castrista, y al no haber sido así sintiera que el discípulo, colaborador de muchas décadas, gran amigo y compañero de partido, traicionaba no solo el profundo afecto y la confianza extrema, sino también los más caros intereses nacionales frente a la inclemente agresión cubana de los años sesenta, por lo cual la Organización de Estados Americanos reaccionó con la expulsión de la tiranía isleña de su seno. Pero claro, CAP no estaba obligado a solicitar su autorización ni a tomar en cuenta sus criterios.

Pérez atribuía la animadversión de Betancourt al inexorable deterioro ocasionado por la edad y a las secuelas del atentado que el 24 de junio de 1960 casi lo mata en el Paseo de Los Próceres, en Caracas, patrocinado por el despiadado dictador dominicano Rafael Leonidas Trujillo. El olfato le decía a Pérez que por encima de cualquier eventualidad, a esas alturas de su trayectoria y obra, tenía asegurado un lugar propio en la historia, sin necesidad de encontronazos con Betancourt. Era pragmático. Sopesaba las dificultades de sus muchas décadas en política y era consciente de su energía personal para conseguir metas concretas. Apreciaba la veneración de los adecos hacia Betancourt y, en consecuencia, tenía claro que para cualquiera sería cuesta arriba confrontarlo.

El acercamiento a Cuba surgió del deseo de CAP de empujar la dictadura hacia una apertura democrática que jamás ocurrió, en circunstancias en las cuales lo menos que a él le interesaba era el rebrote de la violencia guerrillera en el país. Por lo demás, Pérez acariciaba la esperanza de un liderazgo beligerante en la escena internacional, utilizando para ello los aires auspiciosos del movimiento Norte–Sur, tomando en cuenta las realidades existentes en los grandes centros de poder, y de manera particular en Estados Unidos bajo el mando de ese presidente dialogante que era Jimmy Carter, y en Canadá, del influyente primer ministro Pierre Eliott Trudeau, así como también en las naciones en desarrollo.

Al evaluar ahora aquella situación se aprecia alguna dosis de razón en la aprensión de Betancourt, por cuanto además de no reportar beneficios tangibles para Venezuela y para la región, esas relaciones diplomáticas ni siquiera aportaron algo positivo para el pueblo cubano, porque en la vocación intervencionista de Fidel Castro no cabía un ápice de rectificación. Cualquier repaso al proceso evolutivo de la revolución isleña muestra una ausencia total del deseo de instaurar un régimen de libertades ciudadanas y de respeto a las naciones cercanas. Betancourt intuyó las funestas consecuencias para la estabilidad venezolana y continental, por cuanto la embajada cubana en Caracas vendría a ser un centro de operaciones del comunismo internacional y de planificación de atentados terroristas similares a los ocurridos en los años sesenta. Y la realidad vino a demostrar que dicha representación diplomática fue utilizada por Castro para gestiones internacionales que de otra manera hubieran sido imposibles para beneficio exclusivo de su régimen.

La Constitución pautaba que la política exterior era potestad exclusiva del jefe del Estado, pero en casos de especial trascendencia Carlos Andrés Pérez exploraba las opiniones de expertos. En el caso cubano analizó incluso recados de Fidel Castro enviados a través del panameño Omar Torrijos, cuya naturaleza dictatorial era otra, con signos de apertura hacia los adversarios. Y aunque CAP escuchó a su ministro de Relaciones Exteriores y a otros expertos, la influencia decisiva fue de su viejo amigo y compañero de partido Simón Alberto Consalvi[13], quien había escuchado en forma directa la promesa de renuncia fidelista a las intervenciones armadas. Consalvi atribuía importancia capital a los argumentos habaneros.

Consalvi era un andino de trato fácil, simpático, risueño, con chistes a flor de labios, escritor de sabor refinado,

---

[13] Ver Contra el olvido, autor Ramón Hernández, Editorial Alfa, 2012. Entrevista con Simón Alberto Consalvi. Pags. 185 y 186.

periodista exquisito, estudioso de la historia y la literatura, embajador en distintos lugares, dos veces canciller y redactor de algunos discursos de los presidentes Jaime Lusinchi y Carlos Andrés Pérez sobre política exterior. El fuerte de Consalvi no era, sin embargo, la malicia propia de los políticos y periodistas experimentados. En determinadas circunstancias sus corazonadas lanzaban flechas desorientadas: así, el día de las elecciones presidenciales de 1978, nos encontramos por casualidad en un centro de votaciones de la zona Este de Caracas. Él me preguntó qué pensaba sobre lo que ese día estaba en juego. Yo me apresuré a decir que aunque las encuestas le daban una leve ventaja al candidato de Acción Democrática, el copeyano Luis Herrera Campins tenía las de ganar, a lo cual él replicó: "No, usted no sabe nada de eso. El triunfo de Luis Piñerúa está asegurado. Es inevitable y nada lo pone en riesgo"…

Después del proceso electoral de 1988, cuando la candidatura presidencial de Carlos Andrés Pérez se impuso con holgura en AD y en el país, Consalvi renunció a su militancia partidista de toda la vida al sentir que el presidente Lusinchi y la corriente por él impulsada, despreciaban su deseo de ser senador por el estado Miranda para favorecer a una ficha del lusinchismo. Una vez recuperada la calma, Consalvi no retornó a AD, pero tampoco abandonó la condición de amigo y asesor de CAP y le fue fiel hasta el final.

Pues bien, desde los albores de la primera administración de CAP, eran bien sabidas las reservas de Betancourt ante los proyectos de grandes inversiones en la zona industrial de Guayana, concebidos para producir frutos a mediano y largo plazo. Él era partidario de dar prioridad a los programas de rápido beneficio para la población de menor capacidad adquisitiva. En una carta que dirigió el 20 de agosto de 1976 a Robert Alexander, amigo suyo desde los años cuarenta, profesor en Rutgers University[14], especialista en temas de América Latina, Betancourt decía que la gran tragedia del gobierno de CAP era que el pueblo se preguntaba por qué no se resolvían las deficiencias de los servicios públicos y se construían más viviendas para los sectores populares. Esa opinión carecía de sustento porque sí existían planes dirigidos a atender las necesidades básicas de servicios de las clases populares.

Las inquietudes del pueblo, según la misiva, se debían a que "la maquinaria del gobierno venezolano es pesada, asfixiante e ineficiente y cambiarla de inmediato no es fácil y otra (razón) es que las grandes inversiones no se reflejan pronto en la producción agrícola y pecuaria", a lo cual agregaba que las inconsistencias del equipo ministerial de CAP no se podían ocultar con un dedo. Sin embargo, en el discurso pronunciado en el Congreso el 6 de agosto de 1975

---

[14] *Rómulo Betancourt and the transformation of Venezuela.* Autor: Robert Alexander. New Bruswick, 1982 (USA), ver págs. 631 a 643.

durante la discusión de la Ley que Reserva al Estado la industria y el comercio de la industria petrolera, así como en otra carta enviada al mismo profesor Alexander el 16 de abril de 1975, Betancourt exponía criterios de naturaleza amable y elogiosa.

En el Parlamento Betancourt había calificado a Pérez de "hombre público diestro y capaz, que después de obtener en las elecciones el mayor torrente de sufragios alcanzado en toda la historia democrática del país por cualquier candidato a jefe de Estado, desde Miraflores ha demostrado audacia, conjugada con la capacidad para admitir errores y para rectificarlos"… En la comunicación de agosto de 1976 con Alexander, calificó de satisfactoria la gestión oficial, a pesar de las repercusiones de la inflación mundial en la economía nacional.

Al creador de AD le incomodaban las simpatías de Venezuela hacia el movimiento tercermundista de moda, del cual CAP era uno de los más conspicuos promotores. Los amigos le escuchaban objeciones a un convenio de triangulación comercial con la Unión Soviética suscrito poco antes, que reportaba ahorros económicos para las partes, mediante el cual la URSS entregaba petróleo a España a nombre de Venezuela y el régimen de Caracas hacía lo propio con Cuba. La molestia se exacerbó al final del gobierno, al estallar un escándalo de corrupción en la compra del barco refrigerado Sierra Nevada por parte de la Corporación Venezolana de Fomento, sin que hubiese injerencia presidencial alguna. Las investigaciones demostraron que un ministro de Fomento y un director de la Corporación sí estuvieron envueltos en el delito.

Betancourt no comprendió y menos asimiló ciertas decisiones de Carlos Andrés y trataba de vengarse por mampuesto. En 1980 la comisión de ética de Acción Democrática, integrada por cinco betancouristas que no daban un solo paso sin antes visitar Pacairigua, actuó como gran disparadora del ruidoso proyectil político del caso Sierra Nevada, montado para aniquilar el liderazgo de CAP y, a tales efectos, elaboró un informe de ocho páginas cargadas de interpretaciones subjetivas para endilgar a CAP responsabilidad moral y administrativa en la compra del barco.

Betancourt acostumbraba a ventilar sus disensos de frente y en público, pero en el caso de Carlos Andrés Pérez no actuó así y en AD nadie ignoraba su animadversión contra el viejo amigo y compañero político de siempre. Intrigado por el tema, me propuse explorar entre adecos y copeyanos la posibilidad de que el creador de AD hubiese concertado o explorado con Rafael Caldera la estrategia anti carlosandresista y, a pesar de que en política nada era descartable, no llegué a descubrir signos de que eso hubiera ocurrido.

En la larga y encendida controversia del momento, tanto el presidente de turno, Luis Herrera Campins, como Rafael Caldera y Arturo Uslar Pietri, quedaron en evidencia como piezas centrales del complot contra Pérez, mientras Teodoro Petkoff les hacía coro desde el MAS. En el apogeo del debate, Herrera Campins envió a su ministro de la secretaría a una reunión con Jóvito Villalba en la República Dominicana –donde pasaba unas cortas vacaciones con su esposa–, para solicitarle el voto de la bancada parlamentaria de Unión Republicana Democrática para condenar a CAP. Indignado por ese gesto, Villalba informó a CAP su decisión firme de salirle al paso a la maniobra presidencial, tal como el líder urredista me lo contó transcurridas unas cuantas semanas.

Había ocasiones en las cuales Betancourt utilizaba fichas de su confianza para hacer trascender su malestar contra CAP. Lo hacía exprofeso. Ya casi con un pie en el estribo para viajar a Estados Unidos y mientras las discusiones discurrían en el Congreso, RB me dijo que él no era "ni ladrón ni intrigante"[15], como una forma de hacer insinuaciones de deshonestidad contra Pérez y de malevolencia contra Jóvito Villalba —compañero suyo en la generación de 1928—, aunque obvió los nombres de ambos. Asimismo aludió a un reciente diálogo suyo con CAP en Pacairigua, sin llamarlo "compañero", como era usual entre adecos, y sin una sola expresión amable hacia quien había sido amigo y confidente por muchas décadas y, por el

---

[15] Rómulo Betancourt, entrevista con Ricardo Escalante, El Universal, 8 de mayo de 1980, páginas 1 y 2-1.

contrario, recurrió a un lenguaje elíptico para sugerir el desencuentro.

El Congreso absolvió de responsabilidad administrativa y moral a Carlos Andrés Pérez y solo le atribuyó presunta responsabilidad política. En esas condiciones, en el círculo de amigos más cercanos Betancourt lamentó no haber tenido veinte años menos para emprender un recorrido nacional para recuperar el control pleno de AD. En lo expuesto por RB estaba implícito el reconocimiento de que CAP había salido ileso del caso Sierra Nevada, a pesar de la artillería de grueso calibre utilizada para tratar de destruirlo, y quedaba claro que el odio era visceral y solo se extinguiría con la muerte, ocurrida el 28 de septiembre de 1981 en Hospital Doctors de Nueva York a consecuencia de un derrame cerebral, a sus setenta y tres años. ¿Ese fatal accidente de salud de Betancourt fue consecuencia del deterioro fisiológico referido por CAP? Todo apuntaba en esa dirección.

Después del caso Sierra Nevada, Betancourt llegó a pensar en una publicación distinta a sus libros y artículos de prensa, con reflexiones ajenas a las reminiscencias de hombre público, siguiendo el esquema de los diálogos grabados por el presidente norteamericano Harry Truman con el productor de televisión Ben Gradus, titulados *Speaking frankly* (Hablando con sinceridad). Pero al igual que las tan cacareadas memorias, esa idea también quedó en el aire.

En otra de sus explosiones de ira, Betancourt evaporó en 1978 las posibilidades de triunfo electoral del candidato presidencial de AD, su gran amigo Luis Piñerúa Ordaz, al etiquetar de "cadáver insepulto" a Jóvito Villalba, como respuesta a unos comentarios peyorativos de este a la resistencia adeca a la dictadura de Pérez Jiménez, luego del asesinato del secretario general del partido, Leonardo Ruiz Pineda, en 1952. El cruce verbal ocurrió en la fase final de las negociaciones de un acuerdo entre Acción Democrática y Unión Republicana Democrática, que habría asegurado la victoria de Piñerúa. En ese instante Betancourt también influyó para que Piñerúa alejara el posible apoyo del ex ministro de información Diego Arria, quien entonces se postuló con un partido propio y obtuvo más de 90 mil votos. Las reacciones de Villalba y Arria a los desplantes de Betancourt surtieron un efecto formidable contra AD y su candidato.

La cultura de Piñerúa era amplia y profunda, adquirida en pequeñas librerías que poseyó en Anzoátegui y en cursos libres de historia, sociología y política a los cuales asistió en la Universidad Nacional Autónoma de México durante el exilio, pero el carácter difícil lo hacía antipático al buscar corruptos hasta bajo las piedras, lo que daba argumentos a los adversarios y alejaba potenciales votantes. Con demostradas habilidades, Piñerúa le imprimió agilidad a Acción Democrática después de la división de 1968, al reestructurar los cuadros medios y alcanzar el poder en las elecciones de 1973 con Carlos Andrés Pérez como candidato presidencial.

Pues bien, aunque las expresiones arrogantes de Betancourt y del candidato revirtieron la tendencia victoriosa de AD en los primeros meses de la contienda de 1978, en privado el líder fundador achacaba a Pérez y a su gobierno el descalabro electoral y jamás tuvo asomos de autocrítica[16]. Piñerúa, entretanto, era consciente del daño infligido por RB a su aspiración presidencial, pero no le formuló reclamos y ni siquiera apeló a malabarismos políticos para impedir el inesperado respaldo de Villalba a su rival Herrera Campins, a cuya presidencia nadie le presagiaba las insensateces que desde temprano complicarían el día a día de los venezolanos. En ese mismo período Betancourt enviaba por cualquier motivo cartas recriminatorias a políticos, sindicalistas, empresarios y periodistas, y ni siquiera yo escapé a una de ellas con motivo del sumario de una entrevista que hice a Arístides Calvani, excanciller del primer gobierno de Caldera. ¿Esas cartas eran signo de excentricidad? Era claro que no, porque jamás él fue un dirigente excéntrico, pero tal vez sí eran síntomas de arteriosclerosis.

---

[16] Ver citas a fragmentos de cartas de Betancourt y a diálogos con Robert Alexander en *Venezuela's voice for democracy*. Praeger publishers, 1990. Págs. 118 a 160. Aunque luzca extraño, en este otro libro de Alexander —que contiene referencias a encuentros sucedidos hasta casi el final de la vida de Betancourt—, no aparecen referencias al caso Sierra Nevada.

Tras haber sido ariete contra Carlos Andrés Pérez durante el escándalo del Sierra Nevada en 1980, al morir Betancourt el excandidato presidencial Piñerúa emprendió una nueva etapa de aproximación a CAP y lo defendió cuando Caldera, Uslar, Los Notables y otros, se coaligaron en 1993 para deponerlo y enjuiciarlo. Regresó por un breve lapso al ministerio de Relaciones Interiores, donde había estado antes de luchar por la nominación presidencial adeca, y en sus últimos años combatió con firmeza las pretensiones totalitarias del chavismo.

Carlos Andrés siempre se abstuvo de señalar a Betancourt entre quienes ingeniaron y pusieron a rodar el caso Sierra Nevada en su contra, pero sí lo calificó de tolerante. Sugería que la esposa de Betancourt, René Hartmann, y su hijo Alfredo Coronil Hartmann, iban y venían sembrando insidias por doquier, desde el instante de la destitución de este último del directorio de la Corporación Venezolana de Fomento en los años 70, a raíz de presuntas irregularidades administrativas. CAP, no obstante, en ninguna circunstancia perdió la compostura y, por el contrario, solo tuvo frases elogiosas y de respeto hacia su mentor, a quien ponderaba como hombre de valor, estadista insigne, ciudadano ejemplar e incansable bregador por las libertades individuales y colectivas.

Otra disputa se presentó entre Rómulo Betancourt y Carlos Andrés Pérez algunos meses después de la votación parlamentaria sobre el escándalo Sierra Nevada, esta vez por el predominio en el aparato del partido. Gonzalo Barrios y Pérez habían sido convocados por Betancourt para examinar la petición de un grupo de dirigentes de designar secretario general del partido a un opaco sindicalista del sector petrolero, ante lo cual CAP pronunció frases airadas frente a lo que estimaba una treta betancourista para abortar desde temprano sus posibles planes, mientras él todavía guardaba in pectore la segunda nominación presidencial.

Con esa estrategia patrocinada por el buró sindical adeco con la bendición de Betancourt, Jaime Lusinchi, entonces jefe de la fracción parlamentaria, fue promovido primero a la secretaría general y más tarde a la candidatura presidencial. Al asegurar Lusinchi su postulación a la primera magistratura, el sector sindical pasó a controlar la secretaría general adeca. Con tal motivo fue realizado un acto de celebración en una agencia de festejos de la urbanización Campo Alegre, donde Betancourt apoyó la jugada con un emotivo discurso, mientras Carlos Andrés Pérez advertía la inconveniencia de dar a Acción Democrática un carácter laborista, algo distinto a lo que siempre había sido: una organización abierta a todos los sectores sociales, sin distingos de clases.

El criterio de Betancourt siempre había sido que la doctrina del partido y la dirección colectiva debían estar alejadas de cualquier esquema radical, abiertas a la discusión y participación de todos los miembros, pero sin el predominio o la exclusión de ningún sector social. Sostenía que al poder se llega a través de programas de cambios progresivos no violentos, y que quienes se empeñan en la vía revolucionaria terminan en fracasos. Ese criterio lo condujo en las distintas etapas de agrias polémicas con los comunistas de viejo y nuevo cuño. En el curso de la controversia posterior al escándalo Sierra Navada, CAP le echó en cara a RB lo que estimaba un cambio de posición sobre el particular.

Betancourt también pregonó la tesis de que los presidentes militares eran, a su juicio, inconvenientes. Los estimaba "orgánicamente incapacitado(s) para entender la política y la administración de un país como diálogo con los gobernados. Transigir ante los reclamos de la opinión, admitir expresa o tácitamente que se ha errado, torcer el rumbo cuando el que se trajina desagrada a la mayoría de la colectividad, son principios del arte de gobernar difícilmente compatibles con la mentalidad forjada en el mando de tropas"[17]…

Es bueno señalar que a diferencia de Carlos Andrés Pérez, Betancourt miraba con suspicacias a las organizaciones internacionales de partidos políticos. No le interesaban. En el exilio en Costa Rica, él no se sintió atraído

---

[17] Rómulo Betancourt, nota editorial titulada *El ideal civilista y la sucesión presidencial*, 14 de septiembre de 1941. *Rómulo Betancourt, El 18 de octubre de 1945*, Editorial Seix Barral, primera edición 1979. Página 120.

por la Tercera Internacional comunista, ni más tarde por la Segunda Internacional (de orientación socialdemócrata), ni tampoco por el frente de partidos latinoamericanos formado por su amigo e influyente peruano Víctor Raúl Haya de la Torre, máximo líder del Apra[18]. Pérez, en cambio, entabló relaciones políticas y amistosas con líderes socialdemócratas del mundo entero y, sobre todo, con el canciller de Alemania Occidental Willy Brandt, quien al salir del gobierno jefaturó la Internacional Socialista y la vigorizó. La reputación de Brandt iba más allá de Europa, a pesar de lo cual su mirada se centraba en la proyección de la organización en el continente, donde también era indiscutible el ascendiente de figuras como el carismático y brillante primer ministro sueco Olof Palme, que fue asesinado una fría noche de febrero de 1986 mientras salía con su esposa de un cine de Estocolmo.

La amistad entre CAP y Brandt fue saludable para el prestigio mutuo y por un corto período robusteció a la Internacional Socialista, al estrechar los nexos entre los partidos socialdemócratas del mundo. Juntos recorrieron decenas de países y con los años el mismo Pérez jugó un papel estelar en la Internacional, en la cual ascendió por mérito propio a vicepresidente para América Latina, cosa de poco agrado para Betancourt. Después de aquel período las ideologías empezaron a perder peso en el mundo y la IS recayó en el marasmo, su capacidad de convocatoria dejó de

---

[18] Apra: Alianza Popular Revolucionaria Americana.

ser vigorosa. Para bajarle volumen a la voz de CAP en el exterior, semanas después de haberlo expulsado de sus filas, el partido reclamó para una de sus fichas el puesto en la Internacional. Lo menos esperado por CAP era que en esas dificultades sus amigos de distintos rincones del mundo lo dejaran agarrado de la brocha, pero así ocurrió.

Nunca le pregunté a CAP si además de los acontecimientos antes relatados, en la apertura hacia Cuba que protagonizó entre 1969 y 1974 hubo alguna influencia de la línea asumida por Brandt frente la Unión Soviética y, de manera particular, hacia Alemania comunista —conocida como Ostpolitik—, cuya esencia era la promoción de cambios a través de acercamientos sucesivos, hecho que marcó distancias frente a la estrategia del gran líder socialcristiano Konrad Adenauer, a quien, por cierto, Rafael Caldera admiraba de modo especial por su tesis de la economía social de mercado y por su acendrado anticomunismo. Aquellos eran todavía los tiempos de la Guerra Fría, a cuyas repercusiones no escapaba ninguna nación, ni siquiera en las más lejanas y pequeñas del planeta.

Correr el velo del caso Sierra Nevada cuando ya ha transcurrido casi medio siglo, nos permite ver la incidencia negativa de la disputa entre Rómulo Betancourt y Carlos Andrés Pérez en la credibilidad del sistema democrático y en la moral de los partidos, sobre todo en AD, porque los enemigos supieron sacar provecho del escándalo. Ese dramático episodio tuvo similitudes con el registrado en

1949 entre los presidentes Rómulo Gallegos y Rómulo Betancourt, cuyos efectos fueron claros en la inestabilidad y la caída del gobierno del escritor. Al comprender la gravedad de la turbulencia militar de 1949, Betancourt había adoptado una posición discreta y hasta propensa a la conciliación, a pesar de lo cual las facciones de galleguistas y betancouristas ponían a correr chismes y rumores que estimulaban en Acción Democrática una guerra sorda de consecuencias funestas.

Entre las conductas de Rómulo Gallegos en 1949 y Carlos Andrés Pérez en su segundo mandato, también se pueden establecer parangones en cuanto a la incapacidad demostrada por ambos para combatir las conspiraciones militares y civiles. Uno y otro habían sido alertados con suficiente anticipación sobre los nubarrones en los cuarteles. A Gallegos le recomendaron enviar al exterior a Marcos Pérez Jiménez o apresarlo y someterlo a juicio, mientras a CAP le detallaron las escaramuzas de Hugo Chávez y, de igual manera, le aconsejaron enjuiciarlo o alejarlo de la línea de mando, pero los dos presidentes hicieron caso omiso, con el deplorable final por todos conocido. Ambos estaban, asimismo, al tanto de las conjuras civiles.

Aunque las similitudes de los avatares vividos por Gallegos y Carlos Andrés Pérez fueron obvias, sus personalidades eran diametralmente opuestas y la situación el país había experimentado una evolución importante. El literato era un meritorio militante de AD, se interesaba por todo lo que sucedía en la cúspide de la organización e intervenía en las discusiones diarias de sus líderes, pero no existía nadie más antipolítico que él. Escuchaba consejas, con testarudez se dejaba influir por ellas y a cualquiera le salía con gestos destemplados. Pérez también era también un militante disciplinado del partido, pero su carácter era todo lo contrario: un animal político con especial habilidad para la comunicación de masas. Se formó desde la adolescencia en la política y nunca se separó de ella, la estudió y la cultivó con meticulosidad. Contaba con la invalorable experiencia antisubversiva de los años sesenta y, por lo mismo, nunca nadie entendió cómo se le podía haber escapado la prolongada conspiración chavista, que tuvo tantos de involucrados.

Con motivo de los debates del caso Sierra Nevada, en Acción Democrática también existieron facciones —una betancourista y otra perecista—, que fueron activas y enconadas. La betancourista coincidía con los partidos rivales y grupos de independientes en el propósito de liquidar políticamente a CAP, a cuyo favor se resolvió la disputa y él a la larga regresó a la magistratura nacional, pero sin que en el partido volvieran a irradiar la moral y el viejo glamur. Betancourt, por su lado, descartaba la posibilidad de que el incidente del Sierra Nevada hubiese infligido daño a la organización y a la estabilidad de las instituciones, tal como lo dijo en cartas y de manera verbal a su amigo Robert Alexander. Pero el daño ocasionado por el incidente estaba hecho y más tarde se hizo palpable, cuando la desgastada AD cayó en manos de dirigentes que no calzaban los zapatos de la generación fundadora, que contó con hombres como Betancourt, Gonzalo Barrios, Leonardo Ruíz Pineda, Carlos Andrés Pérez y muchos otros aguerridos luchadores. De modo irremediable, Acción Democrática quedó así condenada a languidecer.

Ni en 1980 ni en los años siguientes AD evaluó la gravedad del incidente del Sierra Nevada, lo que podía haber servido para extraer conclusiones aleccionadoras. Por el contrario, prefirió echarlo todo al olvido para no incurrir en la incomodidad de tener que revisar el comportamiento de Betancourt en esa etapa crucial. Nadie estaba dispuesto a correr esos riesgos... Al filo de los años, al inaugurarse en 1989 un nuevo período constitucional era evidente que AD estaba desvencijada y las conspiraciones militares y civiles hallaron el ambiente apropiado para vapulear a CAP, quien fue expulsado tanto de la presidencia de la República como de la organización política. Lo apresaron, lo sometieron a juicio y despejaron el camino para la triste y dolorosa historia que con inclemencia ha golpeado a millones de venezolanos.

Raúl Leoni, gobierno y bondad

En 1964 otro líder de Acción Democrática, Raúl Leoni, sucedió a Rómulo Betancourt en la jefatura del Estado. Su personalidad era menos arrolladora y con temperamento apacible, aunque con igual temple anti totalitario. Desde su etapa universitaria desafiaba los excesos de las dictaduras y cualquier clase de abusos. Al igual que muchos de sus compañeros, fue perseguido y vivió los rigores de la clandestinidad y el exilio.

A Leoni no le resultó fácil conseguir la candidatura presidencial del partido, porque con mucho asidero circulaba la conseja de que Betancourt le guardaba reticencias. Lo encontraba sin la audacia indispensable para enfrentar la subversión de derecha e izquierda, sin la necesaria proyección personal como autor de libros y artículos de prensa y sin un firme liderazgo de calle. Cuando se aproximaba la contienda para la selección del candidato presidencial adeco para las elecciones de diciembre de 1963, Betancourt y uno de sus mejores amigos le propusieron a Carlos Andrés Pérez la idea de competir con Leoni, pero éste declinó porque pensaba que a los cuarenta y un años aún no había llegado su cuarto de hora.

Leoni escogió como ministro de Relaciones Interiores a un amigo con carácter apacible, parecido al suyo, Gonzalo Barrios, lo que fue aprovechado por Fidel Castro para arreciar la intromisión en Venezuela con financiamiento al terrorismo y fallidas invasiones, en una de las cuales participó el general Arnaldo Ochoa, el héroe cubano en la guerra de Angola que luego fue fusilado por el régimen bárbaro que había ayudado a construir. Barrios fue el artífice de la configuración de un gabinete con brillo e influencia nacional —sin duda alguna uno de los mejores de todos los tiempos—, y sirvió de coordinador de las políticas de mayor peso del quinquenio, pero lo hacía con discreción para evitar roces o contradicciones.

Para desilusión de la dictadura cubana y de los guerrilleros venezolanos, Leoni demostró que podía ser afable, dispuesto al diálogo y en forma simultánea actuar sin vacilación ante los violadores de la ley y la paz social. No le tembló el pulso para enfrentar la campaña de asesinatos y secuestros de policías y militares, puesta en práctica por las guerrillas urbanas, en la cual hubo incluso víctimas civiles de reconocida solvencia moral y servicio público.

Cientos de militares y civiles fueron entrenados para combatir las guerrillas y el terrorismo, agrupados en teatros de operaciones, cuyos resultados fueron positivos, pero, al mismo tiempo, al presidente Leoni y al gobierno les atribuían la responsabilidad de unas cuantas desapariciones físicas, homicidios y torturas a los implicados en las actividades subversivas. Cuando entre los alzados aparecieron las controversias con Fidel Castro y los primeros síntomas de arrepentimiento ante el fracaso del uso de las armas como método de lucha, el gobierno les tendió la mano y los invitó a reincorporarse a la vida política civilizada.

La coalición política con Copei puesta en práctica en los años de Betancourt se había deshecho al inicio del período constitucional, pero Leoni buscó la manera de compensarla con un entendimiento entre Acción Democrática, el Frente Nacional Democrático, de Uslar Pietri, y Unión Republicana Democrática, de Jóvito Villalba, en lo que se denominó la

Ancha Base. Con ese acuerdo el país vivió momentos de tranquilidad, pulcritud y eficiencia administrativa, pese a ser un gobierno sin el respaldo de la mayoría parlamentaria, al cual le fueron rechazados unos cuantos proyectos esenciales, entre ellos las reformas a la ley de impuesto sobre la renta y a la ley de hidrocarburos.

Su política social adquirió dinamismo con la creación del sistema de pensiones de vejez y con la ampliación del servicio de distribución de agua potable en las zonas de menores recursos. Por primera vez en Venezuela, el presidente Leoni designó ministro (de Fomento) a una mujer de inteligente y vigorosa personalidad, con prolongado ejercicio profesional en el área privada, Aura Celina Casanova, a quien correspondió la difícil tarea de confrontar a los sectores económicos más recalcitrantes e implementar reglamentos y medidas cuyo efecto positivo a la larga fue valorado por todos.

Después de ese quinquenio no hubo más gobiernos de coalición. Los consensos que en la primera década democrática permitieron el clima de amplitud política dejaron de ser la costumbre para ceder paso al incordio, al sectarismo y al desprestigio del otro como herramienta política; desapareció la continuidad de obras de gran envergadura y los programas de profundo contenido social solo se volvieron a ver en las presidencias de Carlos Andrés Pérez. Leoni no dejó grandes obras físicas en todo el territorio nacional, pero impulsó la construcción de la represa del Gurí, que ya estaba en curso; así como un programa extenso de acueductos y proyectos educativos y sanitarios. Estudioso de los asuntos laborales, Leoni dedicó esfuerzos a la formación de sindicatos y defendió los derechos de los trabajadores. Él decía que ninguna democracia sería verdadera sin la existencia de sindicatos bien organizados y reconocidos. Poco a poco su reputación de hombre honesto y bueno se acrecentó.

En 1969 el presidente Leoni pasó a la historia como el primero de la era democrática en entregar la banda con los colores nacionales a un opositor, Rafael Caldera, a quien, por cierto, trataba con distancia por considerarlo acartonado y reaccionario. Al regresar a su casa y apartarse de la política activa, a veces salía a caminar acompañado por su esposa, doña Menca de Leoni. Los transeúntes lo interrumpían, le daban la mano y lo abrazaban. Él sonreía complacido.

RAFAEL CALDERA, ASPIRACIÓN ILIMITADA

Con actos cuyas implicaciones iban más allá de sus propias existencias, las dimensiones de Rómulo Betancourt y Rafael Caldera eran opuestas. Betancourt fundó a Acción Democrática en 1941 y antes el Partido Democrático Nacional (PDN) y otras organizaciones de vida efímera, desde donde copó el debate político nacional por más de medio siglo. Asumió puestos de pelea en las tres traumáticas divisiones de AD, sin que le pasara por la cabeza la idea de abandonar sus filas. Caldera era inteligente, más estudioso, con una formación académica sólida, persistente y con una disciplina muy particular, pero con un talante indescifrable. Tuvo una extensa vida de aportes al país y se interesó por la enseñanza universitaria del derecho laboral y constitucional. Intervino en la redacción de la Ley del trabajo y mostró apego a la historia, a la lengua y la sociología. Fue admirador de la vida y obra de Andrés Bello, lo citaba con asiduidad y publicó libros sobre él.

La participación política del socialcristiano fue central y decisiva en los acontecimientos inmediatamente posteriores a la dictadura de Pérez Jiménez. Sin embargo, una de sus flaquezas era el irrefrenable deseo de exhibirse con una aureola de superioridad, de hacerse sentir el sumun del poder. Para sus admiradores era un humanista seguidor de la Encíclica Rerum Rovarum del Papa León XIII, un pensador que sabía aplicar la doctrina social de la iglesia a los episodios de la política, siempre interesado en proyectarse en sus discípulos con desprendimiento y responsabilidad, aunque simultáneamente los críticos apreciaban en él a un conservador vanidoso, convencido de verdades que no admitían comprobación.

Entre los estudiosos del liderazgo de Rafael Caldera hay quienes hallan una suerte de nihilista político, por cuanto después de sus juveniles coqueteos fascistas, en pleno apogeo mundial de las ideologías abrazó el socialcristianismo como su razón de ser y se erigió en uno de los actores principales de la instauración y defensa de la democracia venezolana, hasta dar un giro inesperado en su senectud para situarse entre los cuestionadores de los partidos tradicionales. A Caldera le enorgullecía ser catalogado de estadista, como en efecto lo fue si el concepto se encasilla en la experiencia partidista y el manejo de los asuntos del Estado desde la posición más encumbrada, pero no podemos dejar de recordar que estadistas eximios han sido quienes además de servir con devoción, han renunciado a vanidades y a intereses personales y grupales.

Caldera había nacido en San Felipe, Yaracuy, el 24 de enero de 1916 en el matrimonio del abogado Rafael Caldera Izaguirre con la joven Rosa Rodríguez, que murió por causas naturales cuando él tenía solo dos años. El niño fue llevado a Puerto Cabello y luego de una etapa de tumbos fue adoptado por la tía María Eva Rodríguez y su marido, el distinguido abogado y político Tomás Liscano, en cuyo honor Caldera bautizó su bufete profesional como Escritorio Liscano. Su niñez temprana estuvo marcada por la ausencia de los imprescindibles afectos y cuidados del progenitor y, por supuesto, es probable que aquellos sufrimientos signaran la conducta definitiva de quien llegó a ser el instaurador y jefe político fundamental de Copei y uno de los más destacados de su corriente ideológica en América Latina. No en balde los especialistas en el comportamiento de los grandes hombres piensan que las experiencias de la primera infancia dejan marcas imborrables en ellos, en algunos casos catastróficas[19].

Al no tener descendencia propia, los padres adoptivos asumieron con devoción la crianza y la educación de Rafael Antonio. Pusieron especial cuidado en su crianza y él los retribuía con buena conducta y calificaciones escolares excelentes. En su edad avanzada doña Eva Rodríguez saboreó el placer de visitar y abrazar al presidente Caldera en Miraflores durante su primer período de gobierno y él, que la veneraba, solía visitarla al final de sus largas jornadas para cenar y entablar con ella largas conversaciones.

En múltiples oportunidades caminé los cien metros que separaban el edificio de *El Universal* del Escritorio Liscano, situado en el primer piso del viejo edificio Austerlitz, también en la avenida Urdaneta, para consultar al expresidente sobre variados temas. En una mesa de trabajo circular, de grandes proporciones, Caldera ocupaba un sitio predeterminado que dejaba claro que la jefatura de las reuniones estaba donde él se sentaba. En eso no había dudas así las apariencias fueran otras.

---

[19] Ver *En el poder y la enfermedad*, Ediciones Siruela, autor David Owen, parlamentario, ex secretario de relaciones exteriores de Gran Bretaña entre 1977 y 1979 en el gobierno de James Callaghan, médico neurólogo especializado en la química del cerebro. Por años investigó las repercusiones de los males de grandes líderes en la vida de los pueblos.

Después de las entrevistas, yo a veces quería abordar algún tópico con carácter informal, como lo hacía con otros para tener la comprensión cabal de los acontecimientos, pero los tanteos siempre eran infructuosos porque él escuchaba, sonreía a medias y dejaba escapar miradas que combinaban desdén y compasión, hasta responder "muy interesante" o algo por el estilo. No le interesaba el acercamiento, pero sí que yo transmitiera con fidelidad sus frases y, claro, mi función era la de un modesto reportero. Nunca pude entablar con el doctor Caldera el diálogo que con otros surgía y se desarrollaba casi con naturalidad. Nunca supe qué había detrás de la media sonrisa o de aquel gesto del líder socialcristiano, que, aunque ahora parezca una extravagancia reporteril, me recordaba a *El extraño caso del doctor Jekyll y mr. Hyde,* y me hacía preguntarme si había un doctor Caldera bueno, auténtico, y otro perverso. Su valla infranqueable reforzaba el toque personal frío, distante, insondable, y me convencí de que esa era su manera de administrar los pensamientos y de transmitir la sensación de superioridad.

Bien avanzada la campaña electoral de 1983 fui invitado a un programa de Venevisión, en el cual Caldera sería interrogado por tres periodistas. Después de la exposición inicial del candidato y de las preguntas de mis colegas, yo comenté que las palabras y promesas del candidato adolecían de fundamento porque sus posibilidades de triunfo eran remotas e inocultables. En vez de maestría en el arte del lenguaje para sortear escollos y mostrar elegancia, el experimentado socialcristiano tomó el atajo de la descalificación personal, con la acusación de que yo había sido enviado por sus enemigos para ofenderlo. Tenía irrefrenables estallidos de ira.

En el peinado engominado con la vieja brillantina Palmolive que venía en cajitas de hojalata ovaladas con el dibujo de una hermosa mujer en la tapa, unos descubrían en el doctor Caldera una réplica del famoso cantante de tangos Carlos Gardel y otros del falangista español Primo de Rivera, por quien en 1936 tuvo simpatías al formar la Unión Nacional Estudiantil y que más tarde echaría al olvido. En 1946 creó a Copei con un tinte de centro derecha con trasfondo católico, que con su esfuerzo y el de muchos otros llegaría a ser el segundo partido más importante del país.

En un arranque de enojo, en octubre de 1937 el entonces joven abogado y político Rafael Caldera comandó un grupo de compañeros impetuosos que irrumpieron en la redacción de un semanario caraqueño de influencia limitada, *Fantoches,* y le propinaron una paliza a su director, Leoncio Martínez, un humorista de cuarenta y nueve años a quien los políticos e intelectuales trataban con respeto. La agresión era venganza por las mofas del periodista, que no sin razón consideraba fascista la tendencia de aquella nueva organización política. Además de las secuelas en la salud del director, que moriría cuatro años después, el hecho envió a Caldera a prisión por un breve lapso y lo persiguió toda la vida como un fantasma que los críticos sacaban a relucir con recurrencia.

En un acto protocolar del Consejo Supremo Electoral, en los primeros meses de 1988 el secretario general del partido, Eduardo Fernández, dialogaba en un rincón con uno de esos comunistas fieles a los dictados soviéticos, cuando Caldera entró, saludó y por cinco minutos intercambió ideas generales sobre los temas del momento, para luego invitar a su todavía discípulo predilecto a tomar esa misma noche un whisky en la biblioteca de su casa. A la hora convenida, las ocho en punto, Fernández llegó y tocó el timbre de la puerta. Con un fondo de música clásica y arrellanado en el sillón de su preferencia, el expresidente esperaba confiado en que Fernández acataría de buena gana sus deseos y la sangre no llegaría al río. Desde hacía meses estaba al tanto de las inclinaciones de la militancia copeyana y le constaba el desgaste de la euforia de sus acólitos, pero aun así abrazaba la ilusión de que el secretario general daría un paso al costado y él volvería a ser candidato por aclamación. No esperaba menos porque hasta ese día Fernández había sido el discípulo predilecto, con una carrera política labrada bajo su ala protectora. Ese era el tema único de aquella cita que terminaría con pésimos augurios para ambos y también para Copei.

A instancias del anfitrión, Fernández analizó en forma concisa la situación del país y de Copei, hasta rematar en su decisión de luchar por la jefatura del Estado. Toda la vida había buscado esa oportunidad, ahora la sentía suya y no estaba dispuesto a cederla por nada ni ante nadie, ni siquiera ante el mismísimo doctor Caldera. En sus diez años en la secretaría general había estructurado los cuadros nacionales, regionales y locales para apuntalar su lanzamiento a la magistratura nacional.

Al oír esas indeseadas frases, el hombre distante, tieso, enigmático, a quien nadie se atrevía a tutear o llamar Rafael, sino doctor o presidente, y en cuyo vocabulario no cabía una expresión malsonante, ya no pudo contenerse más. Eran frases que en sus oídos retumbaban como improperios, sobre todo porque jamás sospechó que pudieran provenir del dirigente por él moldeado en medio siglo de batallas buenas y malas. Con sudores fríos y respiración entrecortada, Caldera sentía un vacío en la boca del estómago, como si Fernández le hubiese propinado un puñetazo. "Ah, muy bien Eduardo —fue su inmediata reacción—, estás diciendo entonces que el doctor Caldera se vaya al carajo"…

Aquel diálogo con fórceps que Fernández me narró al correr de los años, continuó unos minutos aunque ya con desvanecidas probabilidades de entendimiento. "No. No, presidente. No es así. Lo que estoy diciendo es que después de haber consultado las bases del partido, he tomado la decisión de postularme. Si usted me derrota, tenga la seguridad de que estaré a su lado y trabajaré por su candidatura como lo he hecho toda la vida. En el supuesto contrario, tenga la seguridad de que usted será fundamental para mi campaña y siempre será el líder máximo de la organización", insistía EF para tratar de aplacar al mentor.

Con una palidez mayor a la usual, el expresidente se levantó despacio y, midiendo como de costumbre el alcance de cada de sus palabras, exclamó: "Bueno Eduardo, ya está todo dicho. ¡No tenemos nada más que hablar!" Caminó con el invitado hacia la puerta, donde una glacial despedida presagió la ruptura definitiva. Los dos whiskies de malta de quince años de envejecimiento servidos en elegantes vasos de cristal por las propias manos del doctor Caldera, quedaron en la mesa sin siquiera haber sido saboreados, y para Fernández las consecuencias de aquella embarazosa cita tomaron el carácter de vitalicias, como si de una maldición diabólica se hubiera tratado. Fueron cuarenta minutos en los cuales después de haber sido un sueño, su aspiración política pasó a ser una quimera.

Dejada atrás la competencia con quien siempre había parecido su delfín obediente, el experimentado líder se marginó de la campaña electoral que estaba a punto de empezar y no volvió a poner un pie en la casa de Copei, con lo cual asestó un golpe noble al partido y al sistema democrático. Se declaró en la "reserva", no dijo una sola palabra en los meses de la campaña y no asistió a un solo acto en las sedes de Copei, hecho que dio un argumento adicional a quienes toda la vida lo tildaron de soberbio, vanidoso, egoísta y calculador. En los años transcurridos entre ese día y el final de su vida, Caldera saludó a Fernández solo por cortesía cuando coincidieron en algún evento protocolar, pero sin que eso diera lugar a discutir alguna materia nacional y sin insinuar posibilidades de reconciliación.

Caldera interpretaba las simpatías y la militancia demócrata cristiana como sinónimos de sumisión a sus dictados, y quienes no lo hacían traicionaban el espíritu de lealtad incondicional. Copei era su Olimpo. Antes de aquella infortunada noche con Eduardo Fernández, él había tolerado dos veces las postulaciones presidenciales distintas a la suya porque no cabía otra posibilidad: una norma constitucional rezaba que solo diez años después de finalizar el gobierno podía aspirar de nuevo. Antes de Fernández nadie se había atrevido a confrontar su proyecto personal, de allí que la derrota en la competencia interna por la candidatura de 1988, trajera amarguras, reconcomios y pases de factura con graves coletazos en la vida venezolana. A lo largo de cincuenta y cinco años Caldera marcó un récord al lanzarse seis veces a la Presidencia, en dos de las cuales consiguió el propósito.

En una extensa entrevista publicada por *El Universal* el 8 de diciembre de 1988, es decir, cuatro días después de finalizada la amarga competencia electoral entre Fernández y Carlos Andrés Pérez, Caldera me hizo comentarios explícitos de sus resentimientos, que no concordaban con su estatura pública. Fue ahí cuando confesó haber sellado con repugnancia las dos tarjetas electorales de su propio partido, y aseguró que la organización copeyana incubaba una actitud malévola en su contra y tenía mercenarios para irrespetarlo. Avisaba venganzas. A partir del desafortunado encuentro con Fernández lo demás sería solo cuestión de tiempo, hasta que cinco años después otro de sus delfines también sintiera el derecho a postularse.

"En el Congreso Presidencial Socialcristiano sentí la necesidad de plantear una definición al partido o a quienes lo representaban, y dije que no se trataba de escoger un candidato sino un camino, de adoptar una posición, una línea, que es la que Venezuela reclama hoy más que nunca", rememoró entonces. Luego de haber sufragado el domingo anterior lanzó una velada invitación a los electores a respaldar al rival de Copei: "A quienes pudieran tener razones para no votar, les digo que es preferible que vengan, que tienen recursos para manifestar su inconformidad votando blanco o nulo, porque abstenerse es mucho más grave"... Blanco era el color emblemático de Acción Democrática.

Al marginarse del partido, Caldera restó perspectivas al verdadero fruto de su vida, a su obra de proyección y trascendencia histórica y política, el partido, hasta condenarlo a la desaparición y, a partir de ahí, aunque más tarde consiguió el sueño de regresar al despacho de Miraflores, su comportamiento no dejó de ser errátil. De constructor de la democracia surgida en 1958, pasó a ser uno de sus más enconados y criticados detractores.

Al año y un poco más, en el arranque de la etapa electoral de 1993, la postulación del fundador de Copei no causó sorpresa porque desde hacía tiempo andaba en campaña. El desgano de los ciudadanos superaba lo visto y escuchado en los procesos anteriores porque sin distingo alguno, las ofertas programáticas eran demagógicas, aburridas, poco sustanciosas. Los discursos de los candidatos no se quedaban atrás. Ni siquiera la experiencia y la cultura política de Caldera diluían el hastío, esa modorra nada extraña al comportamiento de sus años recientes.

Durante esa contienda las encuestas decían que el expresidente democristiano era conocido por un porcentaje elevado de la población, pero eso no se traducía en intenciones de voto. En el incierto clima nacional de entonces, Caldera creó un partido de ocasión, Convergencia, que entrelazado con una federación de 18 pequeños grupos cuestionadores del sistema denominados "Chiripero" —uno de ellos era el Partido Comunista, que se suponía detestado por el candidato—, le dio la victoria con apenas 1.7 millones de votos, o sea, treinta por ciento de los votos emitidos. La abstención en ese proceso fue de cuarenta por ciento de los electores, mientras los dos partidos más importantes, Acción Democrática y Copei, enzarzados en pleitos y discusiones de poca monta, por primera vez fueron derrotados simultáneamente y pavimentaron la vía para un gobierno clientelar e inestable, de nulos éxitos.

En la condición de dignatario por segunda vez, Caldera concedía prebendas a los rebeldes perdonados y se reunía con algunos de ellos. Le asignó tareas en el Programa Alimentario Materno Infantil al que tomó la gobernación del Zulia por varias horas, apresó al gobernador y ordenó el ataque a instalaciones militares y policiales estadales; a otro miembro de la logia chavista lo colocó en un apetecido consulado en España, a un tercero lo premió con la jefatura de un programa de distribución de leche para niños... ¿Qué estaba detrás del reparto de canonjías entre quienes detestaban el sistema político? Él recordaba la agitada época de las guerrillas y lo que en su primer gobierno (1969–1974) denominó política de pacificación, cuando una porción de los subversivos decepcionados abandonó las armas para reinsertarse en la sociedad. A partir de entonces algunos exguerrilleros devinieron en amigos, aliados y hasta epígonos suyos. En su equivocación, Caldera creía que Chávez y los suyos vendrían agradecidos a rendirle pleitesía.

La historia, no cabe duda, habría sido distinta si Caldera hubiese esperado la sentencia judicial firme que inhabilitara los derechos políticos de Chávez, tras lo cual el golpista no habría tenido posibilidades de postularse a cargos de elección popular, pero Caldera veía las cosas con otros ojos. Se mostraba magnánimo y, como toda la vida, buscaba laureles. Más que en beneficio del país, los pasos de Caldera jamás dejaban de ocurrir como en un tablero de ajedrez, con ventajas y desventajas pensadas para la gloria personal. Jamás movía un peón sin pensarlo diez veces.

Los imponderables en política son una verdad axiomática, pero era inverosímil que alguien con su inteligencia, conocimientos y veteranía política, desestimara el potencial destructivo del sobreseimiento del juicio militar.

Aunque el pasado conspirativo de Chávez importara poco o nada al ciudadano común, aunque la muchedumbre elogiara a quien atentó a sangre y fuego contra las instituciones, aunque las viejitas le rezaran un padre nuestro como si se tratara de un santo y pidieran a gritos su libertad, sin pensar en los muertos y heridos por él ocasionados en febrero de 1992, el presidente de Caldera no debió paralizar la función de los tribunales. Si en realidad creía en la independencia de poderes, debió permitir la conclusión natural del juicio militar, porque esa hubiera sido la postura digna, correcta, de un jefe de Estado. ¿Por qué Caldera desdeñó la lección democrática de sus viejas discusiones con Rómulo Betancourt y Jóvito Villalba para inhabilitar al dictador Pérez Jiménez?

Caldera condujo a una fantasmal danza de desviaciones al sobreseer a Chávez, cuando lo prudente para cualquier otro dignatario hubiera sido persuadir a las masas. Él estaba obligado a cumplir una función orientadora, a dirigir el país sin dejarse arrastrar por erróneos clamores callejeros. Una cosa era satisfacer los miedos, odios y sueños revanchistas de las masas —cuyas reacciones no encauzadas suelen ser irracionales y hasta primitivas—, mientras otra hubiera sido proceder con vocación histórica y apego a la majestad del Estado. Pero claro, el presidente creía y proclamaba a los cuatro vientos que "el pueblo nunca se equivoca"… En vez de halar la carreta de la historia como el estadista avezado que se suponía, Caldera cerró los ojos y se dejó arrastrar como si fuera un neófito.

Al repasar la desgraciada falta de memoria del venezolano y la actitud benévola de Caldera ante la agresión de Chávez a la majestad del Estado, me resulta inevitable reflexionar acerca de si pasado ya más un cuarto de siglo de irracionalidades adicionales habremos aprendido la lección: ¿Tendremos en el futuro otro sobreseimiento de un juicio como el decretado por Caldera en favor de Chávez? ¿Podrá haber un nuevo sobreseimiento o un indulto para beneficiar a quienes cometan o hayan cometido atrocidades de cualquier tipo? ¿Será dable la tesis de que los peores delitos pueden y deben ser perdonados en aras de la concordia nacional?

Como ciertos dioses de la mitología griega, Caldera devoraba a sus hijos políticos para eliminar potenciales rivales. Desechaba principios valiosos conforme a los cuales el verdadero líder sabe cuándo asumir desafíos y avanzar, cuándo guardar silencio, cuándo retirarse y despejar el camino para quienes vienen detrás y para ser el orientador natural de ellos. La sobreestimación de su capacidad le hacía sentirse indispensable en Copei y en el país, quería ser idolatrado y tratado como un ser superior. Solo se escuchaba a sí mismo. Ninguno de sus discípulos escapó a la frustración sembrada de lealtades equivocas, porque el líder fundamental les cercenaba el sueño de tocar la cúspide con su ayuda. Ese fue el destino trágico de todos ellos.

El retorno de Caldera a Miraflores vino acompañado del inclemente efecto erosivo de sus setenta y ocho años: estaba sometido a tratamientos médicos para aminorar los estragos del mal de Parkinson y de una artritis severa. La rigidez de los músculos faciales le daba una expresión nostálgica, espectral, de cansancio, y por momentos su mirada parecía extraviada. En los actos oficiales se apoyaba en un atril para disimular el característico temblor de una mano y una pierna, mientras los acólitos le prodigaban reverencias y cuidados. Aquella voz trémula de siempre, lo era cada vez más. Pero los allegados terminarían por situar la aceleración de los estragos físicos en el post gobierno.

En marzo de 1994 cuando Rafael Caldera todavía no tenía dos meses en el poder abonó el terreno para que Hugo Chávez coronara el éxito de su perverso proyecto, al sobreseer la causa judicial que lo mantenía en la cárcel de Yare y al dictar medidas similares en beneficio de otros involucrados en las dos trastadas militares de 1992. Con su decreto no solo borró la responsabilidad legal de los delitos cometidos por el golpista, sino que para justificarse por el resto de sus días siempre dijo que aquel decreto había sido respuesta a un reclamo del pueblo, de los medios de comunicación y de las organizaciones políticas.

El discurso del cuatro de febrero de 1992 en el Parlamento, el sobreseimiento judicial a Chávez, los ataques a Carlos Andrés Pérez, la actitud contra Copei y las deficiencias de su gobierno —hechos todos desafortunados—, significaron la cuota parte de Caldera en el desprestigio de los partidos y en la caída de la democracia.

En tardías ocasiones, cuando Chávez estaba bien arrellanado en el sillón presidencial, Caldera daba señales de haber descubierto el entuerto del sobreseimiento, pero lo hacía con eufemismos. Decía que el propio Carlos Andrés Pérez había concedido antes el perdón a otros sublevados, y que su error había consistido solo en confiar en el recto cumplimiento del deber por parte de Hugo Chávez y sus compañeros. Ese era su mecanismo para escurrir el bulto de la responsabilidad.

Avanzado un par de años del gobierno de Caldera, entre sus seguidores circulaba la tesis de que él disolvería el Congreso para instaurar un régimen autoritario al estilo del peruano de Alberto Fujimori. No lo hizo, pero su gestión no dejó de estar exenta de asomos fascistas, como las actuaciones de un ente supuestamente defensor de los consumidores que cerraba pequeños negocios, farmacias, clínicas, escuelas, en medio de denuncias de especulación. Campeaba la demagogia populista.

El doctor Caldera dejó un rosario de sentimientos contradictorios entre quienes lo conocieron y trataron: por una parte era loado como un místico y arrancaba los aplausos de los acólitos y, por la otra, solo en extrañas ocasiones transmitía calidez humana y amplitud. Los estudios de su trayectoria lo proyectaban con una extraordinaria perseverancia pero con una intuición política limitada, percepción que con el paso del tiempo se ha profundizado cada vez más entre los venezolanos.

Los bemoles morales y el fanatismo de Caldera quedaron retratados en una decisión insólita de su primer gobierno, cuando proliferaban las denuncias de corrupción de funcionarios de elevado nivel, frente a lo cual él designó una comisión investigadora presidida por un general de su confianza que había formado parte de la Casa Militar. Después de meses de investigaciones, el general entregó al Presidente un voluminoso informe acompañado de los expedientes de cientos de casos de irregularidades, a lo cual Caldera respondió con la orden de incinerar toda esa documentación por estimarla "infundada". ¿No eran acaso la Fiscalía, la Contraloría General y los tribunales los calificados para emitir criterios al respecto? ¿Qué buscaba el presidente al desaparecer documentos que al haber sido consignados en Miraflores dejaban de ser propiedad particular para pertenecer al Estado? ¿Pretendía enarbolar las banderas de la pulcritud administrativa al decir que su gobierno estaba libre de hechos ilícitos?

En ningún encuentro con periodistas el expresidente dio una versión de su noche de cuchillos largos con Eduardo Fernández. Tampoco plasmó en blanco y negro sus memorias, que hubiesen tenido muchos lectores al abrir rendijas para desentrañar su conducta y dejado en manos de los lectores su interpretación del país. Al finalizar la segunda presidencia, Caldera escribió *De Carabobo a Puntofijo*, obra en la cual pasó revista a una parte de su experiencia vital pero sin plasmar unas reflexiones reposadas y autocríticas sobre sus relaciones de décadas con Rómulo Betancourt, ni tampoco repasó los temas primordiales de la agresión en 1937 al periodista–editor de *Fantoches*, del irrefrenable odio a Carlos Andrés Pérez y, menos aún, el de la candidatura presidencial de 1988, circunstancias todas que en sus momentos fueron abordadas como parte de encarnizados combates políticos.

GONZALO BARRIOS, LECCIÓN DE SABIDURÍA

Otro protagonista fundamental de la política venezolana durante buena parte del siglo XX fue Gonzalo Barrios, miembro fundador de Acción Democrática, un viejo erudito de finos modales con predilección por el sarcasmo. Cuando la dictadura de Juan Vicente Gómez lo lanzó al exilio en sus años juveniles, disfrutó como nadie el esplendor parisino de los grandes intelectuales, literatos, políticos y artistas, además de los buenos vinos y platos exquisitos. Era un auténtico gourmet de buenos modales y un agudo conversador.

Aunque lo intentó en una ocasión, Barrios no fue presidente de la República. Su lucidez y gusto por las cosas refinadas me hacían pensar que él podía haber sido un presidente sabio, pero es posible que yo estuviera equivocado y que, muy por el contrario, no estuviera hecho para eso que, por lo demás, tampoco le inquietaba mucho, como lo demostraron algunas manifestaciones de flojera durante los recorridos de su campaña presidencial de 1968. Al llegar a apartados pueblos o caseríos optaba por reunirse con los grupos influyentes y desestimaba las visitas a mercados y los aburridos recorridos con la muchedumbre, pero la naturaleza democrática de su activismo sin ambiciones personales dejó lecciones cívicas perennes.

Barrios adolecía del carisma de sus compañeros Betancourt y Carlos Andrés Pérez, pero con excepcional pericia captaba al vuelo el punto medular de las más complicadas negociaciones políticas. No llegó a Miraflores porque la fractura de AD frustró sus aspiraciones en las apretadas y tensas elecciones de diciembre de aquel año, pero el revés no lo amargó ni mermó su autoridad en la vida venezolana y, por el contrario, la aumentó. En eso fue la excepción entre los políticos venezolanos.

Para deslizar la idea de que en su contra se había cometido un fraude con la mirada complaciente del Consejo Supremo Electoral, en noviembre de 1981 me dijo: "Caldera no me derrotó porque sacara 30 mil votos más, sino porque yo no pude demostrar una ventaja de 300 mil". Y explicaba su posición no solo como un asunto de principios sino también de interés colectivo, porque tenía la seguridad de que si se hubiera empeñado en reclamar el triunfo, su presidencia habría sido de corta duración y terminado de manera lastimosa. "Nosotros podíamos perder, pero no ganar por pocos votos. Para confirmación de nuestra democracia era preciso demostrar que los gobiernos sí pierden elecciones y que a mí me tocó ese papel, que hubiera podido ser muy triste si no hubiésemos estado convencidos de que hacíamos un aporte difícil pero necesario para la consolidación de las instituciones republicanas", manifestó en esa oportunidad.

En las horas siguientes al proceso electoral, dirigentes nacionales de Acción Democrática habían detectado el escamoteo de más de cincuenta mil votos en los estados Lara y Barinas y propusieron la repetición del escrutinio en las dos entidades, en la seguridad de que el resultado final daría a su nominado como ganador, pero en reuniones con el presidente Leoni y con Rómulo Betancourt, así como con técnicos de alto nivel, Barrios desechó cualquier salida de ese tipo. Aunque el clímax en AD alcanzaba niveles extremos y él podía haberse plantado en la repetición del escrutinio, el olfato político y el sentido de la historia lo situaban en la dirección correcta.

Como parte de los cuidados de salud, Gonzalo Barios viajaba al exterior con periodicidad para someterse a chequeos. Recuerdo una tarde de 1984, cuando ya él andaba en sus ochenta y seis años, en que lo visité en su casa de la urbanización Lomas de Las Mercedes, donde vivía de manera modesta con una hermana, asistido por una morena alta, amable y eficiente. Lo encontré recostado en un sillón con una mascarilla de oxígeno, ante lo cual le pregunté si tenía algún malestar. "No, no. Estoy bien. Hago esto tres o cuatro veces por semana durante quince minutos para oxigenar la sangre y mantener el cerebro en las mejores condiciones posibles. Como imaginarás, lo menos que deseo es perder facultades mentales", replicó. Yo no supe hasta dónde esa práctica obedecía a comprobaciones científicas, pero supuse que algo de eso debía haber, por cuanto la brillantez de sus reflexiones era admirable. Antes de cumplir los ochenta años Barrios comenzó a usar bastón por el daño que los años de trotes en su juventud, le provocaron en las rodillas. En aquella época el proceso post operatorio era largo y no libre de dolorosas incomodidades, por lo que él prefirió terminar condenado al bastón y a pasar los últimos días en una silla de ruedas.

En la sala de la segunda planta de la casa tenía unos muebles de cuero de color marrón oscuro, a un lado una pequeña mesa con un receptor de radio y un paquete de revistas políticas y culturales francesas y norteamericanas. Los domingos por la mañana Barrios solía recibir a los periodistas. Sus criterios marcaban el paso de los debates políticos semanales, que los lunes comenzaban con reuniones de los directorios nacionales de los partidos y los martes del Congreso de la República. Entre nosotros surgió una amistad que con regularidad me facilitaba el acceso a informaciones exclusivas de primer orden.

Recuerdo una ocasión en que me informó que la DEA había puesto en manos del gobierno de CAP una copia del voluminoso expediente que implicaba a un dirigente adeco y ex gobernador de Caracas, en envíos de cocaína a Estados Unidos, camuflados en motores de motocicletas, lo que desencadenó un auto de detención y el consiguiente proceso judicial. Detrás de la noticia, cuya fuente jamás revelé y que fue recibida con desconcierto por algunos adecos, quedaba la integridad moral de su figura pública sin dobleces.

Consciente de la autoridad de sus palabras, Barrios exponía sus criterios con sindéresis, pero, por supuesto, cuando las circunstancias lo demandaban soltaba venenosas sutilezas aderezadas con abundante información, porque fuentes variadas lo nutrían con constancia. Eran juicios guarnecidos en la experiencia y en la sabiduría de la vejez, con análisis originales y difíciles de rebatir que le garantizaban el respeto de todos. Sus elocuentes opiniones orientaron por décadas la agenda política venezolana. Las veinticuatro horas del día transcurrían para él entre la política, la música selecta, las grandes obras de la literatura clásica y los almuerzos en buenos restaurantes con miembros del Grupo París, formado por venezolanos que habían coincidido con él en la capital francesa, cargados de disquisiciones intelectuales y hasta de chismes.

Se sabía que por muchos años el líder adeco tuvo una novia culta, de elegantes modales, procedente de una aristocrática familia, pero sin que llegara a consumar la relación de pareja. No tuvo hijos. En la época en que trataban de descalificar a cualquiera con rumores de supuesta homosexualidad, no faltaron quienes sin fundamento lo hicieran en su contra. El sexo en realidad no le interesaba. Era un asexuado.

Sin haber sido jefe del Estado, la estatura de estadista de Barrios encontraba sustento en la visión amplia y en el desprendimiento de sus opiniones, que dejaban un legado de importancia sin parangón. Fue un político lógico, correcto, con argumentos densos, convincentes. Su reacción ante la división de Acción Democrática y ante las sombras de fraude en las elecciones de diciembre de 1968, le permitieron a Caldera subir a la jefatura del Estado. El dominio de los problemas y la lucidez de cada una de sus exposiciones, le daban a Barrios el toque atractivo.

Como suelen ser los hombres de erudición, él era de trato fácil, sin engreimiento frente los parlamentarios de distintas corrientes ni con amigos y familiares. Por ningún concepto caía en desplantes. Vestía bien, pero sus ropas no eran de la calidad que bien podía dispensarse. Una tarde me llamó para preguntar si podíamos hablar sobre un tema de su interés, al final de la jornada lo visité en su oficina del segundo piso del Congreso. Le preocupaban algunos ataques lanzados en su contra desde *El Diario de Caracas* y me preguntó mi criterio. Me pareció que lo preferible era dejar pasar aquellas afirmaciones que, por lo demás, no reunían gravedad extrema. Allí saqué la conclusión de que incluso los dotados de inteligencia poco común eran sensibles a la crítica.

Cuando las virtudes y vicios del primer gobierno de Caldera estaban a la vista, Barrios expuso en un artículo de prensa los riesgos de lo que algunos calificaban de "condiciones dadas" para una revuelta militar. "¿Alguien ha pensado o está pensando en este peligro?", se preguntó en tono escéptico, para rematar con una invitación a la búsqueda de la efectiva, profunda y oportuna rectificación de los errores para asegurar la buena marcha del sistema. Las "condiciones dadas" comprendían el "descontento popular, la corrupción administrativa, los disturbios estudiantiles, las tracalerías oficialistas y las agrias desconfianzas y rivalidades entre los partidos", que de no ser enfrentadas a tiempo podían trastornar el equilibrio de las instituciones fundamentales[20].

Barrios pergeñaba ideas sobre la dañina fragilidad de la memoria de los pueblos, que conduce a la repetición de errores que dan a la historia el cariz de una diosa más voluble que temible. Sus palabras eran premonitorias del agotamiento del sistema, de la catástrofe que un día traería Hugo Chávez con sus desmanes. "Bajo su manto (el de la historia) hasta Hitler ha encontrado y va a encontrar momentos de reivindicación", subrayó en aquel diálogo nuestro de 1981.

El 23 de enero del mismo año, cuando voces interesadas empezaban a atribuir a la Constitución todos los males de la República y sugerían relegarla al museo de las antigüedades, Gonzalo Barrios las había atajado diciendo que podíamos "llegar a la convicción de que el rumbo que llevamos podría enderezarse si mostráramos mayor y más sincera adhesión a

---

[20] Artículo *Las amenazas contra el sistema* publicado por Gonzalo Barrios en *El Nacional* el 13-5-1972.

nuestra Carta Fundamental, no esperando milagros sino alcanzando progresos satisfactorios gradualmente ambiciosos. Nuestra democracia podría ser tan fuerte como para eliminar la corrupción, la irresponsabilidad y la desidia, y para llevar a las juventudes de hoy el saludable convencimiento de que van a heredar un país rico solo accidentalmente y que por vicios y torpezas puede volver a su antigua miseria. Una democracia fuerte en la Venezuela actual es imposible sin un consenso muy amplio de la opinión pública".

Sus frases de los años sesenta, setenta y ochenta aún conservan valor cívico. Más allá del tiempo y pese a la furia de las conspiraciones antidemocráticas, se conserva intacta la clarividencia de sus juicios sobre el cuidado que demanda la democracia. El agudo criterio y la independencia de cada una de sus opiniones le daban a Gonzalo Barrios la potestad de zanjar como nadie los peores conflictos en el partido, como el protagonizado por Rómulo Betancourt y Carlos Andrés Pérez en los años 1979 y 1980 a propósito de las denuncias de corrupción en la compra del barco Sierra Nevada.

El enfrentamiento entre los dos pesos pesados adecos, que en determinados momentos era ventilado a medias por la prensa, parecía escapársele de las manos a Barrios, pero incluso en esas circunstancias él mantenía el balance necesario para sentar a cada uno en su lugar, subiendo la voz cuando los hechos lo requerían. Ni Betancourt ni CAP quedaban satisfechos con la postura de Barrios, le formulaban reclamos y lo sindicaban de estar parcializado, pero el tiempo se encargó de evidenciar que sin su aplomo y tacto negociador fruto de su educación y vivencias políticas, un nuevo desgarramiento del partido hubiera sido inexorable.

Barrios escribió centenares de artículos de opinión y concedió miles de entrevistas a periodistas de Venezuela y del exterior, pero no dejó un libro de amplio horizonte temático que bien podía haber sido publicado de manera póstuma con las reflexiones de su vida y con revelaciones críticas sobre cuestiones internas de AD y del país, que hubiesen sido una enseñanza para las nuevas generaciones. Un texto que los rivales políticos de entonces no habrían comprendido a cabalidad y seguramente habrían aprovechado para sacar ventajas, pero que leído ahora en frío permitiría enseñanzas históricas.

Pérez era veinte años menor que su anciano compañero, pero se conocían muy bien desde los años cuarenta y se tuteaban, sin que por ello desaparecieran las asiduas disconformidades. Los encontronazos entre Barrios y Betancourt eran, por el contrario, menores y siempre quedaban limados en reuniones privadas. Uno de ellos ocurrió a fines de 1972 cuando Barrios insinuó sus deseos de volver a ser candidato presidencial. Betancourt lo invitó entonces a un crucero de una semana por el Caribe, después de lo cual Barrios se declaró libre de aspiraciones.

Al surgir la entente entre Rafael Caldera y Luis Alfaro Ucero en la recta final del segundo período presidido por Carlos Andrés Pérez, la buena salud había excluido a Barrios del activismo político. En esas condiciones y sin que existiera el indispensable contrapeso, Alfaro Ucero pudo mover a su antojo el engranaje adeco, torció la moral y con su acostumbrada rudeza trazó la estrategia destinada a expulsar a CAP de AD, hasta concretar los acuerdos que en el quinquenio siguiente le allanaron el camino hacia su desastrosa candidatura presidencial en 1998. El talento y otras virtudes se juntaban en la vida de Gonzalo Barrios y, por eso, dejó enseñanzas duraderas y entró a la historia como uno de los grandes privilegiados. Con sus conocimientos, ponderación, autoridad y sentido de lo que realmente importaba a los venezolanos, su voz era la del patriarca de la política nacional y su ausencia vino a significar un vacío enorme.

Luis Herrera Campins, desgracias políticas

Luis Herrera Campins, figura prominente de Copei, era el presidente (1979-1984) que no lo parecía. Sin proponérselo acumulaba méritos para ser definido como el gobernante que menos gobernaba. En ese país con tradición de mandones, él tenía su propia manera de ser: un verdadero líder del *laissez faire*, del dejar hacer, dejar pasar. Pocas veces se reunía con el Gabinete en Miraflores, prefería la buena mesa en la plácida residencia presidencial, La Casona, y cada domingo a una hora fija asistía a misa en una iglesia distinta, para después emitir las declaraciones maduradas durante la semana.

Era un hombre culto, conocedor de historia, arte y literatura. Para deleite de los amigos, ponía a prueba su memoria prodigiosa al recitar extensos párrafos de obras clásicas de literatura. Llegó a ser conocido como el presidente cultural porque realizó una gestión tangible en el campo del conocimiento y la cultura. Era un auténtico llanero sin caballo, de contextura gruesa, con un mostacho gris que mojaba en la taza de café con leche, con estilo y parecido físico al prócer de la independencia José Antonio Páez, amante de los sombreros pelo e' guama, con las alforjas repletas de refranes que iba soltando a su paso. Vivía con austeridad en la urbanización Sebucán, en el noreste de la ciudad, y por muchos años tuvo un automóvil Studebaker negro que en su etapa parlamentaria a veces él mismo manejaba. Ejerció el periodismo de opinión en los mejores años de la revista *Momento*, a la cual también se vincularon los colombianos Gabriel García Márquez y Plinio Apuleyo Mendoza en la recta final de la dictadura de Pérez Jiménez y comienzos de la democracia.

Herrera llegó a la candidatura presidencial en el segundo intento. En el primero fue derrotado en marzo de 1972 en una estrepitosa convención nacional de Copei celebrada en el teatro Radio City, en la zona de Sabana Grande de Caracas, donde él representaba el ala progresista o menos reaccionaria de los socialcristianos. Su comando electoral denunció la compra de delegados con dinero de la partida secreta del ministerio de Relaciones Interiores del gobierno de su compañero Rafael Caldera, llevada a cabo por un sujeto a quien etiquetaban "el hombre del maletín"[21]. Inmediatamente después de la victoria de Carlos Andrés Pérez en los comicios de diciembre del año siguiente, Herrera emprendió el peregrinaje destinado a conquistar la candidatura de 1978 y la logró.

El discurso inaugural de la administración de Herrera Campins, el doce de marzo de 1979, causó impacto con la frase "recibo una Venezuela hipotecada", acusación que disparó las alarmas sobre un inusitado aumento de la deuda pública interna y externa en el mandato de CAP. "Me ha tocado recibir una economía desajustada y con grandes

---

[21] Miembros del comando electoral de Herrera Campins publicaron un aviso en *El Nacional* el martes 18 de abril de 1972 con la denuncia del hecho del hecho y responsabilizando a la corriente calderista.

desequilibrios estructurales y presiones inflacionarias especulativas, que han erosionado altamente la capacidad adquisitiva de las clases medias y de los innumerables núcleos marginales del país", palabras que con desconcierto CAP escuchaba en el hemiciclo del Senado.

En el instante más promisorio del destino nacional, esa alocución fue el preludio de una política de desbarajuste económico y social. Las decisiones más importantes de Herrera eran de tal insensatez, que ponían de cabeza a la economía y dejaban escombros difíciles de recoger, por lo cual pasó a la historia como el responsable de la debacle del Viernes Negro, ocurrida en el cuarto año de su gestión, el 18 de febrero de 1983, cuando el bolívar fue devaluado como nunca antes y la economía entró en una parálisis general que hizo retroceder los avances sociales de la temporada precedente de Carlos Andrés Pérez. Al dejar manga por hombro la administración pública, Herrera abrió paso a las pugnas interminables entre el presidente del Banco Central, los ministros del área económica y los sectores privados. Nadie en sus cabales sabía a qué atenerse en Venezuela.

A estas alturas hay todavía quienes ven en ese quinquenio el principio del peor desastre económico de Venezuela en el siglo XX, superado solo por el de Hugo Chávez y sus congéneres. Luis Herrera desaprovechó la oportunidad de desarrollo ofrecida por la triplicación de los ingresos petroleros, que ascendieron a cuarenta dólares por barril —equivalentes a doscientos dólares por barril en términos de 2025—, mientras las políticas fiscal, monetaria y de gasto público eran desquiciadas. La riqueza petrolera de los años de Chávez fue mayor por su extensión en el tiempo, pero el volumen de la obtenida por el gobierno de Herrera Campins fue superior en términos reales.

Después del pleno empleo de la primera gerencia de CAP, Herrera Campins puso en práctica las políticas restrictivas causantes de la abrupta caída del consumo de bienes y servicios, del freno a las iniciativas empresariales privadas, y del aumento del desempleo a más de trece por ciento y del sector informal a casi cuarenta por ciento. El Banco Central vendió a precios subvalorados las reservas de divisas generadas por las exportaciones petroleras. En pocos días los grupos económicos privados compraron más de 25 mil millones de dólares al cambio de 4.30 bolívares por dólar (que hoy sobrepasarían los cien mil millones de dólares), hasta convertirse en respetables inversionistas internacionales.

El gobierno estimulaba la fuga de divisas con el argumento de que quienes quisieran sacar del país sus ahorros podían hacerlo de manera legal y sin restricciones oficiales. Como esos millonarios habían dejado de invertir en el país, disponían de una liquidez monetaria inmensa y la destinaban a la compra de divisas a tasas inferiores a las reales. Fueron operaciones en las cuales hicieron el negocio del siglo.

El corolario de las desafortunadas iniciativas oficiales fue la eliminación de la libre convertibilidad de la moneda, así como la creación de un régimen de cambios diferenciales (Recadi) convertido en centro de permanentes denuncias de hechos de corrupción. La inflación subió con rapidez, la movilidad social se estancó y la inseguridad personal y jurídica empeoró. En los últimos meses de 1983, cuando ya se aproximaba el final del período constitucional, el Ejecutivo trató de revitalizar la economía, pero fueron esfuerzos con resultados tímidos porque ya era tarde para rescatar la confianza desperdiciada.

La clase media, cuyas nuevas generaciones de ciudadanos con calificaciones académicas y técnicas de excelencia habían sido factores de avance económico y humanístico, entró en progresiva decadencia. Los venezolanos, acostumbrados a criar sus hijos en mejores condiciones de vida, a partir de 1979 cayeron en una fase incierta. Por falta de ingresos, las nuevas parejas de profesionales se veían obligadas a vivir en las casas de sus padres. Atrás quedaron el ahorro en dólares y las facilidades para comprar una segunda vivienda con fines vacacionales o de inversión. Los viajes a Margarita para disfrutar las hermosas playas y comprar los sabrosos chocolates y quesos de bola holandeses, pasaron a ser prohibitivos.

La razón del estancamiento económico estaba en que, según el presidente Herrera, los caudalosos ingresos petroleros del período anterior habían sido devorados por el aparato burocrático y despilfarrados en la construcción de obras faraónicas, además de haber multiplicado la deuda interna y externa. Conforme a los consejeros presidenciales de entonces, para cubrir los planes oficiales y los compromisos adquiridos, los precios del petróleo debían rondar la impensable cifra de 200 dólares por barril, pero a la postre se comprobó que la tesis oficial del recalentamiento de la economía había sido más teórica y demagógica que real y, en consecuencia, la política de enfriamiento fue calamitosa. Para infortunio venezolano, el mantenimiento de hospitales, acueductos regionales, escuelas, vialidad agrícola y otras obras construidas en los años previos, fue paralizado sin justificación alguna. Decenas de plantas de tratamiento de agua se oxidaron y transformaron en chatarra. Otros planes que estaban en ejecución quedaron abandonados y, por supuesto, las pérdidas económicas del Estado ascendieron a miles de millones de bolívares.

Luis Herrera, entretanto, saboreaba el placer del constante forcejeo con Rafael Caldera por el control de Copei, y se agotaba tratando de ingeniar la mejor fórmula para aniquilar a Acción Democrática y a la robusta Confederación de Trabajadores de Venezuela (CTV). En ese empeño no llegó más allá del deseo, a diferencia de Hugo Chávez, quien años más tarde sí fue "exitoso" en la liquidación de los partidos y del robusto movimiento sindical. El antiadequismo radical ocurría pese a que el mismo presidente Herrera tenía familiares en el partido blanco, como su hermano médico Pablo Herrera Campins, que llegó a ser gobernador de Portuguesa y senador por el mismo estado.

Cuando cumplía un año en la jefatura del Estado, el viernes 22 de febrero de 1980, Luis Herrera pronunció un discurso a puerta cerrada ante la plana mayor del gobierno y de Copei, en un instituto de estudios de capacitación sindical socialcristiano situado en San Antonio de Los Altos, en las afueras de Caracas, sobre lo que se suponía eran las líneas maestras de la gestión oficial, pero se limitó a esbozar su estrategia contra AD, que solo sirvió para empeorar su ya maltrecha imagen. En dos oportunidades el presidente, que también era periodista, me amenazó por haber publicado una reseña en *El Universal* (23-2-1980) sobre aquella exposición suya con repercusiones imposibles de superar, pero en realidad no fue más allá de las palabras. El 27 de junio de 1980, en el acto de entrega del Premio Nacional de Periodismo, me dijo que el mío había sido "un premio a la insidia"...

"Con un esfuerzo de lucha, de testimonio, de claridad mental, los copeyanos podemos aprovechar la oportunidad que se nos presenta —aseguró— para llenar el vacío creado por el desmoronamiento de Acción Democrática en un gran sector de la población... Hoy es claro el reblandecimiento de los resortes morales de AD, lo que llevó a la publicación del informe de la Comisión de Ética (de Acción Democrática)", en el cual se cuestionaba el comportamiento del expresidente Carlos Andrés Pérez.

"Conociendo como conozco por dentro a Acción Democrática y al MAS, les digo que esos partidos sufren problemas internos irreparables, un deterioro indetenible. Y eso lo aprovechan estos grupos de AD y de la izquierda para realizar actividades que crean zozobra, inhiben a la ciudadanía y pueden poner al gobierno en posición incómoda, como lo han hecho en algunas oportunidades. Pueden crear euforia en grupos indisciplinados", agregó. Herrera acudía a conceptos insinuadores de actividades subversivas en sectores mayoritarios de AD y del MAS para distraer la atención de la plana mayor de la dirigencia de Copei, cuyas relaciones con el Ejecutivo eran un hervidero de discordias y discriminación. Sus posturas contra AD eran apasionadas, destinadas a evitar potenciales entendimientos sobre programas concretos de desarrollo y de estabilidad democrática del país. Con intriga y hasta desconcierto, Herrera usó sin éxito los instrumentos policiales a su disposición para husmear en mis contactos para detectar la fuente que lo había traicionado al revelar sus polémicas frases.

El estigma del gobierno era el sectarismo y la falta de comunicación eficiente con todos los sectores. Cada lunes la dirección nacional de Copei destilaba lamentos y reclamos. La inconformidad no se quedaba ahí, sino que se extendía a quienes incluso en la campaña electoral de 1978 habían defendido su candidatura, agrupados en la corriente definida como "avanzada", que al ser ignorados por el gobierno emprendieron los acercamientos sucesivos con el sector conservador y cosecharon algunas posiciones en el segundo mandato de Caldera.

Uno de los gestos más llamativos de la política exterior de Herrera Campins fue su solidaridad activa con la dictadura argentina del general Leopoldo Galtieri, cuando éste invadió las islas Malvinas en abril de 1982, ocasionó innumerables muertos y heridos y cuantiosas pérdidas económicas que condujeron a su derrocamiento durante su confrontación militar con Gran Bretaña. LHC no solo alzó su voz en los foros internacionales en respaldo del gobierno de fuerza argentino, sino que le suministró repuestos militares, cargamentos de combustibles, enseres y alimentos.

JAIME LUSINCHI, LO QUE NO DEBIÓ SER

Con una imagen fresca, grata, de parlamentario experimentado y luchador de toda la vida en las filas de Acción Democrática, el médico pediatra Jaime Lusinchi (JL) ascendió a la Presidencia de la República el dos de febrero de 1984. Hijo de una madre soltera de Anzoátegui que con encomiables esfuerzos lo educó hasta verlo graduado en la universidad. Era un hombre bueno, honesto, en quien muchos depositaban las esperanzas de la transformación nacional.

Lusinchi venía de derrotar a Rafael Caldera en unas elecciones fáciles, sin complicaciones ni riesgos de ningún tipo, favorecidas por el mal desenvolvimiento del gobierno de Luis Herrera Campins y por los incesantes enfrentamientos internos de Copei. La característica principal de la campaña electoral de 1983 había sido inverosímil: los ciudadanos atribuían a Caldera más experiencia y calificaciones para la conducción del Estado, pero preferían al nominado adeco con su oferta de un pacto social. La candidatura de AD había arrancado con el portentoso respaldo de Rómulo Betancourt y del sector sindical. La ventaja electoral hizo que Acción Democrática consiguiera amplia mayoría parlamentaria, en razón de la cual las propuestas oficiales eran aprobadas sin dilaciones.

JL no escribió libros ni fue articulista regular de los periódicos caraqueños, pero redactaba notas mordaces con fluidez y uso apropiado del lenguaje. Unas cuantas veces leí papeles de su autoría que proyectaban jocosidad, escritos en una máquina Remington eléctrica que manejaba con dos dedos mientras fruncía el ceño para levantar con la nariz los anteojos bifocales. En su exilio político en Chile en los años de Pérez Jiménez cosechó buenas amistades en casi todos los partidos, parte de las cuales buscaron y obtuvieron refugio en Venezuela al irrumpir el sangriento Augusto Pinochet en la escena política. Con asiduidad Lusinchi se reunía con ellos.

La recesión augurada para 1984 por ciertos analistas no sucedió porque Herrera Campins en sus últimos meses enderezó parcialmente las cuentas nacionales. En los dos primeros años de su administración, el doctor Lusinchi aplicó una política económica restrictiva, sin compromisos con el Fondo Monetario Internacional y el Banco Mundial, prolongó y aumentó el control de cambios monetarios creado en el quinquenio precedente y estimuló el empleo. Concedió beneficios puntuales a los trabajadores sin aumentar los salarios para no afectar el capital de las empresas. Decretó bonos de transporte, mejoras en la red de comedores escolares y anunció la voluntad de pagar la deuda externa de la República, cuyo monto era de 23350 millones de dólares. La deuda con contratistas y proveedores del Estado ascendía a 3350 millones, lo que daba un total de 26700 millones de dólares al valor de entonces y constituía una pesada carga para la administración nacional.

El tinte amable, condescendiente y contador de chistes de Lusinchi, era contrapuesto a la mano firme requerida para la conducción de los temas políticos y económicos en un país acostumbrado a la guachafita y al examen superficial de los males. Ahora, a casi cuarenta años de aquel período constitucional, muchos han llegado a la conclusión de que ese fue un gobierno inapropiado, sin planificadores económicos con visión, que puso en marcha una maquinaria propagandística para forjar el espejismo de la prosperidad colectiva y sortear el desgaste de la popularidad presidencial. La confianza depositada por la Confederación de Trabajadores de Venezuela en el jefe del Estado en los dos primeros años, gestó la sensación de paz social, determinante para soslayar los conflictos laborales.

Aunque hasta ahora casi no se ha hablado sobre la política agrícola y pecuaria de ese período —planificada y ejecutada por un reconocido especialista—, uno de sus aciertos fue mejorar las cosechas agrícolas. Elevó y diversificó la producción de granos hasta cubrir las necesidades del mercado nacional en rubros como maíz, caraotas, arroz y sorgo, para luego exportar a otros países latinoamericanos. La producción de carnes también fue exitosa.

Luego de la etapa de gasto público restringido, que permitió el ahorro de nueve mil millones de dólares, el presidente le imprimió un giro expansivo a sus políticas económicas y financieras hasta tener un corolario desastroso, con las cuentas nacionales en bancarrota. Sin ayuda de los organismos crediticios internacionales y de la banca privada, puso en práctica un conjunto de planes deficitarios de corte keynesiano que algunos encontraban atractivos, pero que al superar los ingresos colocaban el país ante al borde del impago de la deuda externa. Ante esa situación los inversores externos calificaban de alto riesgo cualquier empréstito a la República. El signo de esta segunda fase fue el menosprecio a las reiteradas advertencias sobre las repercusiones de la guerra de precios petroleros desatada por Arabia Saudita como consecuencia de las violaciones a los volúmenes de producción fijados por la Organización de Países Exportadores de Petróleo (Opep) para cada uno de sus miembros.

Mientras los mercados mundiales de crudos se abarrotaban con la sobreoferta saudita, Venezuela se sumía en una insostenible crisis de ingresos. Para paliar las insuficiencias, el gobierno de Jaime Lusinchi elevó hasta el tope la producción de hidrocarburos y derivados, con exportaciones que excedían en 170 mil barriles diarios la cuota acordada con la Opep. Ya entonces se apreciaban los signos del dislocamiento económico nacional, con recursos cada vez más limitados para atender las necesidades de los sectores en situación de pobreza. Los ingresos petroleros de 1986 apenas llegaron un poco más del cincuenta de los registrados en 1985, al pasar de 12956 millones de dólares a 7175 millones de dólares. En poco tiempo las cifras oficiales empezaron a ser preocupantes.

El director general de la oficina de Petróleos de Venezuela S.A. (Pdvsa) en Londres, Alirio Parra, uno de los más calificados expertos nacionales en materia energética, reportó a Caracas la decisión saudita y expuso las proyecciones de la debacle económica en puertas. Entonces radicado en la capital británica, yo me enteré de los inquietantes informes de Parra, basados en su buena relación y contacto permanente con el todopoderoso ministro de petróleo saudita, el jeque Ahmed Zaki Yamani, cuya voz marcó el paso de la Opep y de la economía mundial durante un cuarto de siglo. Yamani era un oráculo.

La asistencia técnica del Fondo Monetario Internacional y del Banco Mundial —a cuyas recetas los grupos de izquierda atribuían el aumento de la pobreza en las naciones subdesarrolladas—, habría contribuido al diseño de cierta disciplina económica y a refinanciar la deuda externa en términos favorables, pero Lusinchi no quería moderar el ritmo del gasto ni ser etiquetado de comprometido con intereses foráneos. Evadió las críticas, es cierto, pero en el mismo 1986 pactó una reestructuración de la deuda que a todas luces era inviable para los intereses nacionales. En resumen, ni redujo el monto de la deuda ni alivió su perfil de pagos.

Por esos mismos días había estado de visita en Venezuela un hombre cuya capacidad profesional y olfato político se perdían de vista y revolucionaba la vida norteamericana, el presidente de la Reserva Federal de los Estados Unidos, Paul Volcker, quien en reuniones privadas escuchó las explicaciones de ministros y de funcionarios del Banco Central, hizo preguntas, le puso la lupa a los informes públicos y privados e hizo observaciones que traslucían sus dudas sobre el éxito del tren gubernamental. A la caída de los precios de la cesta de crudos venezolanos a menos de 12 dólares por barril con sus dramáticas implicaciones, se sumaban la languidez y la falta de agudeza del gabinete económico. La expansión del gasto entre los años 1986 y 1987 calmó temporalmente a la población, por cuanto las importaciones crecieron para satisfacer la demanda de materias primas y de componentes industriales, con lo cual el empleo mejoró. Lo peor, sin embargo, estaba por venir.

Aun cuando las irregularidades en la venta de divisas se venían denunciando, el gobierno de Lusinchi mantuvo en vigencia el control cambiario establecido por Herrera Campins, hasta que en 1988 salió a la luz pública una estafa multimillonaria realizada por un ciudadano de origen chino a través de 19 empresas ficticias. "El chinito de Recadi" estuvo preso algo más de tres años y fue el único acusado en los muchos casos de corrupción ventilados en los tribunales, lo que dio origen a chistes y señalamientos sobre el dispendio de los dineros nacionales. Las sospechas sugerían que detrás del asiático había personas públicas y privadas de renombre que obtenían pingües beneficios, cuyas identidades jamás fueron reveladas.

El esquema de cambios diferenciales con absurdas modalidades (4.30 bolívares por dólar para el pago de la deuda privada; 7.50 para la importación de bienes esenciales y 14.50 para todo lo demás), originó una discrecionalidad inaudita en la adjudicación de divisas, que abrió el cauce a facturaciones inmorales de importaciones. Recadi (así se denominaba el organismo encargado de la administración de monedas extranjeras) significó un sistema costoso e ineficiente, mientras la capacidad adquisitiva de la población se sentía cada día más perjudicada. En el Ejecutivo había el deseo de paliar las nefastas consecuencias de las medidas económicas, pero eso resultaba insuficiente porque la política monetaria y las tasas de interés bancario en cuestión de meses se vieron divorciadas de la inflación.

En la recta final del quinquenio el bolívar estaba sobrevaluado y el déficit del sector público consolidado oscilaba a un promedio de cinco por ciento anual. Las estadísticas revelaban que al llegar 1988 el déficit había subido a casi diez por ciento, hecho revelador de la dimensión gigantesca de los desajustes nacionales. Quedaban así demostrados el impacto de la caída del ingreso petrolero, la baja capacidad de recaudación fiscal y la atonía proveniente de las pérdidas generadas por el control cambiario. Al mismo tiempo se aceleró la extracción de divisas ante la certeza de que una de las primeras medidas de Carlos Andrés Pérez, cuyo triunfo electoral era inminente, sería la devaluación de la moneda.

En ese mismo período constitucional se forjó el espejismo de una bonanza nacional basada en malabarismos propagandísticos para ocultar la crisis de enormes proporciones que, a juicio de analistas ameritaba correcciones estructurales de emergencia. El déficit de la cuenta corriente en el último trimestre de 1988, rozaba la casi inmanejable cifra de diez por ciento del producto interno bruto y los consumidores se quejaban de la carencia de renglones esenciales. El descenso de las reservas operativas internacionales adquirió un ritmo fogoso, hasta terminar en apenas 300 millones de dólares. Las finanzas nacionales estaban en bancarrota.

Para asegurar unas relaciones armónicas entre el partido y el gobierno, Lusinchi designó gobernadores de estado a buena parte de los secretarios generales seccionales de AD. Contrariamente a lo esperado por el Presidente, esa fue una decisión desacertada que expandió el cariz clientelar y sectario de la organización, con reparto de contratos y comisiones entre familiares y amigos de los dirigentes regionales. El distanciamiento entre Lusinchi y Carlos Andrés Pérez había crecido en años recientes, con acusaciones mutuas que incidían en la ya deteriorada confianza de los ciudadanos en las organizaciones políticas y, sobre todo, en AD. Ambos evitaban discutir el tema en público, pero la pugna soterrada era feroz. Con un recorrido intenso por el país, CAP en su campaña electoral interna había derrotado a la maquinaria adeca y al gobierno, que se empeñaban en cerrarle el paso. La buena amistad que por décadas había existido entre el precandidato del gobierno, Octavio Lepage, y el expresidente Pérez, se deterioró hasta llegar a la ruptura total.

El tema de la secretaria privada del presidente había estado en todas las conversaciones y se escuchaban variados rumores de su presunta injerencia en las todas cuestiones del Estado. Lusinchi se divorció de su esposa y formalizó el segundo matrimonio, sin que las especulaciones tocaran a su fin.

EL PERSISTENTE CARLOS ANDRÉS PÉREZ

En Carlos Andrés Pérez había un demócrata con características tan particulares que generaba polémicas a cada rato, a quien los adversarios llamaban loco sin que lo fuera tanto. Le achacaban todos los males nacionales, en muchos de los cuales tenía una cuota parte igual a las de sus antecesores y de los partidos políticos, pero también dejó una obra política y económica de especial trascendencia que luego fue reconocida por la mayoría de los analistas.

CAP era un andino nacido en 1922 en Rubio, estado Táchira, alto, con estatura superior al promedio venezolano, de contextura fuerte derivada de ejercicios físicos que con disciplina ni siquiera interrumpía en los viajes internacionales. Vivía un régimen alimenticio de moderación. De buen vestir y amante del agua de colonia Jean Marie Farina, jamás olvidaba la corbata y decía que el esmero en la presentación personal era tan importante como las ideas mismas. Su trato nada complicado, el sentido del humor y el lenguaje directo, sin zigzagueos ni parábolas, dictaban la pauta de un comportamiento que proyectaba calidez humana. Por más personales o escabrosas que pudieran ser, las preguntas de los periodistas no le incomodaban y las respondía con naturalidad, sin titubeos.

Recuerdo una tarde de 1978 en que, afectado por una enfermedad que me sacó de circulación por más de tres meses, mi esposa me despertó para decirme que según una secretaria de Miraflores, el presidente de la República deseaba hablar conmigo por teléfono. "Debe ser una broma, dile que no estoy", respondí. "No. Tienes que atender, creo que no es juego"… Levanté el auricular y, en efecto, en pocos segundos escuché la inconfundible voz de CAP: "Mi querido amigo, qué te pasa. Me acabo de enterar que estás enfermo"… Semanas más adelante se repitió la llamada. Así era CAP, tenía un especial sentido de la amistad. Solo en contadas situaciones perdía la serenidad, era exigente con los subalternos y sabía administrar las distancias.

En su primera presidencia, entre 1974 y 1979, el aumento de los precios de los hidrocarburos trajo la fortuna súbita. La gente hablaba de la Venezuela saudita y cualquiera iba de compras a Miami o pasaba vacaciones en Europa. El nivel de vida mejoró, aparecieron el pleno empleo y las oleadas de migrantes del sur del Continente y las cosas parecían fáciles, pero en poco tiempo la sobrevaluación de la moneda trajo la expresión popular "ta' barato dame dos", la mano de obra se sobrevaloró y las importaciones crecieron.

Con un concepto similar al plasmado por Betancourt en su libro *Venezuela, política y petróleo*, CAP aprovechó el momento histórico para nacionalizar las industrias petrolera y del hierro. Ideó la más portentosa empresa nacional de todos los tiempos, Petróleos de Venezuela Sociedad Anónima (Pdvsa), cuyas operaciones se iniciaron el primero de enero de 1976 y en pocos años, con talento propio y comprobada eficiencia, llegó a ser la tercera compañía petrolera más importante del mundo y la 39 entre las más sólidas y rentables de todo tipo. Otro de sus grandes emprendimientos ya antes citados, fue el impulso al conglomerado industrial de la Corporación Venezolana de Guayana.

Convencido del impacto directo de la clase media en las pequeñas y medianas empresas y, por ende, en la consolidación de la economía y el desarrollo social, creó el Plan de Becas Gran Mariscal de Ayacucho, que en Venezuela y en el exterior capacitó a decenas de miles de jóvenes en disciplinas técnicas, científicas y humanísticas. En las décadas posteriores muchos de esos profesionales llegaron a ser investigadores científicos, profesores, empresarios, científicos, gerentes y altos ejecutivos, así como ministros y directores de organismos públicos. Ese plan de becas fue una de las más grandes realizaciones venezolanas de todas las épocas.

Pérez, sin embargo, desaprovechó el amplio respaldo parlamentario y la bonanza económica de su primer gobierno, para elevar la recaudación fiscal hasta niveles capaces de sufragar el funcionamiento de la administración con una menor dependencia de las exportaciones petroleras, así como para dar al bolívar un valor justo para fomentar la exportación de productos no tradicionales, en pocas palabras, para dar forma a un Estado menos paternalista y a una economía privada abierta a la competencia externa. Era la ocasión propicia para podar el gasto público y la desmesura de la burocracia. Si hubiese aprovechado las condiciones reinantes habría evitado una buena porción de los males que vimos más adelante. Innumerables veces él habló de una política de gasto corriente con criterio de escasez pero no hizo lo suficiente, lo que dio pábulo a juegos de palabras de los detractores para acusarlo de administrar la abundancia con escasez de criterio, sin planes adecuados a las exigencias nacionales.

El doce de marzo de 1974, en el discurso presidencial inaugural CAP alimentó esperanzas sobre la conveniencia de reformar la administración nacional: "Puede decirse sin exageración que la estructura del Estado unas veces es incipiente y otras distorsionada o abiertamente inservible. Los niveles de eficiencia de la Administración Pública son francamente inaceptables. El estado está a mucha distancia del ciudadano, que no puede acudir a los servicios públicos o a los funcionarios administrativos a obtener de ellos la respuesta o satisfacción oportuna de sus demandas. La reforma orgánica del Estado es parte de una política de modernización con efectos sobre todo el sistema político, económico y social", afirmó entonces. En esos años Venezuela cumplió, asimismo, una función meritoria en la democratización latinoamericana y, sobre todo, en la búsqueda de una solución a la guerra que con decenas de miles de muertos asolaba a América Central, así como para destrabar las hasta entonces interminables discusiones que culminaron en la transferencia a Panamá de la soberanía de su canal interoceánico.

En lugar de enfrascarse en la búsqueda de la presidencia en 1988, Pérez lo tenía todo a su favor para haberse dedicado a atraer las masas a Acción Democrática, a refrescar la doctrina partidista y los planes de capacitación de nuevos cuadros dirigentes en aquel país en plena ebullición. Se trataba, por supuesto, una tarea nada sencilla porque la jefatura colectiva de AD estaba petrificada, pero nadie dudaba de su capacidad y su voluntad de servicio público. Por difíciles que fueran las metas, él planificaba el trabajo y con persistencia lo emprendía. Irradiaba fortaleza e inigualable decisión como servidor público.

En la década de los ochenta Carlos Andrés había viajado repetidamente por Venezuela para reafirmar su influencia política, y por el mundo para refrescar sus contactos y para nutrirse de las modernas transformaciones sociales y económicas. Leía hasta avanzadas horas de la noche, sostenía discusiones con profesores de prestigiosas universidades nacionales, de Estados Unidos y Europa, así como con políticos e intelectuales, entre quienes estaba Helmut Schmidt, el excanciller alemán cuyas políticas económicas impulsaron el desarrollo. Era inquieto, no tomaba vacaciones y, sin ser muy religioso que dijera, entre bromas y veras expresaba que para descansar tendría la otra vida.

CAP y yo nos vimos un par de veces en Londres en 1986, salimos a caminar por Hyde Park y comimos en el restaurant Trader Vic´s, en el sótano del Hilton de Park Lane, hotel en que estuvo alojado por diez días. Él había viajado a la capital británica para ver de cerca los exitosos cambios implantados por la primera ministra Margaret Thatcher luego del retroceso desatado por sus antecesores conservadores y laboristas. Con la asistencia de su buen amigo Hugh Thomas, historiador y experto en asuntos latinoamericanos e hispanos, CAP habló con políticos de distintas corrientes y, sobre todo, con la jefa del gobierno, con quien tenía diferencias de fondo, pero cuyas estrategias le reafirmaron la convicción de que en Venezuela era indispensable eliminar controles y subsidios, privatizar unas cuantas empresas estatales y pavimentar el camino para una economía competitiva. Al regresar a Caracas no hizo referencias a lo que vio y escuchó en Londres para no dar armas a quienes sin razón lo calificaban de neoliberal.

Cuando CAP retornó a la presidencia de la república en 1989, había desaparecido el estado de bienestar colectivo de su primer quinquenio y los valores morales y las perspectivas de los dirigentes de los partidos eran diferentes. Él estaba decidido a transformar la república con propuestas innovadoras, pero eso era como luchar contra un devastador huracán: ahora no contaba con apoyo parlamentario y prevalecían las presiones inmorales de los medios de comunicación, de los grupos económicos y de Los Notables, a lo que se agregó un cúmulo de errores propios que a la postre fueron fatales. Sin embargo, enfrentó la situación e hizo realidad la descentralización administrativa con la instauración de la figura de los gobernadores y alcaldes electos mediante el voto popular. En un pacto con su reciente adversario electoral Eduardo Fernández, CAP redujo el ancestral presidencialismo omnímodo, cuyo primer resultado se vio en diciembre de ese mismo año con el descalabro sufrido por AD en nueve estados. La descentralización implicó la asignación de partidas presupuestarias para que los gobernadores y alcaldes pusieran en práctica sus propios programas y, al mismo tiempo, descongestionó las atribuciones del Ejecutivo. Hasta ese momento había habido presidentes opuestos a la escogencia directa de los gobernadores para no menoscabar su poder discrecional.

Las segundas elecciones regionales, celebradas en diciembre de 1992, diez meses después del levantamiento militar de Chávez, dieron una buena dosis de aliciente a la oposición, que por vía democrática se robusteció aunque sin frenar los ímpetus de los detractores del sistema, que cada día encontraban más y más razones para sonsacar a las masas. Copei obtuvo en esa ocasión once de las veinte gobernaciones, el MAS tres y la Causa R una, mientras el partido de gobierno, AD, bajó a siete. Quedaba así comprobado que el liderazgo nacional, comenzando por el presidencial, era insuficiente para garantizar el libre juego de las ideas y la permanencia de las instituciones, que en poco tiempo se vinieron abajo.

Si bien CAP poseía una envidiable fortaleza física proveniente del diario entrenamiento y respondía sin ambages cualquier pregunta sobre el tema, a dos años y unos meses de las elecciones de 1988 se encontró en el disparadero de ocultar una riesgosa dolencia, cuando empezó a sentir cansancio, tos persistente, mareos y dolores en el pecho, por lo que aprovechó uno de sus viajes para someterse a chequeos en un hospital de Houston, donde le detectaron varias arterias obstruidas y le recomendaron una pronta operación de corazón abierto. Los médicos solucionaron el problema con cuatro *bypass*. Como otras figuras de la política mundial, CAP no deseaba mostrarse vulnerable frente los antagonistas, sobre todo cuando la competencia interna por la candidatura de AD estaba al rojo vivo. A oídos de los oponentes, que andaban a la caza de cualquier disparate grande o pequeño para atacarlo, llegaron rumores de que le habían practicado a una cirugía plástica para alisar el rostro resquebrajado por los años. CAP les devolvía la pelota con bromas sobre el aspecto tieso, acartonado, del doctor Caldera. El viaje de quince días al exterior desató especulaciones variadas, sin que trascendiera la causa real. Ni siquiera las potentes antenas informativas de Gonzalo Barrios, a quien CAP llamaba con asiduidad, captaron la razón de fondo.

En febrero de 1989 los pronósticos de tempestades sociales estaban ahí, a la luz del día y a la vista de todos, lo que mermaba la esperanza de una vida apacible en ese país de apenas veintitantos millones de habitantes. Los remedios para el desequilibrio financiero eran de librito, habían sido ensayados con éxito en distintos lugares del planeta, pero los agoreros vaticinaban fatalidades inexorables. Seguían apegados a la arraigada tesis del Estado paternalista que lo cubría todo.

Una de las equivocaciones de bulto de Pérez fue la ostentosa inauguración del segundo período constitucional, cuando la sobriedad habría estado más acorde con la complicada situación nacional. Mientras la gente sentía los rigores de la angustiante crisis de abastecimiento de productos básicos, el gobierno en sus primeras horas daba la idea de abundancia y hasta de derroche. Para dar asiento a las decenas de dignatarios visitantes, la tradicional ceremonia debió celebrarse fuera del majestuoso y emblemático recinto del Capitolio Federal, lo que abrió la espita a variados ataques y frases burlonas, al tiempo que los enemigos hablaban de "coronación" en vez de juramentación.

Pérez traía una radiografía anticipada de los males nacionales y una idea clara de las recetas indispensables. Era impostergable corregir el peso de la deuda externa, eliminar subsidios, revitalizar las exhaustas reservas internacionales, eliminar el control cambiario, modificar la estructura de los ingresos públicos y crear un sistema de recaudación impositiva eficaz, modernizar el sistema de seguridad social y la educación de las mayorías, reducir el tamaño del Estado. Había llegado la hora de enderezar entuertos y CAP tenía el coraje para hacerlo.

Durante el año electoral Carlos Andrés examinó con expertos la situación económica. Lo hizo apegado a su tendencia ideológica, la socialdemocracia, con el foco puesto en los intereses de la república, de los trabajadores y los desposeídos, que eran millones. Por un lado iban las consultas a representantes del Fondo Monetario Internacional, por otro las indagaciones para impedir la inflación, el desempleo y otros desbarajustes. Para compensar la incidencia negativa de la reestructuración económica en el grueso de la población, diseñó un conjunto de programas sociales que luego fueron considerados ejemplo a seguir por varios países de la región, entre ellos México y Brasil.

Para paliar los coletazos de las exhaustas reservas internacionales en todas las actividades nacionales, meses antes su predecesor había otorgado cartas de crédito a importadores por un monto de 6600 millones de dólares a las tasas de cambio del momento, cuyas secuelas obligaron al nuevo equipo administrativo a ingeniar fórmulas heroicas. El gobierno lusinchista recomendaba en voz baja adquirir deudas a sesenta, noventa y ciento veinte días para garantizar el abastecimiento de productos de consumo masivo, en la certeza de que Carlos Andrés las saldaría. Para el equipo entrante esa fue una desagradable sorpresa, porque Lusinchi y su ministro de Hacienda no explicaron el renqueante estado de las finanzas nacionales. Dicho mecanismo fue utilizado incluso por empresarios inmorales que abultaron y hasta inventaron importaciones.

El cálculo preliminar de dichos compromisos fue de 2200 millones de dólares, pero al quedar en evidencia que su tamaño real era tres veces más grande, significó un desafío para las proyectadas correcciones económicas y puso en apuros a CAP y a sus ministros. Al no disponer de entrada del dinero exigido, la deuda solo pudo ser pagada con algunos arreglos para no interrumpir las importaciones indispensables y se creó el primer campo de batalla en una opinión pública, que no estaba preparada para asimilar ni el tamaño ni las causas y consecuencias de esa deuda.

Pérez consideraba inevitable la controversia en un proceso de transformación de la magnitud de *El gran viraje* (así denominaba su oferta electoral), pero sin sospechar las descomunales interferencias antidemocráticas que obstaculizarían el programa, le darían el abrupto final al período constitucional y lo llevarían a él a la cárcel. Sabía que esas reformas no serían posibles sin tocar los arraigados intereses económicos, pero estaba decidido a acometerlas. Tenía fe en el éxito porque le acompañaba un puñado de jóvenes ministros independientes catalogados de Chicago boys, egresados con honores de prestigiosas universidades del exterior y vinculados al Instituto de Estudios Superiores de la Administración (Iesa) de Caracas, tecnócratas académicamente impecables a quienes la oposición atribuía falta de sensibilidad para adivinar el origen de los ruidos en los estómagos populares. En su mayoría eran keynesianos.

Algunos ministros no se identificaban con el pensamiento de Acción Democrática pero tenían amigos en esa tienda, de donde partían agrios cuestionamientos. La arrogancia de algunos de ellos frente a los partidos políticos tradicionales era evidente, les faltaba humildad, les sobraba desprecio. Eran leales al presidente porque a él debían su presencia en el Ejecutivo, pero no entendían a cabalidad su condición de líder histórico de un partido con actuaciones encontradas. CAP tenía sus propias concepciones y confiaba en la reestructuración que diseñaba el gabinete, mientras el partido veía a los tecnócratas proclives a manejar el país como si se tratara de una empresa comercial, con debe y haber, y, por lo mismo, objetaban incluso el hecho de que el nombramiento del ministro de Educación hubiese recaído en un gerente del sector privado y no en un educador adeco con postgrados en prestigiosas universidades del primer mundo, que los había.

En la misma mesa del gabinete se sentaban miembros prominentes de Acción Democrática, con un enfoque distinto de los problemas y sus posibles soluciones, defensores de medidas moderadas para no ahondar las preocupaciones de los pobres y la clase media. La opinión prevaleciente, sin embargo, era de los tecnócratas, asesorados por el presidente del Banco Central de Venezuela, Pedro Tinoco, cabeza del bufete de abogados más fuerte del país, accionista importante del Banco Latino y de otras empresas, con una extensa red de relaciones financieras internacionales y como representante de corporaciones multinacionales. Él no formaba parte del gabinete pero asistía a sus reuniones en la condición de presidente del BCV, para enterarse de lo que allí ocurría y exponer sus enfoques de neto corte economicista: la mejor política social es una buena política económica, porque con ella aumentan la producción, la competencia, el consumo y las exportaciones y, a partir de ahí, la riqueza se distribuye, surgen empleos y nace la prosperidad colectiva.

Las voces anunciadoras de fricciones institucionales resonaban por doquier sin que los ajustes estuvieran aprobados y menos aún puestos en vigencia. Con énfasis despectivo y planes macabros en mente, los adversarios del sistema hablaban contra CAP y su "bomba-solo-mata-pobres". Al escuchar los anuncios de cambios unos mostraban buena voluntad, otros premeditaban maniobras para socavar la estabilidad del nuevo gobierno y, sobre todo, de ese mandatario sin medias tintas que era Pérez. En poco tiempo se observaron los signos de desgaste de la imagen del presidente y hasta su propio partido tomó distancia para no contagiarse, aun cuando para bien y para mal esa administración no era y mal podía serle ajena.

A pocos días del inicio del período constitucional, un ex ministro de planificación con pasado en la izquierda radical desprendida de Acción Democrática en abril de 1960, había entregado a CAP un documento con advertencias sobre el riesgoso precio político de la modificación económica en cierne. El exfuncionario avizoraba roces entre el Ejecutivo y el estamento político nacional, así como acusaciones contra CAP por el presunto abandono a su doctrina de toda la vida, la socialdemocracia, y por la pérdida de identidad con los paradigmas de avanzada social.

El avezado CAP soñaba con superar los males con el tratamiento de choque económico —la famosa receta del

Fondo Monetario Internacional—, en una fórmula combinada con esquemas compensatorios de amplio alcance para las familias de menores recursos. Así desafió sin recato la línea proteccionista y clientelar de AD, que en su dirección nacional no presentía la proximidad del declive de las ideologías y de las organizaciones internacionales. En la cúspide adeca no cesaban de acusar a Pérez de haberlos engañado en la campaña electoral con un programa de gobierno con ciertos aportes del presidente del partido, mientras en secreto elaboraba otro distinto con Pedro Tinoco y los tecnócratas.

CAP, entretanto, negaba haber actuado con sentido contrario al discurso de la campaña electoral, en el cual no adelantó nada sobre el shock treatment porque eso le habría restado apoyos en una franja determinante de votantes. Por eso, cuando le preguntaban sobre el tema respondía con frases elípticas que solo un puñado de especialistas era capaz de interpretar. Habló, eso sí, de vigorizar el Pacto Andino y de incorporar el país a la competencia regional, lo que a ojos vistas implicaba renunciar al paternalismo estatal y a las barreras arancelarias.

La sociedad venezolana no entendía la urgencia de modificar el esquema proteccionista de la producción de bienes, que desangraba al Estado, impedía la firme recuperación y afectaba a la población en general. Pérez sí lo captó y buscó abrir el camino hacia los mercados internacionales, aunque al final se estrelló con los petrificados e inamovibles intereses tradicionales. Con habilidosa retórica muchos decían que en un país con graves quebrantos institucionales, lo recomendable era constituir una base diversa de apoyos políticos. Pero claro, el objetivo de quienes así hablaban era maniatar a CAP, en pocas palabras, se trataba de un planteamiento con intenciones solapadas.

El nuevo consejo de ministros implementaba los aspectos finales de *El gran viraje* cuando el 27 y el 28 de febrero sucedió la explosión social que se conoció como El Caracazo, con saqueos e incendios a centros comerciales y supermercados, quemas de vehículos del transporte colectivo y numerosos muertos y heridos, suceso que acortó la luna de miel presidencial. Sin que se hubiera tomado la decisión oficial, el ministro de planificación acababa de esbozar la necesidad de aumentar los precios de los combustibles, que estaban rezagados desde hacía no menos de ocho años y representaban una onerosa carga para el presupuesto de Petróleos de Venezuela.

No hubo quién hiciera una exploración sociológica en caliente de los motivos de la gente de los cerros para causar destrozos y saqueos sin precedentes, pero en el aire flotaba la indignación por la escasez de productos de primera necesidad y por el acelerado aumento general de precios. Era difícil pensar que el desafuero tuviera algo que ver con los programas de CAP, cuando lo que estaba a la vista eran los efectos de la imprevisión y la ineficiencia de los diez años anteriores. Oficiales de la Guardia Nacional y empresarios corruptos aprovechaban los irrisorios precios de los combustibles y lubricantes para enriquecerse con el contrabando de extracción hacia Colombia y las islas del Caribe, mientras los politiqueros persuadían a la población de su presunto "derecho" a los subsidios desmedidos.

Los disturbios empezaron en Guarenas, a 45 kilómetros de Caracas, como protesta por el alza desmedida e injustificada de las tarifas del transporte colectivo, hasta propagarse como fuego ardiente por toda el área metropolitana, atizados por transmisiones de televisión y por declaraciones imprudentes del secretario general de Copei, según las cuales estábamos en presencia del repudio popular a las políticas "hambreadoras" de Carlos Andrés Pérez. El Estado manirroto había acostumbrado a los ciudadanos a esperar que todo cayera del cielo.

El día 27 salí de *El Universal* casi a las seis de la tarde, cuando todavía había algo de sol y el congestionamiento de vehículos se apoderaba de las calles. Tal como lo hacía de manera regular, me encaminé hacia la avenida Libertador, donde el tráfico estaba atascado por completo en medio de una intensa balacera. Una vez allí no tenía posibilidad de retorno. Hampones provenientes de un barrio aledaño al mercado Guaicaipuro, asaltaban en plena avenida y disparaban en distintas direcciones, hasta que varios funcionarios civiles los enfrentaron y dejaron no menos de diez muertos y heridos. Ahí presencié escenas espantosas.

Hubo quienes esa noche no pudieron llegar a sus casas, mientras en los hospitales no había cupo para un herido más. Agentes de la Policía Metropolitana y sobre todo un grupo policial de acciones especiales (Ceta), pedían a los saqueadores que lo hicieran de manera "ordenada", unos primero y otros después.

La Policía Metropolitana combatió los disturbios con las limitaciones impuestas por sus equipos y porque un grupo de esos agentes estaba involucrado en actividades conspirativas. En su período de presidente electo, Pérez había recibido un documento sobre la descomposición reinante en la PM, y al asumir el cargo ordenó una reestructuración de ese organismo, que aún estaba por iniciarse. Con las manos en la cabeza, el presidente solo tuvo la posibilidad de utilizar el Ejército para aplacar a plomo limpio las zonas de violencia, lo que según la oposición dejó más de 300 muertos y más de 2 mil heridos —las cifras siempre fueron motivo de debate—, ocasionados en buena medida por desmanes de los militares.

Los adversarios atribuían al gobierno excesos en el uso de las armas y atropellos a los derechos fundamentales, mientras otros se preguntaban si acaso existía una forma distinta de apaciguar el caos. Guardando las distancias, la anarquía rememoraba situaciones pavorosas como la vivida en Colombia a raíz del asesinato del líder Jorge Eliécer Gaitán en abril de 1948, con cientos de miles de fallecidos a través de muchos años. Cualquier mirada en retrospectiva conduce ahora a la pregunta de qué habría sucedido si el gobierno de CAP hubiese tolerado el avance de la anarquía.

A partir de aquellos sucesos aparecieron las coincidencias entre la oposición y dirigentes de AD en sus estentóreos cuestionamientos al Ejecutivo Nacional[22], al tiempo que Carlos Andrés Pérez se aferraba a la decisión de remodelar la estructura económica. Creía que un paso atrás arrastraría sus planes al fracaso y ahondaría la crisis, en lo cual no le faltaba razón. Por eso descartó las peticiones de paralizar los planes y someterlos a discusión con los partidos y con representantes de los sectores afectados.

En la maratónica sesión del Gabinete destinada a dar los retoques finales al "paquetazo", sólo uno de los más de veinte presentes, el ministro de la Secretaría, Reinaldo Figueredo, se atrevió a expresar inconformidad con las reformas y hasta las calificó de neoliberales, hecho que molestó al dignatario. En las grabaciones magnetofónicas del Consejo de Ministros quedó la categórica exclamación presidencial de "¡un momento: a mí nadie me puede etiquetar de neoliberal!". Neoliberal era el epíteto de moda para descalificar de buenas a primeras a cualquiera y, por supuesto, fue ideal para endilgárselo a CAP. El aparato de su

---

[22] Uslar Pietri estuvo entre quienes de manera interesada hacían ver que El Caracazo había sido consecuencia de las medidas económicas adoptadas por el gobierno, cuando en realidad el Gabinete no las había aprobado. Véase *Golpe y Estado en Venezuela*, de Uslar Pietri, pgs. 11 y 12.

propio partido lo utilizaba a conciencia de que él era un socialdemócrata modernizador y que el herrumbroso tinglado económico nacional demandaba reparaciones urgentes. AD era un partido anquilosado, alejado de la dinámica de los viejos tiempos.

Luego de un prolongado estira y encoge entre ministros y representantes de las corrientes opositoras, el Congreso rechazó en 1989 un conjunto de leyes vinculadas a la reforma estatal, entre las cuales figuraba un fondo de 1200 millones de dólares para obras pequeñas generadoras de empleos, tales como cloacas, refacción de escuelas, hospitales y plazas públicas, para lo cual existía un acuerdo de financiamiento con el Fondo Monetario Internacional, el Banco Interamericano de Desarrollo y el Eximbank de Japón. Ese plan de pequeñas obras no fue posible porque entre los parlamentarios de AD y Copei hubo quienes fueron más allá de lo político, para caer en condicionamientos reñidos con la moral, y aunque del gobierno partieron las denuncias del chantaje, nadie investigó el caso y menos estableció el castigo aleccionador. Era posible que como castigo, el Congreso tampoco le diera el visto bueno a la creación del Impuesto al Valor Agregado (IVA) con una la tasa de diez por ciento —que hubiese consolidado las finanzas públicas y abierto el camino para el gasto social sin inflación—, a la creación del fondo de estabilización macroeconómica y a los proyectos de contratos de apertura petrolera. La obstrucción de los planes oficiales ponía en evidencia que el objetivo de las élites era doblegar a CAP y no la solución de la crisis socioeconómica.

Al actuar contra el gobierno con el voto de Acción Democrática, los parlamentarios frenaron los beneficios mediatos e inmediatos del plan de empleo. Con la eliminación del control de cambios, que en años previos había engendrado corrupción, la economía se contrajo ocho por ciento en el primer año de gestión (1989), lo que, a su vez, arrojó la inevitable devaluación del bolívar. La inflación alcanzó la alarmante cifra de ochenta por ciento, en un ambiente aprovechado por los agitadores para desarrollar una campaña contra el presidente y contra el Ejecutivo.

Las leyes de crédito público obtuvieron la bendición del Congreso un año después, mientras en una evidente muestra de egoísmo político, los partidos aprobaron con retraso las propuestas del IVA, de apertura de la industria petrolera y otros proyectos, cuando el país andaba en los prolegómenos del segundo gobierno de Rafael Caldera. Resaltaban los empecinados en mantener a Venezuela entre los pocos países del mundo sin IVA, impuesto indispensable para solventar la postración del Estado, pero los partidos esgrimían el argumento de que era innecesario porque al Fisco entrarían más de dos mil millones de dólares por la venta parcial de las acciones de la Compañía Anónima Teléfonos de Venezuela (Cantv), que en los dos últimos lustros se había transformado en ejemplo de ineficiencia, porque el tono del teléfono para hacer una llamada demoraba hasta quince minutos. Para lograr una llamada de urgencia se necesitaba Dios y su santa ayuda.

A pesar del fragoroso deterioro de las instalaciones y los servicios de la Cantv, en diciembre de 1991 la república obtuvo casi 1900 millones de dólares por el cuarenta por ciento de sus acciones, en una complicada disputa empresarial por la presunta parcialización del Estado. Desesperados por ponerle la mano a la empresa matriz de las comunicaciones electrónicas, los dueños de Radio Caracas Televisión y Venevisión se caían a mordiscos y pellizcos y desprestigiaban al gobierno y al presidente de la república. Mientras CAP entraba a su tercer año y las estadísticas presentaban los progresos de la remodelación económica, Chávez había entrado en la cuenta regresiva para su golpe de Estado.

En los intentos por dejar atrás la falta de soporte político, el presidente cortejaba a los principales dirigentes del Movimiento Al Socialismo (MAS). Cada semana o al menos dos veces por mes los reunía en Miraflores y en la residencia presidencial La Casona, desayunaba o almorzaba con ellos. Les exponía los programas oficiales, respondía preguntas, escuchaba sus observaciones y hasta les propuso una coalición que bien podía darles una cuota burocrática, pero en ellos predominaba el anti perecismo extremo, inducidos por el polémico Teodoro Petkoff. El MAS no comprendía que por encima de cualquier diferencia partidaria, ellos podían gobernar junto a CAP por el bien de la nación.

Aquel partido cuyo emblema es un puño en posición vertical, lo tenía todo para haber justificado el pacto por razones de afinidad ideológica, por cuanto después del pasado marxista leninista y de la nefasta experiencia guerrillera, desde hacía veinte años transitaba el camino hacia el socialismo democrático. La era del estalinismo ciego y de la obediencia a los dictados de la Unión Soviética estaba en el olvido y evidencia de ello era su afiliación a la Internacional Socialista, estimulada por las realidades europea y latinoamericana. Por lo demás, la alianza hubiese asegurado la aprobación de leyes indispensables y contado con una caja de resonancia positiva en la opinión pública, pero en el MAS pesaban el síndrome izquierdista del rechazo a todo y las coincidencias opositoras con Copei .

A esa situación se sumaba otro hecho incontrastable: el MAS estaba plagado de contradicciones, disputas y deserción de dirigentes calificados. Unos se habían declarado independientes, otros se habían acercado al gobierno de Jaime Lusinchi y obtenido cargos de gobierno. Atrás habían quedado el aura de frescura y los objetivos audaces y bien definidos, que en los primeros años setenta le granjearon proyección mundial y muestras de solidaridad del mítico Mikis Teodorakis con su Zorba el griego a cuestas; de Gabriel García Márquez con sus evocaciones venezolanas en *El otoño del patriarca*, y de tantos otros. El partido mostraba las resquebrajaduras de la vejez prematura, de la esclerosis y la desorientación; se caía a pedazos y se dedicaba a obstaculizar los acuerdos puntuales planteados por CAP para dar solidez al piso político nacional. El carisma arrollador y el instinto político que hasta entonces habían sido las características de Carlos Andrés Pérez para sortear problemas complejos, ahora se enredaban en los múltiples factores adversos y adquirían un tono distinto. Ese panorama dio lugar a la desbocada inestabilidad que llevó a la tumba al gobierno y al sistema.

Con sus actuaciones del día a día, los partidos políticos enseñaban sus incapacidades para comprender la necesidad de consensos para el desarrollo de una democracia sana. Estaban obcecados y al unísono atacaban al presidente y al gobierno. Para mitigar el impacto negativo en los pobres, los programas sociales del Ejecutivo contemplaban, además del vaso de leche escolar, un conjunto amplio de medidas cuya aplicación comenzó con alguna demora respecto a los ajustes económicos. Para compensar las insuficiencias presupuestarias de 1989, el Ejecutivo se vio obligado a solicitar autorización parlamentaria de tres créditos adicionales para financiar obras pequeñas y medianas. La precariedad fiscal frenó el resultado positivo de las reformas sociales, que según la oposición fueron concebidas después de El Caracazo y trajeron irritación popular.

La política social se aceleró a partir de junio de 1990 con la asistencia técnica y financiera del Banco Interamericano de

Desarrollo, y se consolidó al año siguiente con el financiamiento y la asesoría técnica del Banco Mundial. Los diagnósticos de los organismos internacionales reflejaban indicadores atractivos tanto para los inversores nacionales como para el capital foráneo. Después de la agónica situación inicial de la administración, en 1990 las reservas en oro y divisas de la República habían ascendido a 11759 millones de dólares y en 1991 a 14105 millones. Incluso en 1992 —cuando los precios del petróleo venían en caída libre y era palpable la incidencia negativa de los dos golpes militares en la percepción de los inversores extranjeros—, las reservas montaron a 13001 millones de dólares. El ritmo de crecimiento del producto interno bruto fue de siete por ciento en 1990, de nueve por ciento en 1991 y de siete por ciento en 1992. Después de haber disminuido durante la década de 1980, el salario real entró en recuperación y entre 1990 y 1993 registró cifras solventes.

La oposición y los eternos conspiradores, sin embargo, no medían los efectos del incesante torpedeo a los planes de salud de la República. De esa manera, la presencia de capitales extranjeros decayó en 1993 y la marcha gubernamental acusó las consecuencias de la confabulación, a lo que se añadió la reducción de los ingresos petroleros. Pese a las alentadoras estadísticas económicas observadas entre 1990 y finales de 1992, el panorama no lucía promisorio. En ese clima de inconformidades extendidas nadie, ni siquiera los más puntillosos analistas económicos y sociales, notaban que el país iba a marcha forzada hacia el despeñadero. Era como un autobús repleto de pasajeros y sin frenos. Nada lo detenía y, por el contrario, hasta los llamados a cooperar en la búsqueda de soluciones lo empujaban al abismo.

El Plan de Enfrentamiento a la Pobreza constaba de catorce programas sociales tan impactantes como la beca alimentaria, los hogares y multihogares de cuidado diario y de Atención Materno Infantil, dirigido a mejorar la dieta de las embarazadas, de los lactantes y niños menores de seis años. Los centros ambulatorios del ministerio de Sanidad ampliaron su atención con el suministro de algunos productos alimenticios básicos, como leche y lactovisoy, además de proporcionar atención primaria en centros de salud. Para reforzar la capacidad estratégica oficial fueron ideados los programas de consultas preventivas, control epidemiológico e inmunizaciones en centros ambulatorios; además de proveer educación comunitaria en la lucha contra los problemas de salud y la búsqueda de soluciones. El Programa Ampliado de Inmunizaciones elevó el nivel de prevención de enfermedades frecuentes. Además, mejoró la calidad de la formación de los médicos de familia y se extendió a todos los estados el suministro gratuito de medicamentos básicos.

Las relaciones entre Pérez y Acción Democrática fueron diferentes en sus dos gobiernos y, en consecuencia, deben ser examinadas con meticulosidad. En el primero el presidente había sido liberado de disciplina partidista para que sus actuaciones no se vieran teñidas de sectarismo, pero en ningún momento él dejó de tomarle el pulso a la organización. Algunos ministros eran independientes, pero la característica del equipo gubernamental era el adequismo. CAP estaba atento a las incidencias internas de AD, que entonces contaba con mayoría en el Senado y en la Cámara de Diputados y el país disfrutaba de una bonanza que aminoraba las presiones sociales. En el segundo, esa relación fue borrascosa desde el primer día por la incomprensión de la dirección nacional del partido. En el Ejecutivo había fichas adecas tan importantes y respetadas como el ministro del Interior, un hombre con más de cuarenta años en la conducción política, pero una porción substancial de los ministros era independiente y algunos hasta provenían de la izquierda, todos nombrados sin calibrar el juicio del partido. A eso se sumaban los notorios recelos de AD y el ostensible desgano del presidente frente a los acontecimientos domésticos adecos, sin que hubiera justificación posible.

Carlos Andrés Pérez encontraba casi siempre los obstáculos de poderosos e irreconciliables contendientes, cuyos sistemáticos actos menguaban la marcha de la acción oficial. Entre 1974 y 1979 el peso del Estado en las actividades económicas era determinante, sin que eso significara simpatía con modelos totalitarios o restricciones a las libertades individuales, sino más bien la preparación del terreno para una sociedad más abierta a los procesos económicos, tal como ocurrió entre 1989 y 1993, cuando en las naciones democráticas predominaba la competencia económica y se apreciaba una influencia estatal cada vez menor. CAP era realista, sabía que Venezuela no podía continuar por los atajos del estatismo, que anulaban las posibilidades de desarrollo del país con sus variados recursos.

A partir de 1988, adecos y no adecos notaban la actitud pasiva de Carlos Andrés frente a relevantes hechos internos del partido, y las frases admonitorias de algunos carlosandresistas se dejaban escuchar en privado. Al abstenerse de intervenir en la elaboración de las listas de candidatos adecos al Congreso de la República en los últimos meses de la contienda electoral, CAP abandonó a su suerte a los dirigentes nacionales y regionales que se identificaban con su proyecto político, y que terminaron desplazados por la corriente del presidente Lusinchi, cuyo control de la dirección nacional era abrumador.

Uno de los primeros afectados por la displicencia de Carlos Andrés fue el jefe de su reciente comando electoral, David Morales Bello, quien con razonable lógica aspiraba a la posición política por excelencia en el gobierno: el ministerio de Relaciones Interiores, utilizada con frecuencia como plataforma de lanzamiento de los candidatos presidenciales adecos. Todos daban a Morales Bello por seguro en ese cargo, pero por recomendación de Gonzalo Barrios las cosas cambiaron en un santiamén y el presidente designó a un dirigente fuera de las quinielas: el secretario general del partido, Alejandro Izaguirre, un prominente senador de profundo olfato político. Cuando publiqué la decisión aun no anunciada por el aun presidente electo, Morales se salió de quicio, se dirigió a mí en términos admonitorios y se distanció. Nuestra amistad, que siempre había sido buena, se restableció en algunas semanas sin dejar cicatrices.

Como ejecutor de una campaña exitosa, Morales Bello esperaba que luego de aquel desaire AD lo postulara a la presidencia del Senado, cargo para la cual reunía las más elevadas calificaciones por su dominio de las materias constitucionales y legales, además de una extensa militancia partidista, pero la apatía de CAP volvió a ensañarse con él al no concurrir a la sesión de la dirección nacional convocada para tomar la decisión. De esa manera Pérez dejó el asunto en manos de la corriente lusinchista, y lo que parecía una materia administrativa sin gravedad aparente, a la larga trajo implicaciones destructivas para el destino del Congreso, del jefe del Estado y de los venezolanos.

En las desventuradas circunstancias de su segundo quinquenio, cada lunes Carlos Andrés Pérez se reunía al menos seis horas con la dirección de AD, para explicar planes, responder preguntas y escuchar recomendaciones, pero eso no se traducía en el resuelto apoyo que era de esperarse en la fracción parlamentaria. Ni más ni menos se trataba de un diálogo de sordos. Al permitir el control lusinchista del partido y de la fracción parlamentaria, el presidente no se percató de la fragilidad de su liderazgo para abordar y resolver las neurálgicas cuestiones nacionales. Las intenciones del aparato partidista de fijarle líneas a Carlos Andrés Pérez, primero como candidato y más adelante como presidente, así como para quitar y poner fichas en la administración pública, originó su desidia ante la vida de AD, lo que para él significó renunciar a la base natural de respaldo institucional a su gestión. CAP no comprendió que estaba obligado a defender con firmeza la cuota de poder que había en AD había logrado con los esfuerzos de toda la vida.

En la búsqueda de vías para reagruparse, los pocos diputados perecistas eran castigados con la expulsión del partido, mientras ellos acusaban la ausencia de la solidaridad presidencial por considerarla injusta e inexplicable. La fuerza de la candidatura de Pérez en 1988 había sido arrolladora frente a la maquinaria adeca, pero ese arrastre de votos estuvo lejos de proyectarse en la elección de los candidatos del partido a los cuerpos deliberantes.

Las primeras elecciones de gobernadores y alcaldes, celebradas en diciembre de 1989 como consecuencia de la descentralización administrativa, reflejaron el divorcio entre el presidente de la república y el partido. Los resultados fueron calamitosos y las autoridades adecas descargaron sus culpas en el jefe del Estado. La lucha arreció y, en el tercer mes del gobierno de CAP, Jaime Lusinchi expuso en televisión sus irreconciliables diferencias con el presidente y rechazó los programas de corrección de los males económicos heredados. Si bien Lusinchi hablaba en nombre propio, en sus palabras había el influjo de la popularidad con que acababa de salir de Miraflores y acicateaba a la maquinaria de AD.

Ante unas frases volanderas de Carlos Andrés Pérez, un día Gonzalo Barrios me hizo comentarios reveladores de las profundas discrepancias en que se debatían el partido y el gobierno: "Carlos Andrés no manda en AD. Aquí tenemos una dirección colegiada en la cual su voz es solo una y pesa tanto como las demás"… Esa era todavía la época de los grandes líderes de la izquierda democrática venezolana, entre quienes surgían frecuentes desencuentros que terminaban siendo conocidos a través de la prensa.

A efectos de comparación, es inevitable recordar las relaciones entre el gobierno del presidente Rómulo Betancourt y Acción Democrática en el período 1959–1964, en el que Carlos Andrés Pérez se desempeñaba como pieza clave, mientras el país era como un cuero seco que se levantaba por todos lados. Los sinsabores estaban a la luz del día. Si Betancourt hubiese emprendido un gobierno unicolor, las posibilidades de completar el quinquenio habrían sido nulas porque el terrorismo, las conspiraciones militares, las guerrillas y la falta de respaldo parlamentario, hubiesen desembocado en el derrocamiento. Eso explicaba y justificaba el gobierno tripartito y la consecuente comunicación regular del presidente con sus aliados Copei y URD, mientras el contacto con Acción Democrática era diario —sobre todo con el grupo denominado La vieja guardia[23], identificado con su pensamiento y liderazgo—, como fórmula para cortar el auge de las tendencias divisionistas que convivían en la tienda blanca.

Carlos Andrés Pérez fungió de mano derecha de Betancourt por muchas décadas. En el quinquenio presidido por RB, él llevaba minuto a minuto el pulso de cuanto ocurría en el país, en el sector público y dentro de AD; garantizaba el seguimiento de la línea del gobierno en el partido y viceversa, su tarea era inagotable e indispensable. El presidente informaba cada detalle al partido, discutía con los miembros de la dirección nacional y coordinaba sus políticas económicas con los integrantes de la coalición tripartita.

Betancourt mostró especial esmero en ser militante y dirigente fundamental del partido durante el complicado ambiente de los años sesenta. En los primeros meses de su gobierno, un día se reunió en su residencia con la dirección de Acción Democrática y los ministros adecos para debatir las políticas económicas. Allí Domingo Alberto Rangel, uno de los hombres más inteligentes, alineado con las ideas marxistas que por décadas fueron inspiradoras de los aguerridos jóvenes que a la postre formaron el MIR, hizo una extensa exposición con acusaciones contra el presidente por

---

[23] *La Vieja Guardia* era el grupo de dirigentes de AD más cercanos a Rómulo Betancourt, que también fueron perseguidos por las dictaduras gomecista y perezjimenista: Gonzalo Barrios, Raúl Leoni y Luis Beltrán Prieto. Este último terminó enemistado con Betancourt.

sus supuestos vínculos con el imperialismo norteamericano y descalificó los programas planteados. "Rómulo lee y piensa en inglés porque sus lecturas de cabecera son las revistas *Time* y *Newsweek* (ese era el instante de oro de la influencia de ambas publicaciones). Por su boca conocemos el pensamiento de Estados Unidos sobre Venezuela"[24], agregó DAR.

Al finalizar su exposición, Rangel salió al jardín, se quitó la camisa y se acostó en el césped para asolearse, tal como solía hacerlo para aliviar la soriasis que lo aquejaba. Al llegar su turno, Betancourt preguntó dónde estaba el ácido crítico y montó en cólera cuando le informaron. RB abandonó la sala, se aproximó a su todavía compañero de partido para increparlo: "Domingo, yo escuché con paciencia tus insultos, ahora tú tienes que escucharme"... La respuesta fue: "Noo... ¡Qué va! Yo sé lo que vas a decir, yo te conozco muy bien"... Betancourt volvió a la carga: "Te lo advierto, Domingo: O te vienes conmigo o te levanto por la fuerza"... El crítico se levantó, se puso la camisa y ambos regresaron a la sala.

Una mañana mientras conversábamos en su oficina de la Torre Las Delicias, en la avenida Libertador, al comienzo

---

[24] Esta anécdota, de la cual ya tenía referencias, me fue confirmada por el propio Domingo Alberto Rangel en una de sus visitas regulares a la redacción de *El Universal*, en la época en que era articulista de ese medio.

de los años ochenta, Carlos Andrés Pérez me miró fijamente y exclamó: "¡No te ves bien. Estás pálido!" Se puso los anteojos, agarró el bolígrafo y escribió los nombres de un par de reconstituyentes y las instrucciones para su consumo. Horas más tarde me encontré por casualidad con Gonzalo Barrios, a quien enseñé el papel y pregunté si reconocía la letra: "Sí, claro, es de Carlos Andrés. ¿Te recetó? Pues ten cuidado, recuerda que él lo sabe todo"... Luego se harían célebres ciertas frases suyas que destilaban mordacidad: "A Carlos Andrés sólo le falta un poquito de ignorancia para ser perfecto"... "El suyo es un océano de conocimientos con un centímetro de profundidad"...

En sus *Memorias proscritas* CAP reflexionaba sobre la cadena de amargos episodios vividos con el partido en esos años: "Mantuve relaciones estrechas con la dirección de AD mediante reuniones semanales pero sin que existiera una corriente de entendimiento. Esta situación se reflejaba en la fracción parlamentaria de AD y en las relaciones con Copei. Las controversias ensancharon una profunda grieta con dramáticas consecuencias. Desde el gobierno de Jaime Lusinchi, Alfaro Ucero había adquirido un poder absoluto y arbitrario en la organización, y ejercía una influencia decisiva en la administración pública. Designaba ministros y repartía contratos"[25]…

Esas Memorias, de contenido amplio y valioso —fruto de decenas horas de conversaciones grabadas—, fueron publicadas sin la autorización final del expresidente, quien luego las calificaba de inconclusas y merecedoras de revisiones y correcciones. El texto se concentraba en su vida y en historias sobre personajes y sucesos nacionales, dejando de lado el grueso de sus actividades internacionales. Carecían de alusiones a pasajes trascendentes de su participación en infinidad de eventos internacionales, así como sobre discusiones con figuras políticas tan influyentes como Francoise Mitterrand, Shimon Peres, Willy Brandt, Jimmy Carter, Alfonso López, Michelsen, Nelson Mandela, George Bush, Pierre Elliott Trudeau, Omar Torrijos. Olof Palme, García Márquez, Felipe González y muchos otros.

Confiado en el magnetismo que irradiaba, CAP descubrió tarde el costoso yerro de haber sobrestimado su liderazgo y subestimado el potencial destructivo de las objeciones de los adversarios en su propio partido. Luis Alfaro Ucero —primero en la secretaría de organización del partido y a partir de 1991 en la secretaría general—, aprovechó el complicado estado de cosas para coincidir con

---

[25] Carlos Andrés Pérez en sus Memorias Proscritas, con los periodistas Ramón Hernández y Roberto Giusti, Editorial CEC SA. Libros El Nacional. Pag. 330.

Caldera en las embestidas contra las políticas oficiales, con el propósito de separar a CAP de Miraflores. AD respaldó con firmeza al dignatario durante las asonadas militares de febrero y noviembre de 1992, pero en pocos meses reanudó los ataques, hasta sumarse en el Parlamento a quienes buscaban su enjuiciamiento, en la creencia de que así rescataría el favor de los electores. En ese fatídico juego, Alfaro hasta se sentía predestinado a suceder a Caldera en las elecciones de 1998. "Nosotros estamos condenados a regresar al gobierno", remachaba con altanería.

En una misiva al Comité Directivo Nacional de AD fechada el 23 de mayo de 1993, convocado para formalizar su expulsión del partido, con inocultable desolación Carlos Andrés Pérez dijo entre otras cosas: "Se me intentó derrocar y no pudieron. Se me solicitó que renunciara y no lo hice. Se intentó promover por todas las vías mi salida de la Presidencia. El último recurso al cual apelaron mis enemigos, que son los del partido, fue un proceso judicial que ha mostrado el frágil y desvirtuado estado de Derecho en el país"… Nunca imaginé, ni siquiera en los peores momentos —como este que me ha tocado vivir en el ejercicio por segunda vez de la presidencia de la república—, que de las filas de mi partido y de su organismo supremo de conducción, el CEN, pudiera partir un golpe tan artero y malvado"…

"Estoy informado de cómo en la larga reunión (del CEN) fui víctima de los más obscenos ataques. Todo el atajo de injurias, calumnias y chismes de que he sido objeto por nuestros enemigos fueron esgrimidos por mis detractores (en el partido). Y esto se hace el mismo día en que se dicta el auto de detención, que tampoco, de ninguna forma es una sentencia sino apenas el comienzo de un juicio en cuyos expedientes no hay una sola alusión a hechos incriminatorios de una conducta reñida con la ética. ¿No es esto inicuo? ¿No señala abiertamente un contubernio con quienes son responsables de este proceso en mi contra?", agregó con un tono de dolor e indignación.

La conducta de Acción Democrática bajo control de Alfaro Ucero venía a corroborar la vieja tesis de sicólogos sociales y sociólogos conforme a la cual los peores odios nacen y crecen entre los más allegados, y cuando estos se coaligan con los enemigos naturales del líder, conducen a estragos prolongados e irreparables. Algo de esa naturaleza ya se había notado contra Carlos Andrés Pérez en 1980, durante el escándalo del Sierra Nevada, cuando la fuerte personalidad de Betancourt y la solidez de la tendencia por él liderada se hacían sentir hasta en los lugares más remotos del país y sobre todo en el partido.

Al dejar atrás las tesis del Estado paternalista Carlos Andrés se ganó el retaceo de la solidaridad de Acción Democrática, donde había quienes lo tildaban de entregado en cuerpo y alma a oscuros intereses antinacionales. No obstante, jamás se apartó de la defensa del Estado como proveedor de la educación y la salud gratuitas, ni del control estatal de industrias estratégicas como la de los hidrocarburos y del hierro. A pesar de la suma de dificultades, el éxito de la segunda gestión presidencial de Pérez ha sido reconocido incluso por algunos acérrimos adversarios del pasado. Sin renunciar a sus creencias, CAP iba más allá de los linderos partidistas.

Como hombre de actuaciones, CAP recapacitaba y admitía errores. Los recelos ajenos no lo hacían caer en la tentación de zancadillas o chismes. Ni siquiera en los trances más complicados se le escuchaban maledicencias contra los detractores que se escudaban en la dirección de AD para exigirle la renuncia al cargo. No rehuía la polémica por más áspera que fuera y, por el contrario, parecía disfrutarla. Era auténtico.

Cuando en el segundo período constitucional los indicadores económicos eran halagüeños y los mercados financieros internacionales veían a Venezuela con creciente simpatía, CAP perdía cada vez más terreno en la arena política. Lucía solo, aislado, sin aliento para salir del atolladero. Adolecía de expertos calificados para difundir y defender la obra de gobierno, para proyectar su imagen personal y neutralizar las campañas de descalificación. Ni siquiera contaba con Acción Democrática como plataforma para atajar las intrigas y contubernios.

El desprestigio presidencial ocasionado por lugares comunes, medias verdades y mentiras totales mil veces repetidas, aumentaba como una bola de nieve entre los venezolanos y en el exterior. Con la enérgica participación de los medios de comunicación, esa orfandad de CAP engendró la imagen del político incapaz, corrupto, títere de intereses foráneos, que no se detenía ante nada ni ante nadie. Ese concepto adquirió tales proporciones, que los ciudadanos lo aceptaban sin reparos y sin preguntarse si tenía asidero real o no. Quienes querían ver a Pérez en el patíbulo no vacilaron en sacar provecho de las obvias debilidades del tren ministerial para comunicar con fluidez su mensaje. Le cobraban hasta la saciedad su rechazo al corsé que la maquinaria adeca quería colocarle, el no haber suspendido el plan de reformas que con reticencias se vio obligado a frenar luego de los dos golpes de Estado de 1992.

La indisoluble, pública y notoria relación amorosa con Cecilia Matos había comenzado casi como un juego a finales de los años sesenta, cuando Carlos Andrés Pérez era jefe de la fracción parlamentaria y ella su secretaria, con apenas algo más de veinte años. Poco a poco esos amores se arraigaron hasta dar al traste con la estabilidad matrimonial del presidente con su prima Blanca Rodríguez de Pérez. Cecilia desplazó por completo a Blanca del corazón del líder, pero ni siquiera en esas condiciones él consumó el divorcio. No se le escapaba que la majestad del Estado lo convertía en faro moral de los venezolanos y, por lo mismo, estaba obligado a resolver ese conflicto que iba más allá de lo personal y familiar para entrar en el terreno de lo nacional y causar perjuicios al gobierno, pero no se atrevió a resolverlo. Su vida fue una tragedia en lo sentimental, en lo familiar y en lo político. Ningún aspecto se mantuvo incólume.

Desde los años ochenta CAP estuvo en el centro de los ataques de enemigos que trataban de sacar ventajas con acusaciones no probadas de supuestos hechos de corrupción de Cecilia. En el segundo mandato esas situaciones erosionaron la reputación presidencial y alteraron la ejecución de los planes oficiales. Para los detractores, que eran muchos y de grueso calibre, lo importante no eran la demostrada vocación democrática y las transformaciones nacionales que él emprendió y llevó a cabo con éxito. No. Lo sobresaliente y enjuiciable era la existencia de la amante.

El álgido tema fue abordado una noche en una conversación poco complaciente con un pequeño grupo de periodistas reunidos en mi apartamento, deseosos de obtener información off the record, cuando él admitió sin rodeos que su pecado había sido el de la carne. En otra ocasión un ministro de su más estricta confianza le dijo: "Presidente, ¿por qué no se divorcia? Esa sería la mejor forma de acabar los dimes y diretes que tanto daño le hacen a usted y al gobierno"… CAP escuchó en silencio, sin abrir la boca. Era consciente de que el corazón lo había traicionado y estuvo en esa encrucijada hasta la muerte, ocurrida en diciembre de 2010. Abrazar a Cecilia como el gran amor de su vida, equivalió a poner en manos de los enemigos los puñales que clavarían en su espalda. Afectada por un silencioso y agresivo cáncer de páncreas, Cecilia apenas lo sobrevivió 6 o 7 meses, y Cecilia Victoria, hija biológica de ambos, falleció en Nueva York a los dos años, también de cáncer.

La dimensión humana y política de Carlos Andrés se mantuvo mientras era sometido al acoso con el caso Sierra Nevada, y también después, cuando lo sacaron del poder y ya no contaba con una inmensa corte de acólitos, ni con la aureola majestuosa que envuelve a quienes han ejercido la Presidencia. Muchos de quienes antes lo lisonjeaban se le habían apartado y le daban la espalda, pero en ninguna circunstancia él se acobardó o se humilló y, por el contrario, conservó la entereza suficiente para enfrentar a los adversarios. Al reflexionar en voz alta ante un pequeño círculo de allegados en una noche de sus últimos años, Carlos Andrés no descartó la posibilidad de haber incurrido en un error al retornar a la jefatura del Estado. Caldera, el eterno rival, era distinto: carecía de capacidad autocrítica, le obsesionaba el mando a toda costa y sentía que el universo giraba en torno a su imagen y figura.

JÓVITO VILLALBA, ETERNO PERDEDOR

A Jóvito Villalba, de dignas batallas contra las dictaduras de Juan Vicente Gómez y Marcos Pérez Jiménez, nunca le salieron bien los inagotables intentos por llegar a ser presidente. Con verbo encendido, carácter enrevesado y la voz gangosa que algún urredista[26] trataba de imitar, probablemente haya sido el mejor orador venezolano de todos los tiempos, además de un constitucionalista de especial brillo a quien Pérez Jiménez lanzó al exilio después de arrebatarle el triunfo a Unión Republicana Democrática (URD) en las elecciones del 30 de noviembre 1952 para la selección de miembros de la Asamblea Nacional Constituyente.

Jugó un papel importante en la vida venezolana, aunque los desatinos políticos le daban el barniz de eterno perdedor, que él asumía con algunos visos de dignidad. Con diagnósticos políticos acertados diseñaba estrategias electorales impecables que cambiaba a mitad de camino, cuando las cartas estaban echadas, para terminar en alianzas fatales que sin gloria y sin pausa sentenciaban a la extinción a su partido, URD. En cada mudanza Villalba llevaba consigo la llamativa puerta abullonada de la antesala de su despacho, de un cuero color escarlata. Nunca supe por qué

---

[26] Urredista, miembro del partido Unión Republicana Democrática.

la tenía casi como amuleto y tampoco se me ocurrió preguntarle.

El joven margariteño de cabeza lisa como una bola de billar ingresó a URD al año de su fundación, en 1946, para convertirse con rapidez en el eje central definitivo. Y aunque esa tienda política se movía en un espacio ideológico nebuloso entre el liberalismo y la socialdemocracia —que Acción Democrática copaba casi por completo—, Villalba tuvo en 1952 una posición estelar de combate al dictador Pérez Jiménez, para debilitarse a partir de ahí hasta ser solo un instrumento de oscilación pendular entre los dos partidos predominantes, AD y Copei. Junto a Betancourt y Caldera, Villalba fue uno de los tejedores el Pacto de Puntofijo[27], suscrito el 31 de octubre de 1958 con el compromiso de acatar el resultado de las primeras elecciones presidenciales posteriores a la dictadura derrocada en enero de ese año y de dar solidez a la democracia naciente. Lo contemplado era un programa mínimo común y la independencia de los partidos para postular sus respectivos candidatos, además, por supuesto, de realizar un gobierno de unidad nacional.

La duración de aquel trato no fue tan larga como hubiera sido deseable pero sí dejó una lección de convivencia y gobernabilidad. En medio de estridentes objeciones a la

---

[27] El Pacto se llamó de Puntofijo por haber sido suscrito en la entonces casa de Rafael Caldera en Sabana Grande, en Caracas, cuyo nombre era precisamente ese.

lucha frontal de Betancourt contra la intromisión de Fidel Castro en los asuntos internos de Venezuela en el instante aciago de las guerrillas, Jóvito Villalba y su partido pasaron a la oposición en agosto de 1960. En esas circunstancias Jóvito se aventuró a sostener que la trascendencia de la revolución cubana sería histórica en implicaciones positivas para el continente, y que la suerte de la revolución cubana y del movimiento democrático latinoamericano formaba un solo bloque. ¡Craso error! Así, con ese argumento Villalba instó al canciller del momento (ficha prominente de URD) a desatar una grave crisis al negarse a votar por la expulsión de Cuba de la OEA, y a renunciar al cargo en medio de la octava cumbre del organismo regional. La actitud de Villalba revelaba su frustración por no haber obtenido una parcela burocrática más significativa en la coalición gubernamental, así como las heridas mal curadas de la derrota electoral propinada por Betancourt al candidato presidencial apoyado por URD y el Partido Comunista en las elecciones de 1958.

Los nexos entre Villalba y Betancourt se remontaban a la era universitaria, cuando con valentía ambos desafiaron a la dictadura de Juan Vicente Gómez. Con motivo de la semana del estudiante en 1928, el primero fue a dar con sus huesos a la cárcel a consecuencia de una brillante intervención premonitoria de sus privilegiadas dotes oratorias. El segundo pudo escapar al exterior para emprender una recia y activa militancia política. Entre ambos hubo una prolongada amistad no exenta de vaivenes de odio, coincidencias, elogios y estridencias.

Ya en la vejez Villalba había llegado a creer en la reelección presidencial como origen de males difíciles de curar, frente a los cuales era recomendable vacunarse con antelación. Cuando todavía su amigo Carlos Andrés Pérez no había confesado el deseo de presidir la república por segunda vez y apenas se escuchaban los primeros rumores, un día mientras almorzábamos en un pequeño restaurant de tipo español de la avenida Solano López de Caracas, Jóvito me habló de las consecuencias indeseables de los experimentos reeleccionistas en la región. "¡Si Carlos Andrés se postula otra vez me va a encontrar de frente!", sentencia que no pudo cumplir porque su salud ya no era la misma y poco después dejaría de aparecer en público.

Como ejemplos que reafirmaban su criterio, JV recordaba los casos de Hipólito Yrigoyen en Argentina (1916-1922 y 1928-1930), y de Alfonso López Pumarejo en Colombia (1934-1938 y 1942-1945), quienes en sus segundos gobiernos crearon situaciones de ingobernabilidad, caos económicos y políticos y escándalos de corrupción. Siendo muy joven, Villalba había presenciado la experiencia de López Pumarejo, a quien conoció y trató durante su exilio en Bogotá, al igual que a su hijo el también presidente Alfonso López Michelsen (1974-1978), cuya intención reeleccionista fue frustrada en 1982 por el candidato conservador Belisario Betancur. El curso de los años demostró el fundamento cierto de las aprensiones del líder de URD, válidas no solo para Venezuela sino para toda América Latina, donde los caudillismos nunca cesan de extenderse como la hierba mala.

Aunque es imposible dar marcha atrás al reloj de la historia, no sería descabellado preguntarse ahora qué habría pasado en Venezuela si Carlos Andrés Pérez y Rafael Caldera se hubiesen abstenido de regresar a Miraflores. ¿Habrían sucedido las asonadas militares de 1992? ¿Venezuela habría sucumbido al militarismo? ¿Las instituciones nacionales, y sobre todo la judicial, habrían sorteado sus debilidades? Los temores de Villalba parecían tener asidero.

Capítulo V

Desdichas en febrero

¿Qué pensaba Hugo Chávez al amanecer del martes 4 de febrero de 1992, cuando la revuelta por él encabezada ya era un descalabro a pesar de haber sido apoyado por diez batallones y casi 600 oficiales y suboficiales? ¿Presentía acaso que el ministro de la Defensa estaba a punto de ser su aliado de excepción? Véase por dónde se vea, el papel cumplido por el ministro Fernando Ochoa Antich, fue determinante en el triunfo político obtenido por Chávez con su breve e impactante mensaje televisado de ese día. Decir lo contrario sería "tapar el sol con un dedo" y ni siquiera el mismo Ochoa Antich lo creería.

Desde hacía tiempo, amigos y no amigos encontraban complicada la personalidad del ministro por sus halagos a las élites del poder. Los compañeros de armas lo notaban escurridizo e intrigante porque él decía una cosa por aquí y otra distinta por allá, porque quería estar bien con Dios y con el Diablo, con el presidente y con los militares tramoyistas. Sembraba discordias en un lado y en otro. Su nombre ha figurado en todo lo dicho y escrito sobre el alzamiento, aunque sin señalamientos concluyentes sobre su responsabilidad en la desestabilización de las instituciones.

Para arribar a una comprensión cabal de los hechos es entonces necesario revisar las huellas dejadas por Ochoa Antich, sin las cuales el país se habría ahorrado los peores tragos amargos de la era democrática. Antes, durante y después de ese febrero de ingratos recuerdos, la alfombra del despacho ministerial cubría un montón de conductas antidemocráticas de oficiales de todo rango. Ochoa Antich quizás guardaba la esperanza de llegar a ser presidente el día menos esperado. Quién sabe... Quién sabe si un golpe de Estado triunfante hubiese tenido que recurrir a él y, por lo mismo, siempre dejaba rendijas para potenciales salidas non sanctas. Tal vez barajaba alguna opción de ese tipo... Lo cierto es que mientras la Constitución y las leyes le exigían rigidez disciplinaria, él cerraba los ojos o solo los entreabría y se santiguaba.

Ochoa Antich admitía haber sostenido reuniones y hasta compartido una cena con Chávez fuera del ministerio para hablar sobre lo que en su opinión no pasaba de ser un complot de somera gravedad. El aderezo de los espaguetis de aquella noche fue picante y de escaso valor culinario, a pesar de lo cual fue bien digerido por ambos, sin que el ministro comunicara al presidente aquella actuación suya que rayaba en lo sospechoso. Desde su paso por el comando de elementos orgánicos del Ejército hacía un puñado de años, a Ochoa Antich le atribuían maniobras en favor de Chávez. Se decía que después de una emboscada causada por una traición en un frente antiguerrillero, Ochoa Antich le evitó un proceso judicial y el retiro anticipado de las filas del Ejército.

Al despuntar la noche del 3 de febrero el presidente había regresado de Davos, donde participó en el foro económico global que cada año se celebra en esa ciudad suiza, donde habló de la reordenación de los asuntos nacionales y sostuvo discusiones con gobernantes, académicos y representantes de grandes corporaciones multinacionales. Al aterrizar en el aeropuerto de Maiquetía afloraron leves síntomas de problemas militares, pero sin la fuerza suficiente como para obligarlo a dirigirse a Miraflores en vez de ir a su residencia, donde comió algo frugal, conversó con la familia, bromeó con los nietos y se fue a la cama.

Lo usual al regresar el presidente de sus viajes al exterior era que solo el ministro del Interior lo recibiera en el aeropuerto de Maiquetía para comunicarle las novedades, pero esa vez fue distinta porque el ministro de la Defensa también en el terminal. El general Ochoa Antich le habló a su colega Ávila Vivas sobre los rumores que circulaban entre los militares desde temprana hora de la mañana, y le preguntó si creía conveniente informar al presidente sobre el particular. "¡Si usted no lo hace, lo haré yo!", replicó Ávila. Con un dejo incierto Ochoa buscó justificarse: "No, es que debe venir muy cansado y tal vez no valga la pena hablarle ahora sobre eso"… Al tocar la pista el avión y encaminarse despacio hacia la rampa 5 del terminal, CAP observó a través de la ventanilla la presencia de patrullas de la policía política y un pelotón de miembros de la Guardia Nacional.

Pérez descendió de la aeronave, caminó hacia la limusina, miró y saludó a los dos ministros y los invitó a acompañarlo. Mientras la caravana salía del aeropuerto y tomaba la empinada autopista rumbo a Caracas, Ochoa Antich mantuvo la boca cerrada hasta que Ávila le dio un codazo. "Presidente, otra vez ha habido rumores de sedición y hasta de la posibilidad de apresarlo a usted en el aeropuerto"… CAP reaccionó con molestia: "¡Hasta cuándo ministro, hasta cuándo vamos a seguir con eso! ¡Cuántas veces le he ordenado investigaciones! Mañana lo espero a las seis y media en La Casona para analizar eso y tomar decisiones de una vez por todas"… Acto seguido cambió la hoja al preguntar algo distinto al otro ministro.

Para el periodista y ex ministro de información Pastor Heydra fue un prodigio enterarse antes que nadie en el gobierno de los primeros desplazamientos de los golpistas en Maracaibo, y tan rápido como pudo activó los mecanismos de alarma para confrontarlos. A las once de la noche del 3 de febrero un jefe del Ejército en el Zulia que hacía cuatro horas había llegado con él a Caracas, le informó que una comisión de militares había ido a su casa en Maracaibo con pretensiones de arrestarlo. Luego de hablar con su esposa, a ese oficial le bastó con telefonear a la guarnición zuliana para confirmar la insurrección en pleno desarrollo, tras lo cual Heydra llamó a los ministros del Interior y de Defensa y tres minutos después al primer magistrado de la República. Los esfuerzos del militar amigo para transmitir la novedad a los principales mandos del Ejército eran infructuosos porque nadie atendía sus llamadas. Ni siquiera el comandante general de esa Fuerza levantaba el auricular. Así el ministro dijera lo contrario, la ineficiencia de los altos cargos ministeriales era atronadora y reveladora de las deficiencias profesionales y éticas en los más encumbrados niveles.

El afilado instinto de conservación de CAP salió a relucir desde el primer minuto, cuando los ministros Ávila Vivas y Ochoa Antich, además de Heydra, lo hicieron saltar de la cama con sus voces de alarma. Fueron tres y no una, como decían algunos, las llamadas telefónicas recibidas por Carlos Andrés Pérez en menos de cinco minutos. A la carrera se puso el pantalón sobre el pijama, empuñó una ametralladora y varios cargadores de balas y partió sin escoltas hacia Miraflores en el primer carro que consiguió. La falta de escoltas le ayudó a pasar inadvertido por un costado del batallón que se aprestaba a atacar la residencia presidencial, La Casona. Si hubiese demorado diez minutos en partir el cerco y el magnicidio se habrían consumado sin dificultad.

No habían transcurrido cinco minutos desde su salida de La Casona cuando empezaron las detonaciones de armas de grueso calibre que despertaron asustados a los residentes del sector. En los techos de La Casona, en las paredes y en los jardines iban quedando las evidencias de la barbarie.

Decenas de agresores con bazucas y tanquetas, procedieron con crueldad frente al trance que atravesaban Blanca de Pérez, sus hijas y algunos nietos, mientras los despavoridos vecinos no hallaban maneras de protegerse.

El 14 de enero, es decir, 16 días antes del golpe militar, el presidente había sostenido una reunión con el Gabinete de seguridad para discutir nuevas políticas de contra la delincuencia, cuyos índices arrojaban incrementos inquietantes. Asistieron los ministros del Interior y Defensa, el alto mando militar, el jefe de la Casa Militar y los directores de inteligencia militar (DIM) y de las policías Judicial, Metropolitana, de inteligencia militar (DIM) y política (Disip). Allí surgió el tema de la confabulación militar, que no extrañó a nadie porque desde hacía meses los rumores corrían como pólvora. Todos los conocían, unos les atribuían más gravedad que otros, algunos hasta hacían chistes.

El jefe de la policía política (Disip), un general retirado con cursos de especialización y años de experiencia en la Dirección de Inteligencia Militar (DIM), explicó los planes tenebrosos de un grupo de oficiales del Ejército y entregó a CAP un abultado sobre de manila con detalles de la investigación realizada con paciencia por decenas de hombres coordinados por expertos, tanto en Caracas como otras ciudades, con fotocopias de documentos incautados, fotografías y transcripciones de testimonios de algunos a quienes Chávez trataba de catequizar.

Esa era la oportunidad precisa para acabar de una vez por todas las malas andanzas de la logia de Chávez, que a la sombra del samán de Güere, en Aragua, había sellado un pacto de sangre contra el sistema, pero no hubo una voz que planteara el tema como lo que era: una amenaza extrema para la democracia. Es probable que el temor reverencial suscitado por la presencia del jefe los cohibiera. Sin siquiera abrir el sobre, Pérez lo entregó a Ochoa Antich con una frase terminante: "Quiero que esto se investigue a la brevedad posible", pero al igual que en anteriores ocasiones, Ochoa Antich lo engavetó y nada sucedió. En la Disip y en la DIM reposaban los expedientes de grupos de conspiradores que desde hacía años se movían en forma simultánea. ¿Fue un error de Pérez no leer esos documentos? Seguro que sí. Lo allí expuesto revestía tal gravedad, que si él lo hubiese leído los pelos se le habrían puesto de punta y habría cancelado el viaje a Suiza.

Quienes el 14 de enero habían estado en el cónclave dedicado al tema de la seguridad pública, todavía recordaban las categóricas instrucciones de CAP al ministro Ochoa Antich, pero ni siquiera el mismo presidente se libraba de omisiones, desaciertos y culpas. La Dirección de Inteligencia Militar, la policía política (Disip), funcionarios de inteligencia de las guarniciones, funcionarios civiles y hasta dirigentes de Acción Democrática, todos, unos más otros menos, desde hacía meses lo habían puesto al tanto de los tejemanejes conspirativos sin que él actuara con la misma contundencia de su agitada época en el ministerio del Interior durante el tumultuoso gobierno de Rómulo Betancourt, cuando comunistas y miristas lo etiquetaban de "ministro policía" y "ministro asesino" y la derecha procuraba el retorno a la dictadura.

¿El comportamiento de Carlos Andrés Pérez en 1992 delataba acaso el desgaste de su legendaria garra política? No era descartable algo de eso, pero a sus 71 años gozaba de las formidables condiciones físicas derivadas de los ejercicios diarios. Experimentado en el trabajo intelectual, conservaba el ritmo de lectura de historia, política y literatura, además de los cuantiosos y aburridos informes oficiales, sin que asomara síntoma alguno de agotamiento neuronal. Su memoria y los reflejos físicos seguían siendo agudos. Lo perceptible era sí el sosiego del carácter: la edad lo había vuelto más reflexivo y tolerante que en los años sesenta, cuando con astucia hacía sentir su mano de hierro contra los conspiradores de todo signo y procedencia. La inflexibilidad del pasado era ahora un simple recuerdo. Claro, los tiempos en Venezuela y en el mundo ahora eran diferentes, había habido una evolución asombrosa y las nuevas expectativas de los venezolanos no se asimilaban en nada a las del pasado. Por eso, por encima de los odios que animaban la política nacional, que era como un cajón de sastre con recortes de todo tipo y color, nadie en su sano juicio ponía en duda la dimensión democrática de CAP. Eso sí, le discutían el estilo controversial, que se prestaba para que los enemigos justificaran sus ataques y burlas.

Tanto en los años de Rómulo Betancourt como en los siguientes, Fidel Castro exploró sin éxito las posibilidades de borrar del mapa a CAP. En el quinquenio de Raúl Leoni había llegado al extremo de enviar a Caracas a cuatro diestros francotiradores con documentos personales falsos, al mando de un oficial activo del Ejército cubano, con la misión de asesinarlo. Los asesinos y sus cómplices nacionales siguieron durante varias semanas los pasos del líder adeco hasta descubrir un apartamento del segundo piso del edificio Galerías Venecia, en el boulevard de Sabana Grande, que él utilizaba de manera regular para leer, descansar y para encuentros furtivos con Cecilia Matos. A último minuto, cuando el plan castrista estaba montado y a punto de consumarse, una delación milagrosa desembocó en el enfrentamiento armado en que el militar cubano y sus acompañantes fueron acribillados.

Como en cualquier otro país, en 1992 el presidente Pérez disponía de múltiples canales de información, unos oficiales, otros extraoficiales, pero él prefirió centralizar todo lo militar en una sola persona, el general Ochoa Antich, de cuya capacidad y fidelidad ni nada ni nadie lo hacía dudar. CAP pecó al tener fe ciega en la solidez de la democracia y al desoír las repetidas denuncias de la conspiración que fraguaban Chávez y su pandilla. No obstante, en sus *Memorias proscritas* achacaba la imposibilidad de prevenir el golpe del 4 de febrero a rivalidades entre generales y a la ineficiencia de los cuerpos de investigación policial, en lo cual tenía parte de la razón[28].

Investigar la patraña atañía a los ministerios de la Defensa y del Interior, pero al concentrar el grueso de las decisiones en manos de Ochoa Antich, las posibilidades de actuar con rapidez en situaciones de emergencia quedaban minimizadas. Lo procedente hubiera sido apresar sin dilación a los indiciados y enjuiciarlos, o al menos separarlos de los mandos de tropas y ponerlos a la orden del ministerio. Evidencias para castigarlos sobraban, pero el problema estaba en que los amigos del ministro seguían enquistados en el tinglado estatal y utilizaban los resortes de poder para beneficio propio. Después del 4 de febrero se supo que, a través de ciertas conexiones, Chávez y los suyos recibían constantes y oportunas señales de alerta sobre las averiguaciones de la Dirección de Inteligencia Militar y de la policía política. A eso se sumaba el hecho de que, inducido por Ochoa Antich, en los últimos meses el presidente había desoído las repetidas advertencias.

A las 12.10 de la noche CAP entró presuroso a su despacho y comenzó a mover las fichas disponibles para vencer la trastada. Ante la falta de un dato exacto sobre los contingentes fieles a las instituciones, el mandatario administraba cada instante con cautela y precisión de relojero

---

[28] Ver capítulo El golpe de Chávez en las *Memorias proscritas* de Carlos Andrés Pérez, a partir de la pág 363.

suizo. A esa hora la habitual batería de asistentes del palacio estaba fuera de servicio, por lo que él mismo hacía las llamadas primordiales. Preguntó al jefe de la Casa Militar, Mario Iván Carratú, dónde estaban las bazucas y por qué no las usaban para repeler a los desobedientes. "presidente, no disponemos de bazucas. Nuestra capacidad de respuesta es reducida. Estamos a la espera de refuerzos de la Guardia Nacional", ripostó Carratú.

Por tirria al jefe de la Casa Militar, Ochoa Antich había reducido la partida de gastos de funcionamiento del regimiento Guardia de Honor, cuya inevitable consecuencia fue tener siempre de vacaciones enormes contingentes de oficiales y soldados y, en forma automática, quedó debilitada la seguridad del jefe del Estado y de las instalaciones presidenciales. ¿El ministro tenía motivaciones maquiavélicas para disminuir la protección presidencial? A Ochoa Antich le incomodaba no tener bajo su zapato el cuartel Guardia de Honor y sus oficiales, comenzando por Carratú, de lo cual no había antecedentes. Por razones lógicas, como aconsejaban elementales principios estratégicos, desde siempre esas dependencias habían estado adscritas a los presidentes de la República, sin pasar por el filtro de los ministros de turno.

En una oportunidad Carratú le habló a CAP acerca de los frecuentes e incómodos roces con el ministro, pero la respuesta se limitó a una recomendación salomónica: lo apropiado era evitar que los problemas pasaran a mayores.

Pérez insinuó que no deseaba verse en la necesidad de desprenderse de uno, del otro, o de los dos, con lo cual lejos de extinguirse, el desencuentro seguía encendido. Unas veces era subterráneo, otras no. Como jefe de la Casa Militar, Carratú cumplió todas sus obligaciones durante las horas aciagas, pero al abandonar el país para ir al exilio entró en una frenética campaña de descalificación política de los ex miembros del alto mando militar y de otros oficiales de 1992. Sin elementos de juicio fehacientes aseguraba que todos habían sido parte de la sublevación y, como si fuera poco, por momentos denigraba hasta del mismo presidente Carlos Andrés Pérez.

Una de las tantas incógnitas de la noche del 3 de febrero fue por qué el comandante del regimiento Guardia de Honor no transmitió al subjefe de la Casa Militar ciertos detalles sospechosos que a las tres de la tarde le fueron suministrados por el director de Inteligencia Militar. El jefe de la Casa Militar formaba parte de la comitiva del presidente en su viaje a Suiza y, por tanto, no estaba disponible. Como si fuera poco, a las nueve de la noche el comandante del regimiento se fue a dormir a su casa sin esperar siquiera el regreso del jefe nacional a Caracas. ¿Eso era desidia, falta de disciplina o complicidad con los facciosos?

Un tanque derribó la reja de la entrada principal de Miraflores y se colocó frente a la puerta dorada de uso exclusivo del presidente, disparó no menos de ocho veces con una ametralladora de grueso calibre, rompió los vidrios blindados del segundo piso y estuvo a punto de matar al presidente, que en ese instante estaba cerca de una ventana. De esa unidad descendieron un teniente y un sargento, abrieron la puerta sin dificultad alguna y se encontraron de frente con un edecán diestro francotirador y luchador cuerpo a cuerpo, que los increpó y les exigió la rendición. Al ser desobedecido, el coronel empujó al teniente, quien en su caída soltó una ráfaga de ametralladora que dio en el techo. Ipso facto el edecán desenfundó su pistola y abatió a los facinerosos. En una escena como de película, acto seguido cinco tanques entraron al palacio y se colocaron en posiciones de ataque.

Un pelotón militar y dieciséis escoltas civiles del primer magistrado repelieron el ataque con los pocos recursos disponibles, hasta el arribo del refuerzo de la Guardia Nacional con cinco tanquetas que atajaron la arremetida de los insubordinados —superiores en número, equipos y municiones—, que en los pasillos del palacio y en la antesala del despacho presidencial dejaron cinco muertos y 38 heridos. La valentía y la lealtad de los edecanes de guardia y de los guardias civiles fue evidente.

La noticia de la trastada se esparció por el mundo en segundos. Nadie olvida las llamadas telefónicas recibidas por CAP desde la madrugada, de presidentes, primeros ministros y políticos de muchos países: de Estados Unidos, Colombia, España, México, Brasil y, sobre todo, la más notoria fue la de Fidel Castro con frases de solidaridad que disfrazaban su falsedad de toda la vida. Nada tampoco ha borrado los reiterados conceptos condenatorios del golpe y los elogios a CAP expresados en una carta que el mismo Fidel le dirigió a los dos o tres días.

CAP intercambió unos pocos comentarios con los primeros civiles en acudir al despacho (Luis Alfaro Ucero y el ministro del Interior, Virgilio Ávila), e hizo tres llamadas telefónicas adicionales a través de la red interministerial. Pidió un vehículo y un chofer para salir del garaje a toda velocidad por una puerta lateral del sótano para tomar la avenida Baralt y encaminarse hacia a uno de los canales de televisión, que a esa hora estaban fuera del aire. Una tanqueta hizo un disparo que por fortuna no dio en el blanco. CAP había tenido la fugaz idea de ir a *Televén*, cuyos estudios funcionaban entonces próximos a la Universidad Central, en un viejo edificio del sector Los Chaguaramos, pero cambió de opinión para ganar tiempo. Optó por *Venevisión*, cuya señal regresó al aire en menos de cinco minutos. Con visible nerviosismo y sin los normales acicalamientos de las televisoras, Pérez difundió un corto mensaje de condena a los alzados, les demandó la inmediata entrega de las armas y advirtió a los venezolanos que continuaba en el ejercicio de sus atribuciones legales. Esa intervención y otra desde Miraflores al cabo de dos horas de desasosiego surtieron efectos positivos en los militares fieles y en la población civil y, en sentido inverso, sembraron desconcierto y pánico entre los sublevados.

Tan pronto concluyó la segunda alocución presidencial, el ministro de la Defensa trató de dirigirse al país por su cuenta y riesgo, pero CAP saltó impulsado como por un resorte y sin ocultar la molestia le espetó: "¡Un momento, aquí el único que habla soy yo!" ¿Qué perseguía Ochoa Antich al tratar de ponerse a la altura del presidente? ¿Lo animaba el deseo de figuración nomás? Era obvio que él no tenía nada adicional que agregar a lo expuesto por el dignatario.

Entre una cosa y otra, alguien tuvo la ocurrencia de acudir a un anónimo y anodino general, Arnoldo Rodríguez, para persuadir a Chávez de la conveniencia de su rendición. En su etapa de asistente del secretario del Consejo Nacional de Seguridad y Defensa (Seconasede), Chávez había desarrollado nexos de confianza con Rodríguez, quien en 1989 había intercedido en su favor para impedir el juicio por fraguar un magnicidio contra CAP. En el libro-entrevista *Hugo Chávez Mi primera vida* publicado en 2013 por el periodista español Ignacio Ramonet, Hugo Chávez aludió a su amistad con el oscuro general Rodríguez, recordando que cuando trabajaron juntos éste se enteraba de sus peripecias y hasta le sugería discreción. Ese individuo no delataba a Chávez y, por el contrario, le daba ideas y lo protegía. Todo era un enredo. Los agazapados estaban donde menos se sospechaba, por aquí, por allá y más allá.

Entre el ministro de la Secretaría de turno, Jesús Ramón Carmona, y Hugo Chávez existía una buena amistad desde la época éste último como capitán en el escuadrón de caballería "Farfán", en el estado Apure, en la frontera con Colombia. El automóvil de Carmona se accidentó un día en una solitaria y polvorienta carretera cercana a la población de Elorza, tras lo cual Chávez y un piquete de soldados acudieron en su ayuda, allí intercambiaron números telefónicos y surgieron los lazos que pronto se volvieron sólidos. Cerca de aquel lugar Carmona poseía grandes extensiones de tierra que incluso se adentraban en territorio colombiano, de las cuales donó veinte hectáreas para la construcción de unas instalaciones de las FAN destinadas a reforzar el combate a la guerrilla colombiana y al abigeato. No mucho después, el capataz de la hacienda, miembro de Acción Democrática, presenció una reunión sediciosa liderada por Chávez y no dudó en poner al tanto al gobernador del estado, quien de inmediato informó al presidente en ejercicio, Jaime Lusinchi, sin que éste tomara medidas drásticas.

¿Quién era el "negro" Carmona? En la época juvenil de "cabeza caliente" en la Acción Democrática de los años sesenta, cuando envalentonado por los promisorios aires de cambio de la revolución cubana, el "negro" Jesús Ramón Carmona, a la sazón presidente de la Federación Centros Universitarios de la Universidad Central de Venezuela, abandonó el partido y tuvo una pasantía en el Movimiento de Izquierda Revolucionaria, hasta terminar como tantos otros, decepcionado de la aventura. Más tarde regresó a AD por la puerta trasera y sin hacer mucho ruido, hasta incorporarse en 1988 a los fervorosos seguidores de Carlos

Andrés Pérez y servir de vaso comunicante entre la Presidencia de la República y el Congreso y más tarde como ministro de la Secretaría.

Sin razones políticas de peso, desde el comienzo de sus funciones ministeriales, Carmona le franqueó a Chávez las puertas del palacio, al autorizar la emisión de un carnet a su nombre para que entrara y saliera del palacio a cualquier hora, cuando quisiera y sin justificación alguna. Al no estar asignado a la Casa Militar él no tenía nada que hacer allí, pero la confianza con Carmona había adquirido niveles pasmosos que podían haber alarmado al presidente. Chávez se acomodaba en la antesala del despacho ministerial, donde "estudiaba" hasta dos y tres horas las asignaturas de un curso universitario. En poco tiempo logró allí un magnífico punto de observación de los visitantes regulares y esporádicos de Carlos Andrés, hablaba con ellos y con marrullería les extraía información para alimentar su proyecto perverso[29]. Fue grande el volumen de datos allí amasados por el teniente coronel.

¿Cómo un hombre con la despreocupada perspicacia de Carmona convenció al experimentado Pérez de la presunta inocencia del conspirador? El ministro no solo le evitó a Chávez el castigo que merecía cuando en 1989 fue descubierto en un complot contra el mismo CAP, sino que

---

[29] Ver Ignacio Ramonet en su libro Hugo Chávez, mi primera vida.

después hasta le consiguió una condecoración presidencial y le gestionó el traslado de Monagas a Caracas —tras aquella denuncia formulada por el capataz de su propia hacienda en la frontera con Colombia—, con la excusa de que debía continuar un curso en la Universidad Simón Bolívar. De la nada despreciable carga de vivencias políticas de Carmona, CAP esperaba un hábil colaborador que no fue más allá de los desaciertos.

El director de presupuesto del ministerio de la Defensa, el general Ramón Santeliz, había llegado al Fuerte Tiuna las once de la noche del tres de febrero. Saludó a los insubordinados que por un breve lapso tomaron la alcabala principal, se identificó y entró sin obstáculos porque conocía el santo y seña. Subió al despacho del ministro y conversaba con su asesor civil Fernán Altuve cuando Ochoa Antich llegó con un vistoso uniforme de gala, se enteró de las últimas novedades e impartió órdenes, para luego cambiarse la ropa por recomendación de los presentes y partir hacia Miraflores. Santeliz abordó su vehículo particular y, al igual que el ministro, se dirigió al palacio presidencial acompañado por Altuve. ¿Qué tenían que hacer Santeliz y Altuve en el palacio en esas circunstancias? ¿Se trasladaron por iniciativa propia o en forma convenida con Ochoa Antich? ¿No despertaban suspicacias? Lo cierto fue que Ochoa Antich, Santeliz y Altuve, fueron vistos varias veces cuchicheando en los rincones palaciegos.

Santeliz, un personaje taimado y con hedor a conjuras, era harto conocido entre los militares. Hacía un par de años había estafado a la nación con un contrabando de licores valorado en más de cien millones de bolívares (más de veinte millones de dólares) procedentes de Escocia y Japón, pero con influencias y otros procedimientos indebidos preservó la carrera militar y esquivó el proceso judicial y la prisión. El ministro lo sabía porque el director general del ministerio se lo comunicó oportunamente, no obstante él insistía en nombrarlo director de administración del ministerio, en cuyo caso hubiesen caído en manos de Santeliz nada más y nada menos que las jugosas partidas secreta y de compra de armas. ¡Válgame, Dios, ratón cuidando queso! El presidente rechazó esa postulación, pero en pocas semanas la voluntad del ministro se impuso y Santeliz fue designado director de presupuesto del ministerio. ¿Por qué Ochoa Antich colocaba entre sus colaboradores a un sindicado de estafa?

Fernán Altuve, por su parte, era hijo de un diplomático de la dictadura de Pérez Jiménez, que en el quinquenio de Betancourt participaba en confabulaciones de variado tipo. Desde hacía no menos de tres décadas Fernán se relacionaba con grupos dedicados a reblandecer la ética del Ejército, y ya en la presidencia de Chávez devino en perro de la guerra, gestor de suculentos contratos con Rusia y Bielorrusia. Uno de los presentes en el ministerio el cuatro de febrero recordaba una lluviosa mañana de 1964 en Lima, cuando la tripulación de un crucero de instrucción de guardiamarinas desayunaba mientras Fernán se acercó, se identificó y empezó a vituperar a Rómulo Betancourt y a exhortar a motines contra el presidente Raúl Leoni. La respuesta fue de extrañeza y repudio al instigador.

En medio de los apuros del golpe, Ochoa Antich se reunía con oficiales de alto nivel en una oficina adyacente al salón de sesiones del Gabinete, cuando CAP abrió la puerta y entró apresurado. Su presencia no fue más allá de los segundos necesarios para ordenar el ataque aéreo al Museo Militar. Al regresar el presidente a su despacho, Ochoa Antich levantó el teléfono para hablar con el comandante general de la aviación: "El presidente quiere bombardear La Planicie pero no lo vamos a hacer. Yo estoy en desacuerdo porque eso significaría poner en peligro a la población vecina" ... Lo que el ministro ignoraba o no dijo era que existían otras formas para atacar con precisión quirúrgica, como, por ejemplo, con un batallón de infantería o con misiles tierra a tierra accionados por expertos, pero ni siquiera las exploró. El suyo era un gesto insólito de desobediencia que provocó miradas de desconcierto entre los presentes. ¿Por qué el ministro se arrogaba facultades del mandatario? ¿Si discrepaba por qué no se lo dijo a CAP en su cara? Cuando estaba con el presidente era blandito, lisonjero, al dar media vuelta le brotaba la alevosía.

Durante la noche Chávez se había negado a responder las llamadas telefónicas del jefe del Estado Mayor de las Fuerzas Armadas, Iván Darío Jiménez, un general de la aviación bien conocido por su rectitud, espíritu reservado y pocas palabras. En esas horas el papel de Ramón Santeliz fue de intermediario entre Ochoa Antich y Chávez, quien casi a punto de las seis, cuando despuntaban los primeros rayos de sol y ya se sabía perdido, decidió llamar a Jiménez y lo hizo con un lenguaje entrecortado, incoherente, para tratar de concertar la salida más conveniente para él.

-Buenos días ge…

-Chávez, usted tiene cinco minutos para entregarse. En este momento dos aviones F-16 sobrevuelan "en frío" la zona, pero dentro de cinco minutos lo harán "en caliente". Usted sabe lo que eso significa...

-General, perdóneme. Eso no es lo que yo he hablado con el ministro Ochoa Antich. Nosotros ya acordamos…

-Me importa poco lo que usted haya hablado o acordado con Ochoa. O se entrega o dentro de cinco minutos lo bombardearé. Conmigo usted no tiene posibilidades de negociación.

-Bue… Está bien mi General, me rindo.

Tan pronto ocurrió la rendición a las seis y media, desde el Fuerte Tiuna (sede del ministerio) le participaron al ministro la inminente la partida de un convoy especial para atrapar a Chávez, lo que provocó la instrucción ministerial desencadenante de terribles despropósitos: "¡No! ¡Déjenmelo a mí, yo me ocuparé de él!" En cualquier otra nación la captura habría correspondido a un escuadrón con armas de grueso calibre, en presencia de un fiscal militar, de funcionarios de la Dirección de Inteligencia Militar (DIM) y de la policía política (DISIP). En este caso las cosas no fueron así porque el ministro encomendó la tarea al general Santeliz y al civil Fernán Altuve.

¿Por qué Ochoa Antich acudía a gente de comprobada moral falsa para apresar al subversivo y trasladarlo desde su madriguera hasta el ministerio? La razón aparente era que se trataba de sus amigotes de toda la vida, con quienes almorzaba, cenaba y con frecuencia andaba en distintos sitios. La afinidad entre ellos era como la de viejos matrimonios bien avenidos, que terminan por pensar igual y hasta tener gestos y tonos de voz parecidos. Los lazos existentes entre Santeliz, Ochoa Antich y otros, recordaban un frustrado desliz conspirativo de la época en que coincidieron en las aulas de la Academia Militar y entablaron su férrea y perdurable amistad.

Con las calles vacías el recorrido del Museo Militar al ministerio de la Defensa tomaba no más de veinte minutos. El tempestuoso martes cuatro de la insurrección, en cambio, duró más de cuatro horas y media porque el "detenido" fue llevado por Santeliz y Altuve a la Proveeduría de las Fuerzas Armadas en Catia, en el Oeste de Caracas, donde además de hablar ante un pequeño grupo rebelde, destruyó escritos, fotografías y otras evidencias de la planificación del desaguisado. De ahí lo trasladaron a dependencias de la

Guardia Nacional en El Paraíso, en el suroeste de Caracas, donde pronunció otra arenga.

¿Al ministro de la Defensa le faltaba malicia o estaba enterado del pérfido recorrido? Era cierto que él no podía estar atento a cada detalle de ciertos focos de alzados que cerca del mediodía continuaban activos en Maracay y Valencia, pero aún hoy el enigma sigue siendo por qué después de las 7.45 de la mañana él se desentendió por completo de Chávez, Santeliz y Altuve. ¿Por qué ni siquiera preguntó dónde andaban y qué hacían durante ese tiempo? ¿Podía el ministro de la Defensa ser tan cándido? ¿No levantaba sospechas? Al ver en retrospectiva todo lo sucedido, no se puede descartar que se tratara de una jugada preparada con anticipación por Ochoa Antich.

Chávez entró con paso firme al ministerio minutos después de las once de la mañana, caminó hacia el ascensor y con tranquilidad presionó el botón del quinto piso. Iba con los mismos pertrechos de guerra que no fue capaz de utilizar durante la noche: una ametralladora guindada al pecho, un rifle en la mano derecha, una pistola, una granada de mano y un par de cargadores de balas al cinto. Era el aspecto de un "Rambo" tropical con mirada y expresiones altivas, deseoso de ser fotografiado y filmado para la televisión y la posteridad. ¿O es que acaso quería atrincherarse y secuestrar o asesinar a los presentes en el quinto piso del ministerio?

Ante el desconcertante espectáculo, el inspector general de las Fuerzas Armadas (viceministro), vicealmirante Elías

Daniels, recriminó a los subalternos: "¡Desármenlo! ¿Por qué lo traen así?" Los acompañantes-cómplices permanecían callados al tiempo que Chávez se despojaba de las armas sin pronunciar una sola palabra. En ese instante era el otro Chávez, el apocado y llorón de cada vez que el mundo se le ponía chiquito. Daniels elaboró una lista de los pertrechos incautados y ordenó que los fotografiaran. Otra evidencia aún mayor del temperamento cobarde se le notó a los diez años del golpe, en abril de 2002, cuando de rodillas él imploraba perdón a los jerarcas de la iglesia católica por sus vituperios y les pedía protección frente a las supuestas inclinaciones asesinas de algunos militares, luego de haber ordenado una masacre de manifestantes pacíficos en las inmediaciones de Miraflores, que ocasionó su salida de la Presidencia por 48 horas.

Ahora bien, uno de los acertijos jamás descifrados es por qué Ochoa Antich optó por trasladar a Chávez al ministerio de la Defensa al ser apresado, cuando la Policía Militar era el lugar usual de encierro para los incursos en delitos. Cabría preguntarse, de igual forma, por qué al salir del Museo en condiciones ideales para huir y en300charse, el levantisco barinés prefirió entregarse. ¿Había diseñado su plan B esa misma mañana con Santeliz y Altuve o lo había preparado con anterioridad?

Instalado en el escritorio del jefe de la Casa Militar en Miraflores, casi al mediodía del 4 de febrero el ministro Ochoa Antich ordenaba a Elías Daniels que a Chávez se le permitiera hablar a través de la televisión. La conducta de Daniels como estratega del desplazamiento de hombres y equipos durante la noche, había sido firme, clara, sin sembrar dudas de lealtad. Sus contribuciones fueron determinantes para la derrota de la insurrección y para el retorno de las tropas a los cuarteles, pero ahora no objetaba los dislates del ministro y, por el contrario, los atendía con obsecuencia. Muchos en su oficina también le vieron gestos de cordialidad hacia Chávez, que con el avance de los años le fueron retribuidos primero con una asesoría en la comisión de fronteras de la Cancillería y luego con la embajada en Portugal.

Al echar una mirada atrás a los acontecimientos, Daniels me confesó su errónea coincidencia con Ochoa Antich sobre el efecto nocivo de la aparición de Chávez en televisión. Corto de intuición, él había creído que las repercusiones de esa transmisión se limitarían al terreno militar y serían positivas para el gobierno. Ese habría sido el móvil de su airada reacción frente a quienes trataron de hacerle ver la impertinencia de dar tribuna al causante del atentado contra las instituciones y de haber provocado muertos y heridos. Entre quienes no se ahorraron palabras de advertencia sobre los peligros de lo que se cocinaba el 4-F, estuvo un asesor civil del ministro que, al ser apartado con retrechería por Daniels, renunció ipso facto a su puesto y se fue a su casa. Con cara arrugada y tono de voz subido, Daniels había cortado cualquier posibilidad de diálogo: "¡No! No vamos evadir la voluntad del ministro. No vamos a cambiar lo ya decidido". El asesor, experimentado en política y especialista en asuntos públicos, había procurado hacerlo reflexionar desde el ángulo contrario a la sumisión al superior jerárquico para ir a lo trascendental: la amenaza a la democracia.

"Una cosa es examinar ahora en la tranquilidad de la casa o de la oficina los hechos ocurridos hace tanto tiempo, otra distinta era actuar al calor de los hechos y hacerlo con lealtad al Estado y apego a la ley, para restaurar con firmeza el orden sin incurrir en excesos. Por eso los análisis deben hacerse a la luz de la situación que existía el 4-F", me dijo Daniels para justificar su comportamiento de aquel día.

"Es cierto que Chávez gozó de un extraño trato amable y condescendiente mientras estuvo en el quinto piso del ministerio, cosa que hasta ahora nadie ha podido explicar y menos aún justificar. Eso me consta", comentaban entretanto y sin vacilaciones otros por mí consultados durante la preparación de este libro. En el ministerio de la Defensa era obvia la falta de sindéresis para mostrar el revoltoso como correspondía: esposado, sin uniforme, desaliñado, sin armas, sin insignias, y sobre todo con la boca bien cerrada. Esa debió ser la imagen del causante de decenas de muertos y cientos de heridos en el atropello a un gobierno surgido del voto popular, democrático, reconocido por todos. Una imagen expresiva, con efecto intimidatorio para los reductos alzados que al mediodía quedaban en las guarniciones de Carabobo y Aragua, pero las cosas fueron diferentes, amargas, perniciosas, porque el ministro de la Defensa no solo las permitió, sino que las estimuló.

A esa misma hora los venezolanos escuchaban en radio y televisión las opiniones y análisis de políticos, empresarios, sindicalistas, curas y académicos. Al provenir de los pasillos de Miraflores y del Congreso, esas voces e imágenes eran demostraciones palmarias de que el golpe había sido aplastado y, en consecuencia, nada justificaba la presencia de Hugo Chávez en la televisión, aunque en el ministerio de la Defensa las cosas se movían con rapidez en una dirección a todas luces interesada y malévola.

En el poco acogedor quinto piso del ministerio, Chávez observaba los afanes de los leales al gobierno y escuchaba sus conversaciones. Entre confundido y nervioso fumaba un cigarrillo tras otro mientras escrutaba rostros y masticaba sus acostumbradas salidas imaginarias. Era posible que incluso tratara de armarse valor para decir frente los micrófonos lo planificado con Santeliz y Altuve en la madrugada, o tal vez antes y con calma, en complicidad con algunos de alto vuelo jamás desenmascarados. Por instantes dejaba escapar una sonrisa sarcástica. Con cambios bruscos de ánimo pasaba del apocamiento a ofrecer sus "buenos oficios" para aligerar la rendición de los últimos rebeldes. Entretanto y casi como si les costara trabajo abrir la boca, los inseparables Santeliz y Altuve murmuraban que lo ideal sería una arenga televisada de Chávez. Aquellas escenas podían haber sido perturbadoras para un observador desprevenido, pero no para quienes se creían y comportaban como experimentados militares.

Episodios como el registrado el día del golpe no hubiesen sucedido en el ministerio de la Defensa durante la presidencia de Rómulo Betancourt, porque ahí estaban zorros intransigentes en el combate a las conspiraciones y al terrorismo, como el ministro Antonio Briceño Linares, que no se amilanaba para bombardear las montañas infestadas de guerrilleros, ni para perseguirlos en las zonas urbanas sin dar ni pedir cuartel. Por eso la subversión acicateada desde Cuba temía a Briceño Linares, lo odiaba como a nadie más y hubiera sido capaz de pagar cualquier precio por su asesinato.

Bastantes años después del gobierno de Betancourt, mientras saboreábamos una taza de café en su modesto apartamento de un edificio situado a pocos pasos de la plaza Altamira de Caracas, el general Briceño Linares, bajito, con pelo gris, vestimenta impecable y fuerte acento andino, me resumió en una anécdota las dificultades que sorteaba para vivir con relativa tranquilidad durante los peores años del terrorismo en Venezuela. Por eso, ni siquiera las visitas a su madre en la urbanización Vista Alegre en el oeste de la ciudad, transcurrían en sosiego: eran sorpresivas y breves en noches con interrupciones eléctricas intencionales y la zona tomada por el Ejército. Él asumía el costo de la fidelidad al presidente y a la democracia porque sus principios estaban bien definidos y acerados: honestidad y lealtad eran conceptos inseparables, iban juntos. En la cabeza de Briceño

Linares no cabían las dobleces, no almorzaba con golpistas ni con jefes guerrilleros, no los consideraba "compañeros caídos en desgracia" ni les hacía concesiones de ninguna clase. Por lo demás, frente a una situación de esa naturaleza Betancourt no habría vacilado para desprenderse del ministro sin contemplaciones.

En aquella difícil etapa venezolana de los años sesenta, los ministros de Relaciones Interiores y de Defensa, así como los cuerpos de inteligencia militares y civiles, trabajaban en armonía, compartían información y planificaban operaciones antisubversivas para garantizar la paz y la eficacia. En el segundo gobierno de CAP el cariz de los acontecimientos era otro porque el ministro Ochoa Antich buscaba el predominio de su autoridad y, por eso, afloraban las confusiones y desavenencias propicias para los agitadores.

Cuando ocurrió el atentado contra el presidente Betancourt el 24 de junio de 1960 en el Paseo Los Próceres de Caracas, el gobierno descubrió con prontitud a los principales responsables venezolanos y los apresó, aunque sí hubo errores de fondo en las averiguaciones policiales impidieron detectar otros cooperadores. Días atrás varios oficiales procedentes de Caracas habían solicitado el apoyo de los directivos del Liceo Militar Jáuregui, en La Grita, en Táchira, para una revuelta, sin que las averiguaciones llegaran a penas de ningún tipo, pero lo importante en esos años era la lealtad y la inflexibilidad del ministro y sus inmediatos colaboradores en el cumplimiento de sus deberes.

Con las semanas y los enrevesados meses siguientes de 1992 vinieron los esporádicos intentos por reconstruir los desplazamientos de Chávez y sus cómplices inmediatos, pero fue imposible establecer conclusiones firmes, primero porque cada vez que a él le pedían explicaciones las daba incompletas, torcidas a conveniencia, y, luego, porque un careo entre Santeliz, Altuve y el ministro resultaba inconcebible. Ochoa Antich seguía en el cargo blindado por el respaldo presidencial y, por lo mismo, su fidelidad "estaba" fuera de dudas. Santeliz nunca soltó prenda y su compinche Altuve hablaba incoherencias, era medio loco. ¿Quién suministró a Chávez el uniforme nuevo que lucía esa mañana? ¿En qué lugar se bañó, afeitó y cambió el uniforme? "Estuvimos en varios sitios", rememoraba después con deleite el teniente coronel. Hubo incluso rumores no confirmados de que en esas andanzas hasta visitó la casa de un relevante dueño de periódico.

Ochoa Antich estaba al tanto de la vocación subversiva de Ramón Santeliz porque entre ellos todo se discutía sin guardarse nada. Las mutuas manifestaciones de simpatía y solidaridad existían desde hacía treinta años, cuando sus pupitres estaban uno al lado del otro en las aulas de la Academia Militar. A Ochoa Antich le constaba que a su buen amigo le importaba poco cualquier jugada, por diabólica que fuera y sin descartar siquiera un magnicidio. Así llegaron a ser confidentes y hasta compadres dobles. En la época en que ambos eran tenientes coroneles, por ejemplo, una tarde Ochoa Antich descubrió un documento subversivo en el escritorio de Santeliz. En otra oportunidad, en el primer quinquenio de CAP, el compadrito del alma le propuso que se valiera de su posición de comandante del batallón de custodia de la residencia presidencial para asesinar al presidente Pérez e instaurar una dictadura[30].

CAP relataba en sus memorias que la noche del 3 de febrero el ministro apareció en Miraflores secundado por el peligroso individuo, y hasta lo introdujo unos minutos a su oficina. En el patio central del palacio el cómplice Fernán Altuve rogaba a Dios el éxito de la embestida final de los rebeldes, cosa que estuvo lejos de suceder. Caminaba nervioso de un sitio a otro, se pasaba una mano por la cabeza, se secaba el sudor de las manos, a la espera de cualquier señal halagüeña del ministro.

La complicidad sediciosa entre Santeliz y Altuve era conocida por todos y ellos no lo ocultaban, pese a lo cual el primero siguió como director de presupuesto del ministerio de la Defensa y el otro como su asesor, cargos que utilizaban para llevar y traer chismes y para relacionarse con los facciosos restantes. Ninguno de los dos fue llevado a prisión y ni siquiera interrogado porque gozaban de la protección ministerial. Las reuniones entre Ochoa Antich y Santeliz, las comidas dentro y fuera del ministerio, las visitas familiares, las cenas navideñas en casa de uno y otro, las celebraciones

---

[30] Ver *Así se rindió Chávez*, autor: Fernando Ochoa Antich, Libros de El Nacional. Editorial CEC, SA.

de cumpleaños y los regalitos para los ahijados, todo, todo seguía igual. Ambos pasaron a retiro el mismo día, cuando la promoción de la cual formaban parte finalizó el período de servicio activo.

Más allá de las jactancias de Ochoa Antich por sus nexos ancestrales con CAP y de sus públicas y notorias zalamerías a la familia presidencial y a Cecilia Matos, estaba el acendrado cariño hacia Ramón Santeliz. Por eso lo encubrió tanto en el gobierno como después, cuando por distintas vías y a medias empezó a contar poco a poco sus cuentos: en conversaciones con amigos, en el libro *Así se rindió Chávez*, en conferencias, en entrevistas por todos los medios posibles y en los artículos de opinión que producía uno tras otro, como si fueran salchichas.

El estilo directo y la trayectoria antisubversiva del presidente no daban lugar a interpretaciones, desde el primer instante sostuvo que "Cualquier mensaje de Chávez a sus cómplices debe ser grabado y editado", pero todo fue inútil porque Ochoa Antich lo desoyó y al hacerlo facilitó las cosas para que el sedicioso diera la sensación de un dirigente nuevo con ofertas tentadoras, reivindicadoras. ¿Por qué Ochoa Antich jugaba con las cartas marcadas? ¿Estaba el ministerio de la Defensa en manos de incapaces o de ingenuos con intereses oscuros? A Chávez le propusieron redactar sus frases para la televisión, pero no aceptó. Por momentos hablaba como si fuera el mandamás o como si la razón estuviera de su lado: "Yo improviso o no hablo, ustedes deciden" ... Luego de minutos de suspenso y miradas inciertas, el grupo se desplazó hacia una sala adyacente donde decenas de periodistas esperaban impacientes desde hacía más de una hora. El arranque de audacia de Chávez se impuso.

En la cúspide de las FAN había coroneles, generales, contralmirantes y vicealmirantes, algunos con experiencia y cursos en el exterior sobre técnicas de inteligencia y contra inteligencia. Pocos, empero, tenían el pálpito o la presunción de la jugarreta que estaba en desarrollo, y lo expresaban con timidez e incluso con temor después de la larga y asombrosa cadena de cabos sueltos dejados atrás por Chávez y por otros aquella misma mañana: el "déjenmelo a mí" del ministro, el traslado de Chávez sin escolta en el carro particular de Santeliz, la demora de tres horas en llegar al ministerio, el cambio del uniforme de Chávez, la aparatosa entrada al quinto piso del ministerio, la insistencia en el uso de los medios radioeléctricos...

La primera manifestación del juego doble del ministro fue evidente aquel día con el desacato a la orden presidencial de bombardear el Museo Militar y, luego, al presentar a Chávez ante las cámaras y los micrófonos de los medios electrónicos, aunque él después se escudaba en el Alto Mando y en una confabulación incubada en el despacho del inspector general, Elías Daniels. Sugería que Daniels se había confabulado con los revoltosos, pero por algún motivo no lo culpaba en forma tajante. ¿Temía acaso alguna grave revelación por parte de Daniels?

A Chávez nadie lo vigilaba durante las siete horas que pasó en el Fuerte Tiuna. ¡Nadie, absolutamente nadie! Por el contrario, estaba tan bien sentado ahí como si se tratara de un invitado de honor a quien dispensaban las correspondientes atenciones. Santeliz se colocaba a un costado suyo y se comportaba como si fuera su asistente para cualquier cosa que necesitara. Chávez pedía café negro y Santeliz corría, se lo traía en una bandejita de vidrio con galletas, pedacitos de queso amarillo y aceitunas rellenas. Le buscaba cigarrillos y se los encendía, mejor dicho, era un edecán adulante.

Fue así como a Chávez le permitieron hacer tres llamadas telefónicas: dos a los todavía renuentes en Carabobo y Aragua, y la tercera al mismo general de la penumbra sin mando de tropa que en alguna oportunidad había intercedido en su favor junto al ministro Carmona, y a quien luego pagaría el favor con un cargo en el directorio de Pdvsa. No era descartable que en esos diálogos estuviera la clave para descifrar detalles de las encumbradas complicidades, pero de manera inaudita nadie conservó el registro de esas comunicaciones telefónicas y ni siquiera hubo quien en ese instante lo estimara conveniente.

Las razones del Alto Mando para no consultar al presidente Pérez en tan extraordinarias circunstancias eran un misterio. Es verdad que el ministro era el primer eslabón de la cadena de jerarquías entre el presidente y las Fuerzas Armadas, pero los miembros del Alto Mando podían haber acudido a él en su condición de comandante en jefe, porque lo que estaba en juego no eran menudencias. El manido concepto de la obediencia debida esgrimido por Ochoa Antich y otros, no podía ser ciego, sordo y mudo, como ese día lo fue.

¿La urgencia en brindar una plataforma mediática al militar fracasado era una perfidia, una chapucería o una mezcla de ambas? A Ochoa Antich le constaban los bemoles técnicos del asunto, puesto que en su ejercicio ministerial esa no iba a ser la primera reunión con periodistas en el Fuerte Tiuna. Bien sabía que los cerros del sector se erigían en una suerte de muro infranqueable para la señal televisiva, que entonces no podía transmitirse a un satélite con la inmediatez actual. Lo procedente hubiera sido que un camarógrafo del canal del Estado tomara algunas imágenes sin sonido o grabara las palabras de Chávez para que el presidente las escuchara en Miraflores y ordenara editarlas o desecharlas. La decisión correspondía a él y no al ministro, pero éste lo eludía diciendo que la aparición del insubordinado en la televisión era urgente y nada ni nadie podía demorarla. ¿Nadie en realidad?

Cuando los venezolanos vieron y oyeron al insubordinado en televisión, su aspecto no era el de alguien con agotamiento físico, con las ojeras propias de dos trasnochos consecutivos. No. Más bien lucía recién bañado y afeitado, con impecable uniforme nuevo, gorra roja de paracaidista bien calada e insignias, mientras quien a su costado representaba la autoridad del Estado, Elías Daniels, lucía esmirriado, extenuado, sin afeitar, con uniforme de la Marina arrugado y sin insignias. Era un escenario preparado para realzar la figura del hasta ese instante desconocido teniente coronel. Los periodistas hicieron su trabajo: grabaron, tomaron fotografías y partieron presurosos para difundir en pocos minutos los videos contrarios a la voluntad del presidente de la República.

En ese clima de desconcierto los venezolanos escucharon las 175 palabras con las cuales el audaz insufló ilusiones. Eran posiblemente frases ensayadas en el tiempo que pasó con Santeliz y Altuve o, por qué no, antes. Hasta entonces el país sediento de cambios nunca había sido conmocionado por un uniformado con ese aspecto y con tan pocas palabras, a partir de lo cual muchos querían saber cada vez más de Chávez y sobre Chávez, qué pensaba, qué se proponía, con qué planes venía. Para desgracia de todos, un nuevo e imprevisible ídolo popular acababa de empezar su andadura, mientras al presidente Pérez y al gobierno les resultaba cuesta arriba volver al ritmo normal de sus labores y recuperar el prestigio perdido. Para infortunio de todos CAP ya no volvería a ser el mismo.

Los militares regresaron a la oficina del ministro, donde se registró un episodio infinitas veces recordado por quienes lo presenciaron: Chávez lloraba avergonzado por haberse entregado sin disparar una sola bala, por no haber sido capaz de salir de la retaguardia, al tiempo que Santeliz lo apaciguaba: "No llores carajito, tú no sabes lo que has dicho. Ese "por ahora" estuvo genial"... La atmósfera de la sala combinaba lo que para unos era una dosis de vergüenza y para otros un disimulado regocijo ante el supuesto preso. En algunos eran probables ciertos aires de superioridad o de menosprecio al faccioso, que hasta el mediodía solo tenía muertos, heridos, malas estrategias y tácticas de guerra. En otros, por el contrario, se había formado el concepto del oficial valiente, del corajudo capaz de empuñar las armas para desafiar un sistema descompuesto y sin perspectivas de arreglo. Unos corrían, otros conversaban y curioseaban, la preocupación de unos era genuina, la de otros no tanto.

Quienes ahora repasen el video podrán preguntarse a qué se asomaba un civil sin gracia (Fernán Altuve) situado detrás y a la izquierda de Chávez, de Daniels y algunos más. El detalle desapercibido era síntoma de que aunque la insurgencia era un fracaso total, el terreno estaba arado para el éxito político del alzado. Es más, durante la escritura de este libro volví a ver dos veces la grabación y en ambas sentí el mismo desconcierto del cuatro de febrero, y en esas dos ocasiones recordé los juicios premonitorios de mi amigo George Philip, profesor de la London School of Economics, sobre la fragilidad del sistema democrático venezolano.

En sus altibajos emocionales el insubordinado expresaba temor a ser ejecutado por instrucciones del presidente. "Carlos Andrés ordenó mi asesinato", sostenía entre sollozos. "No señor, tenga usted la seguridad de que ni el presidente ni nosotros somos asesinos. Eso sí, usted tendrá que responder por sus actos y serán los tribunales los encargados de juzgarlo y castigarlo", recordaba Daniels haberle dicho para calmarlo. Chávez bajaba la cabeza y rezongaba, de un de bolsillo de la camisa sacaba un pequeño crucifijo de metal, lo frotaba y se persignaba. Más supersticioso que religioso, a ratos acariciaba y besaba su amuleto más preciado, el viejo escapulario del bisabuelo Maisanta, el bandolero que en sus correrías por las veredas llaneras mataba y hería, violaba mujeres, asaltaba y robaba. A Chávez le preocupaba la posibilidad de su ejecución, pero no se arrepentía por los muertos y heridos que ese día dejó. Eso jamás le inquietó.

Los insurrectos de Maracaibo habían sido los únicos en cumplir los objetivos de apoderarse de la ciudad y de apresar al gobernador del estado, pero lo hicieron a costa de severos destrozos en instalaciones militares y policiales y de provocar numerosos heridos, a partir de lo cual cometieron los dislates que a las diez de la mañana los pusieron en obvia desventaja y se vieron obligados a admitir la derrota y a entregarse con las manos arriba.

La capacidad física del jefe del Estado era insuficiente para tantas ocupaciones. En el curso de la mañana contactaba a funcionarios y personajes esenciales de distintas ciudades, atendía llamadas nacionales e internacionales, recibía visitas ineludibles y, por lo mismo, solo le había asistido la posibilidad de delegar en el ministro y en el Alto Mando el sometimiento del autor intelectual y material del desaguisado. Por lo demás, para eso estaban ellos y en ellos debía confiar. No le asistía otra posibilidad.

Las disputas entre generales y almirantes se habían incubado en más de diez años de campañas sucias dentro de los partidos políticos. Generales del Ejército tenían listos sus proyectos para la toma del poder en caso de que las luchas en los partidos detonaran, ocasionaran una grave crisis y dieran al traste con la democracia. Ellos sencillamente estaban a la caza de una oportunidad y eso era un secreto a voces. Se conocían con certeza los nombres de generales felones y sus estrategias diseñadas con calma y sin pausa. Los rumores se escuchaban sobre todo a mediados de cada año, cuando se acercaban los anuncios de ascensos y las pugnas arreciaban. Ochoa Antich era mencionado con frecuencia entre quienes tenían proyectos personales.

La competencia por posiciones claves en las Fuerzas Armadas se libraba a cuchillo. Se daban casos de dieciocho y veinte jerarcas disputándose un puesto, porque los presidentes Luis Herrera Campins y Jaime Lusinchi otorgaron ascensos sin razón ni medida sólo para congraciarse con ellos y, por lo mismo, proliferaban los generales buenos para nada, que con sus zapatos de charol, chapitas de latón y banderitas en el pecho, se dejaban ver en los pasillos ministeriales, mientras bostezaban e intercambiaban anécdotas a la espera de un milagro. Después del mediodía, de lunes a viernes recorrían alegres los bares y restaurantes de moda, donde chismeaban, bebían y reían a gusto. Esa era su rutina. Por ese motivo en el primer año de su segundo gobierno, CAP tomó la nada fácil decisión de no conceder ascensos a generales y vicealmirantes.

El complot paralelo del 4-F con argucias de telenovela, fue confirmado por Chávez en *Televen* agosto de 2011, en una entrevista de su ex canciller José Vicente Rangel: "Un viejo conspirador, el general Aníbal Santeliz, que estaba ahí (en el ministerio), era asesor del ministro aunque en realidad estaba con nosotros... Él me ayudó mucho ese día... Nunca olvidaré sus gestos de valor. Del museo salimos incluso en su propio carro. Él mismo manejaba para que no se cumpliera la orden de asesinarme impartida Carlos Andrés Pérez... Mi discurso breve de ese día fue improvisado"... En una entrevista publicada por el diario oficialista *Ciudad de Caracas* al año siguiente (18-2-2012) y con pequeños detalles adicionales, Fernán Altuve reafirmó en parte lo expuesto por el teniente coronel, agregando que habían ganado unas horas en las cuales ensayaron el "por ahora" y discutieron la ida de Chávez al ministerio acompañado por gente de radio y televisión, para que la nación entera lo viera y escuchara en vivo.

Una historiadora y profesora universitaria amante de Chávez por más de diez años, Herma Marksman, recordaba que en la recta final de la planificación del motín, una vez a la hora de la cena ella le preguntó si sus planes contemplaban la eventualidad del fracaso, a lo cual él respondió: "No. Eso no puede ocurrir y no va ocurrir". Herma levantó la cabeza, lo miró y objetó: "Pues deberías pensarlo. Tú no puedes dejar de lado eso que es una probabilidad real"… Él sonrió y ripostó: "Bueno, en ese supuesto negado yo asumiría la responsabilidad de los hechos para tratar de enderezar las cargas"… Por eso, en nuestras varias conversaciones telefónicas la historiadora, a quien atraían los regímenes de fuerza, sacaba la conclusión de que "Hugo sí había articulado con anticipación algo como lo que dijo a través de la televisión".

Al cabo de dieciocho horas en Miraflores, a las tres de la tarde el ministro Ochoa Antich se encaminó hacia la residencia presidencial para saludar a la familia de Carlos Andrés Pérez, enterarse de viva voz de la agresión de que había sido víctima y observar los daños causados a instalaciones de la República. Dos horas después partió hacia el ministerio, donde escuchó los reportes sobre la situación en cada región militar. En ese momento ya no quedaban focos de resistencia, todos habían sido sofocados, al tiempo que la otra conspiración, la de los civiles con el doctor Caldera y Los Notables como piezas fundamentales, descubría nuevos alicientes.

Avanzada la tarde y con cara de satisfacción, el ministro de la Defensa rememoraba ciertos pasajes vividos durante la noche en el Palacio, donde lo único que pudo comer fue un par de sándwiches y tomar incontables tazas de café. Acosado por el hambre luego invitó a un puñado de oficiales y también a Chávez a almorzar en el comedor ministerial, después de lo cual el "prisionero" se levantó de la mesa y regresó al teléfono para explicar a Herma Marksman el trato respetuoso y amable que allí le prodigaban. También llamó a Barinas para aliviar la preocupación de su madre y otros familiares, que no se despegaban del televisor. ¿No eran esos unos episodios insolentes para la democracia?

Después de todo, en la memoria de Marksman no eran lejanos los diálogos en que Chávez le perjuraba que al ponerle él la mano a la presidencia de la República, nadie se interpondría en su camino y ella estaría ahí, a su lado, en tareas medulares de la revolución. Con su corazón enamorado, ella caía una y otra veces en las jugadas tramposas del golpista. Por eso, no entendía el trato amable y respetuoso dispensado a Chávez en las horas que pasó sentado en el quinto piso del Fuerte Tiuna, como si se hubiese tratado del autor de una proeza y no como lo que en realidad era: el culpable de graves delitos. Sin pasado en el activismo político y sí cooperadora directa de la revuelta, la historiadora se había formado el criterio de que más allá de la derrota militar, el jefe de los sublevados había salvado el orgullo y justificado la postura de los insurrectos.

A partir del 4 de febrero Marksman vio como naturales los aspectos de la trama que se ventilaban en público en forma progresiva, porque por años ella se había enterado de todo o casi todo mientras cumplía tareas de posta entre Chávez y un reducido sector militar. Llevaba y traía mensajes y borradores de documentos, sondeaba opiniones, daba consejos; sin despertar sospechas se movía entre la conspiración y las aulas universitarias, donde sondeaba las opiniones estudiantiles sobre el Presidente y su gobierno y extraía ideas para ayudar a los conspiradores.

Ocho años antes, en marzo de 1986 la profesora había sido la única participante civil en un cónclave de conjurados en San Cristóbal, cuya característica esencial fueron los desencuentros y amagos de enfrentamiento. Durante dos días ella escuchó las reticencias de los miembros una logia paralela que le disputaba el terreno a Chávez, pero que al final se transaron en un acuerdo mediante el cual uno de los suyos, el comandante Francisco Arias Cárdenas, asumió la jefatura de la conspiración en el estado Zulia y al alzarse arrestó al gobernador del estado y a otros funcionarios, provocó destrozos y heridos y, como si hubiese tenido grandes méritos, en el gobierno de Chávez se desempeñó como vicepresidente de la República, gobernador del Zulia y embajador en México. Y por lo que a Herma Marksman concernía, aunque desempeñó un papel marginal en el golpe, jamás fue interrogada por los cuerpos de inteligencia y ni un solo día estuvo detenida.

Otro elemento clave del derrumbe del alzamiento fue la ruptura de las comunicaciones radiales entre sus jefes a partir de las once de la noche del 3 de febrero, cuando el convoy de paracaidistas liderado por Chávez se desplazaba hacia Caracas por la autopista regional del Centro. En contravención de lo acordado, al llegar a La Victoria él se desvió por la carretera vieja de Los Teques sin consultar ni informar al comandante de un grupo que en autobuses iba uno o dos minutos adelante con la misión de apoderarse de la Comandancia General de la Aviación, situada en la base militar de La Carlota, también en Caracas.

En esas circunstancias los rebeldes quedaron desarticulados, sin quien coordinara la embestida a los sitios elegidos y, por supuesto, sus posibilidades de triunfo se vinieron abajo. Al perder la conexión con Chávez y también entre ellos empezaron a actuar de manera errática, dando palos de ciego, sin tácticas de guerra. No tenían idea de cuánto sucedía en el núcleo del golpe porque desconocían la verdadera personalidad de Chávez, del Chávez artero, a quien en todo momento habían imaginado en la vanguardia, peleando con la valentía que él pregonaba, mientras suponían al presidente Pérez preso o muerto en La Casona o en Miraflores.

No faltaban las conjeturas de algunos analistas y sobre todo las de Marksman, que podían tomarse en cuenta con el beneficio de la duda: 1) las pretensiones de Chávez al abandonar la autopista regional del centro eran evadir a un grupo de civiles que lo esperaba en la oscuridad de bajada de Tazón, en una de esas rampas de frenado para camiones de la entrada de Caracas. Él quería dar el golpe con la participación exclusiva del Ejército, puesto que ahí se había formado y ahí estaban sus hombres de confianza. 2) Chávez había sido oficial de comunicaciones y sabía desactivar el sistema radial, cosa que habría hecho para escabullirse de la logia. Entre esos analistas había quienes entendían que al desconectarse de los demás y colocarse en un lugar seguro alejado de las balas de los custodios de las instalaciones del Ejecutivo, Chávez lideraría con independencia las acciones militares.

La administración de CAP adolecía de un equipo de especialistas en imagen pública, para enfrentar las ruidosas campañas de Los Notables, Caldera y los medios de comunicación. Ese era su talón de Aquiles. El ministro de Información, el abogado Andrés Eloy Blanco Iturbe, había hecho carrera política en AD y llegado al gobierno con lustre más heredado de su padre —el poeta homónimo suyo fallecido en México en 1955—, que de su propia cosecha. Su incompetencia en las horas de angustia fue estruendosa, cuando Ochoa Antich se inmiscuyó como quiso en los asuntos del ministerio de Información y él estuvo, como cualquier vecino de barrio, entre los últimos en enterarse de la presencia de Chávez en las pantallas televisivas.

Ese día el ministro de información concurrió al Congreso para supervisar la cobertura mediática del infortunado discurso de Caldera contra CAP y contra el sistema. Allí nos encontramos y me contó que Caldera lo había llamado para solicitarle la cobertura más amplia posible de su intervención y que él estaba allí para garantizar que eso sucediera. A Blanco Iturbe, sin embargo, no se le ocurrió abordar el asunto del teniente coronel con el presidente Pérez y con Ochoa, y ni siquiera le pasó por la mente la idea de visitar el Fuerte Tiuna en tan álgidas circunstancias. En su condición de ministro de información él podía haberse trasladado al Fuerte Tiuna e impedido el mensaje del golpista, pero el ministro de la Defensa pudo más. De allí que no fuera exagerado afirmar que Blanco Iturbe estaba pintado en la pared.

En Miraflores había corrido como pólvora el desacuerdo de CAP con las intenciones de Ochoa Antich de dar proyección nacional a Chávez. Todos estaban enterados, nadie lo ignoraba y en voz baja lo comentaban. Blanco Iturbe no era la excepción, pero en su desvarío no sabía descifrar el papel determinante de la política comunicacional del Estado en los peores trances. Con posterioridad a aquellos desafortunados hechos le envié correos electrónicos para obtener alguna explicación de su comportamiento, pero no respondió. La incapacidad lo hacía huidizo.

Por uno de esos incidentes ignominiosos de la vida, en octubre de 1980 y en los meses siguientes ese abogado había sido uno de los cinco integrantes de la comisión de ética de Acción Democrática, redactora del informe de ocho páginas contra Carlos Andrés Pérez con ocasión del caso Sierra Nevada. Firmó el desafortunado documento de la comisión, abundante en generalidades y medias verdades, sin dejar constancia de reservas de ningún tipo y más tarde, perdonado por el Presidente Pérez en su segundo mandato, llegó al gobierno con cara de yo no fui. Blanco Iturbe siempre fue, en definitiva, el hombre equivocado en el sitio equivocado y a la hora equivocada.

Los comandantes rebeldes del interior del país desconocían las razones del cabecilla para escurrirse hacia la retaguardia del asalto al poder central, para no estar al frente del ataque y para claudicar sin la menor muestra de arrojo. Y las vinieron a descubrir en prisión, cuando los oficiales de menor graduación presos en el Cuartel San Carlos narraban sus verdades y las discutían: describían a Chávez perplejo, contemplando con binóculos los sucesos de Miraflores a más de tres kilómetros de distancia. Lo culpaban de las vergüenzas, yerros y omisiones en el desplazamiento de la tropa y sus pertrechos.

La noche del 3 de febrero un grupo de civiles tuvo una participación intrascendente o, peor aún, ridícula, en la toma del canal estatal de televisión. Algunos de ellos, de extrema izquierda vinculados a la Causa R, a Bandera Roja y a otras organizaciones, tenían experiencia en actividades subversivas, pero demostraron ignorancia total en el funcionamiento de equipos electrónicos: no sabían cómo pasar el contenido de un videocasete VHS al viejo sistema U-matic que usaba la planta, menos aún cómo poner en funcionamiento los vetustos transmisores de señal abierta del canal, por lo cual los empleados de turno impidieron sin dificultad la difusión de una alocución grabada por la "junta militar".

La importancia determinante de las teorías sobre la incidencia de la opinión pública en situaciones de guerra era conocida y había sido estudiada desde hacía casi un siglo, pero, a pesar de eso y del vertiginoso desarrollo de las comunicaciones, lo menos que Chávez programó fue la toma de las televisoras y de las principales radioemisoras de Caracas. Logró involucrar la asombrosa cantidad de 2668 militares a su plan[31], pero no supo controlar a los medios de comunicación de masas. Al programar solo la toma de la televisora del Estado, los insurrectos exhibieron una débil noción de la influencia de los medios de comunicación en los conflictos bélicos. Por eso, no es equivocado decir las estrategias y tácticas militares de Chávez jamás dejaron de ser desastrosas.

Las presunciones inexactas de los rebeldes fueron aliciente para que el fuego cruzado continuara en los estados Aragua y Carabobo hasta poco después del mediodía. Los revoltosos de esa zona estimaban inverosímiles las versiones sobre el descalabro chavista y fueron los últimos en rendirse. Antes, a las nueve y media de la mañana, los sublevados que por más de diez horas habían estado atrincherados en la base aérea de La Carlota depusieron las armas, después de

---

[31] Cifra del juez militar de la causa.

ocasionar muertos, heridos y daños a las edificaciones y equipos.

Un empresario había proporcionado dinero para adquirir en Miami un pequeño lote de teléfonos celulares, que solo funcionaban en las principales ciudades con aparatos grandes, pesados, de tecnología incipiente e incómodos para su uso. "Ustedes deben contar con un sistema alterno de comunicaciones", sostenía aquel individuo. Eso, no obstante, fue un ensayo con mal final porque el oficial enviado a comprar los aparatos desapareció con los dólares, que no eran una abultada cifra.

En su etapa de ayudante del secretario del Consejo de Seguridad y Defensa Nacional en el Palacio Blanco, frente a Miraflores, el teniente coronel Chávez había explorado cada rincón del objetivo. Le constaba que el edificio lateral correspondía al cuartel de la Guardia de Honor, donde en condiciones normales unos trescientos hombres armados se rotaban la vigilancia en guardias de ocho horas. Al recorrer en infinitas oportunidades aquellas instalaciones con la malicia de siempre, él sabía que el asalto a Miraflores implicaría combates prolongados, con incontables muertos y heridos, pero desconocía (hecho afortunado para el gobierno) que ese día solo había allí un puñado de militares y civiles fieles al presidente. La sede central y simbólica del Estado venezolano estaba desguarnecida.

Como los ejercicios imaginativos de Chávez concluían en que las cosas serían difíciles e imprevisibles, él no dudó en seleccionar el viejo edificio del Museo Militar como puesto de comando del motín, edificio que por muchas décadas ocupó el ministerio de la Defensa. Eso, por supuesto, no se lo confesaba ni a la profesora Marksman ni a los compinches de la logia. Estar a la vanguardia habría implicado luchar al descampado, tal vez dentro de un vehículo blindado expuesto al alcance de una bazuca antitanques en la avenida Urdaneta o en las calles adyacentes a Miraflores. Quería tomar el poder, pero le aterraba la idea de exponer el pellejo en una balacera. Soñaba con entrar glorioso al despacho presidencial, sin rasguños de ninguna clase, cuando la tranquilidad reinara en los cuarteles y la mesa estuviera servida. Era un plan personal secreto que le evitó rasguños, pero puso en desbandada a los suyos. Chávez adquirió el compromiso de comandar el asalto al palacio de Miraflores, pero incumplió el juramento.

Desde hacía años, integrantes de la Causa R, Bandera Roja, Movimiento Electoral del Pueblo, y hasta exguerrilleros sin partido que actuaban como ruedas sueltas en la alteración de la paz colectiva, discutieron con Chávez su función en el golpe y en la subsecuente junta de gobierno cívico-militar. Algunos hasta escribieron borradores de proclamas y un primer paquete de decretos para desmantelar las instituciones nacionales. El teniente coronel los escuchaba, les exponía ideas y los ilusionaba como si de niños se tratara, pero al llegar el tres de febrero los dejó en la estacada.

Según la ex amante del líder rebelde, en innumerables reuniones Chávez había prometido entregar un camión con armas y municiones a militantes de la izquierda dirigidos por el diputado y exguerrillero Alí Rodríguez Araque, el mismo que desde la universidad escondía un pasado tenebroso. En los años sesenta, a la par de los estudios de leyes, Rodríguez Araque había adquirido destreza en la fabricación rudimentaria de explosivos que eran utilizados con fines terroristas. Desde entonces y hasta finales de la década de los setenta, ese siniestro individuo fue uno de los cerebros de la planificación de secuestros y extorsiones a empresarios, asaltos a bancos, colocación de artefactos detonantes, asesinatos de policías y militares.

En esporádicas oportunidades Rodríguez Araque y yo desayunábamos en las destartaladas mesas del Café Viena, en el Pasaje Zingg, a cuadra y media del Congreso, donde me ponía al tanto de las novedades de la izquierda en que él se desplazaba, sin que me resultara difícil olfatear sus habilidosas formas de dosificar la información y torcerla a su conveniencia. Yo lo había conocido en sus años de diputado de la Causa R, cuando se mostraba interesado en el estudio de variados temas, con énfasis en economía petrolera y en la historia de los hidrocarburos en Venezuela y entabló amistad con especialistas nacionales y extranjeros, sin nunca descuidar sus artes de la conspiración.

Desde la presidencia de Pdvsa, en abril de 2002 Rodríguez Araque fue la pieza clave para el despido de más de veinte mil ejecutivos, profesionales, técnicos y obreros calificados de la industria petrolera, como respuesta a una huelga general que por dos meses paralizó la producción petrolera y puso en jaque al gobierno. Su presencia en Pdvsa marcó el inicio de una corrupción desenfrenada que se exacerbó en la gestión de su sucesor. Como ministro de energía diseñó la compra de un lote de plantas generadoras de electricidad para aliviar la crisis desatada por la falta de mantenimiento del sistema de energía del Guri, pero el corolario fue el robo de miles de millones de dólares por parte de un grupo de jóvenes etiquetados "bolichicos", algunos de ellos relacionados con figuras centrales de la oposición y sobre todo de Acción Democrática.

Rodríguez Araque, alias "comandante Fausto", en junio de 1972 fue uno de los planificadores del secuestro de un poderoso industrial de edad avanzada y salud delicada, apodado el rey de la hojalata, propietario de empresas con cuotas respetables en el mercado latinoamericano de envases metálicos y utensilios del hogar, cuya familia se vio obligada a pagar como rescate una suma que hoy equivaldría a más de cinco millones de dólares. El "comandante Fausto", contra quien llegaron a pesar hasta 17 autos de detención por distintos delitos, se "incorporó" a la vida ciudadana durante el gobierno de Herrera Campins, sin renunciar a su compromiso como agente de Cuba y de la subversión en Venezuela.

Hasta el último de sus días, fue metódico, callado, sigiloso, estudioso, calculador, desconfiado de todo y de todos, de decisiones firmes, claro en sus objetivos y con irrenunciables convicciones marxistas. Fogueado como el que más en el complejo arte de retroceder un paso para luego avanzar dos, solo contados camaradas acertaban en descifrar sus verdaderas intenciones. Era inescrutable. Entrenado en Cuba en la década de los sesenta, en las montañas no se le aguaba el ojo para ordenar la ejecución física de cualquiera, incluyendo a los compañeros que se resbalaran. Siempre fue un hombre de La Habana, adonde Nicolás Maduro lo envió como embajador cuando el cáncer de próstata que por años sufría se transformó en metástasis ósea y entró en la etapa terminal.

En el fragor del combate nocturno del 3 de febrero de 1992, un sublevado herido telefoneó a Marksman desde un lugar próximo a Miraflores para saber dónde andaba y qué hacía su jefe, pero ni siquiera ella lo sabía. Minutos más tarde Chávez la llamó para decirle que estaba cerca de su casa y en buenas condiciones, sin darle tiempo a preguntar o informar nada. A esa hora había muertos, heridos y destrozos en distintos lugares. Si Chávez hubiese estado en la vanguardia del combate con toda seguridad habría asesinado al Presidente, pero al agazaparse en la penumbra del Museo Militar —desde donde observaba con binóculos los sucesos de Miraflores—, el asalto de sus desvelos se vino abajo como un castillo de naipes. CAP no se habría rendido porque no estaba hecho para doblegarse, como lo probó en las peores tormentas políticas ocurridas entre 1945 y 1948, y en la lucha clandestina contra la dictadura de Pérez Jiménez. Era valiente. Cuanto más complicadas se ponían las cosas, con más temple procedía, sin amilanarse por nada. Esa era su naturaleza.

Al quedar en minusvalía y sin comandante, los atacantes cayeron en el aturdimiento y la desmoralización que de manera inexorable los llevó a la rendición. ¿La conducta de Chávez era propia de un jefe militar con arrojo? Con esa pregunta en los labios los complotados rumiaban sus lamentos. En el Cuartel San Carlos, la prisión militar donde estaba recluida buena parte de los insubordinados, las discusiones subían de tono hasta llegar a la violencia. Mayores y capitanes rebatían las afirmaciones de Chávez, lo calificaban de traidor y cobarde, lo acusaban de desacato al juramento de combatir hasta la victoria o la muerte y de no haber disparado siquiera una bala. Le recriminaban haber claudicado sin consultar la opinión de los más cercanos y sin informar nada a nadie en la logia, cosa que pudo haber hecho porque los teléfonos del Museo Militar todavía funcionaban el 3 y el 4 de febrero y él los utilizó toda la noche para negociar su rendición. La oportuna intervención de los carceleros del cuartel San Carlos impidió un par de veces el linchamiento, lo que motivó su traslado a la cárcel de Yare.

Las explicaciones de Chávez siempre daban para todo. En el Cuartel San Carlos, en la prisión de Yare, situada a setenta kilómetros de Caracas, y finalmente como presidente, en ningún lugar y en ninguna circunstancia dejaba de achacar la derrota a una combinación de factores ajenos a su responsabilidad: a delaciones, a fallas técnicas, al arrepentimiento de oficiales de unidades estratégicas y a la imposibilidad de aprehender a Carlos Andrés Pérez en Maiquetía, en La Casona o en Miraflores. Lo cierto fue que la sagacidad de Pérez para huir de la trampa anuló el factor sorpresa del golpe y lo transformó en catastrófica desventaja para Chávez.

Las semanas y meses permitieron a periodistas nacionales y del exterior constatar las huellas de la agresión en las paredes y techos del palacio, aunque Rafael Caldera y otros se resistían a creer que los revoltosos quisieran matar al primer magistrado de la República. ¿Le constaba a Caldera la inexistencia de propósitos magnicidas? ¿Acaso había discutido el asunto con Chávez? En el Congreso aseguró que no votaba por la suspensión de las garantías constitucionales porque uno de los considerandos del proyecto de condena del golpe decía que las intenciones de los alzados eran magnicidas. A pesar de la incredulidad de Caldera, en las alfombras de la antesala presidencial estaban las manchas de sangre de los caídos y heridos en la refriega, reveladoras del ensañamiento al que Caldera restaba importancia.

"La posición de Carlos Andrés Pérez sobre la actuación de Santeliz y Altuve era crítica. Él afirmaba que el propósito de ellos había sido asesinarlo en el palacio de Miraflores en medio de la confusión. Yo rechazaba ese señalamiento, ya que si bien era verdad que había aspectos oscuros en la actuación de ellos en el momento de la detención de Chávez, nunca creí que pudieran tener propósitos magnicidas", me aseguró Ochoa Antich en un correo electrónico. Caldera, Chávez y Ochoa Antich coincidían en esa afirmación.

CAP narraba en sus memorias la confesión de Ochoa Antich de haber gestado con Santeliz la idea de dar tribuna al golpista: "Yo le respondí muy molesto: No señor, hágalo preso. Él no tiene nada que hablar por televisión… A un señor como ese, derrotado y cobarde, que se quedó encerrado en La Planicie cuando pudo apoderarse de Miraflores, no se le puede dar la posibilidad de hablar por televisión. Quién sabe qué va a decir, qué proclama va a dirigir a las Fuerzas Armadas. Llévenlo preso. Graben y después editan. Luego me enteré que Chávez había hablado por televisión. Me indigné y llamé a Ochoa Antich. Él me aseguró que había dado las instrucciones. Era increíble. A Chávez se le permitió hablar contrariando una instrucción expresa que di al ministro de la Defensa, en presencia de quien fue a buscar a Chávez al antiguo ministerio de la Defensa"…

Las versiones sobre la implicación o presunta implicación del ministro de la Defensa en la revuelta de febrero provenían de fuentes militares y civiles. Eran reiteradas, pero Carlos Andrés Pérez y otros las escuchaban con incredulidad y las descartaban. "Si él hubiese estado en la conjura, no me habría llamado a tiempo", manifestaba el

Presidente. Las contradicciones, misterios y rumores surgían a cada instante y hacían que la verdad estuviera al mismo tiempo en todas partes y también en ninguna. Informaciones, documentos y declaraciones apuntaban en direcciones contrarias y en todas prevalecían los enredos.

Mientras iban rumbo a *Venevisión* la noche del golpe, Ávila Vivas le recomendó al presidente Pérez prevenir potenciales tentaciones golpistas de Ochoa Antich. "Lo mejor, presidente, es que en este momento usted lo tenga bien apartado de quienes están en el ministerio"... Las suspicacias que Ochoa Antich le despertó al ministro del Interior en el aeropuerto de Maiquetía, le hicieron recordar los sucesos del 13 de septiembre de 1973 en Chile, cuando el comandante del Ejército y hombre de confianza de Salvador Allende, Augusto Pinochet, dio el golpe que condujo al presidente suicidio. Ochoa Antich, por su parte, aseguraba haber llegado por cuenta propia al palacio, cuando CAP aún no había regresado de la televisora.

Poco a poco, con los años Carlos Andrés Pérez fue uniendo las partes sueltas de aquel funesto rompecabezas de la historia nacional. Leyó copias de viejos informes de los cuerpos de inteligencia civiles y militares, rebuscó en su memoria y oyó diversos puntos de vista de testigos y analistas, así hasta que las evidencias empañaron la imagen de ese militar en quien por años había creído. Entre amigos y también en una entrevista periodística radial, CAP confesó su desilusión de Ochoa Antich, de quien luego recibió una carta recriminatoria que no se molestó en responder. El aprecio ya era cosa del pasado, aunque el exministro hacía cruces con los dedos, las besaba y juraba que la cordialidad entre ellos fue tan prolongada y resistente a especulaciones, que ningún elemento circunstancial la enturbiaría porque se remontaba hasta los afectos de CAP hacia su padre, el mayor Santiago Ochoa Briceño, en las convulsas situaciones del trienio 1945-1948.

Uno de los documentos con incidencia en el cambio de criterio de Carlos Andrés Pérez explicaba situaciones anteriores a la juramentación ministerial de Ochoa Antich, en junio de 1991, es decir, a siete meses de la sublevación, cuando él se acercaba a Cecilia Matos, a Blanca de Pérez y a otros personajes influyentes para pedirles que recomendaran su nombre para el cargo. También aludía a un mayor del Ejército que suministró a Ochoa Antich una secuencia de los movimientos de la logia de Chávez, con fechas, nombres y sitios de reuniones, pero en vez de ordenar una averiguación sobre el caso, la respuesta del flamante nuevo ministro fue olímpica: la vida militar venezolana transcurría con absoluta normalidad, sin motivo alguno de preocupación. ¿Cuál era la razón para desdeñar de buenas a primeras las revelaciones del interlocutor? ¿Por qué el ministro ni siquiera informó esos inquietantes hechos a CAP?

Frente a unos comentarios míos a los efectos de este libro, Ochoa Antich dijo no recordar dónde reposaba una copia de su misiva con admoniciones al expresidente Pérez.

Podía haberla olvidado en la embajada venezolana en México, donde representó al gobierno de Rafael Caldera como embajador, podía estar en alguna caja de papeles viejos en Caracas, quién sabe dónde... "El motivo de dicha comunicación fue la molestia causada por una entrevista que hicieron al expresidente Pérez a propósito de un aniversario del 4 de febrero. Con el debido respeto y el afecto de siempre, le hice ver que en esa entrevista había perdido una gran oportunidad para aclarar ante los venezolanos la injusta apreciación de personas interesadas que sostenían que yo estuve comprometido en la insurrección", expresó.

Una vez fuera del gobierno Ochoa Antich aportaba una visión contrapuesta a la presidencial: "En enero hubo indicios de la conspiración dirigida por Chávez. El presidente Pérez ordenó no tomar medidas. A fines de enero llamé a Chávez a mi despacho; allí me dijo que todo era una calumnia de los enemigos. Yo le respondí: "Mira, si sigues así tendremos que retirarte del cargo. Tu llevas años en ese problema"... ¿Si el teniente coronel llevaba años en ese "problema" por qué él como ministro no lo sancionó y por qué ni siquiera informó a CAP?

Beatrice Rangel, conocida por su simpatía natural, políglota y pieza clave en las relaciones internacionales del presidente, estuvo en el viaje del mandatario a Suiza y regresó a Caracas en la madrugada del día 5. Conversó con civiles y militares y luego se entrevistó con el Presidente. Una característica suya era no ahorrarse palabras para expresar lo que pensaba, ni siquiera frente al jefe. En eso era como su padre, Domingo Alberto Rangel, el dirigente marxista adeco que en sus últimas décadas en AD enfrentó a Betancourt y se fue con el MIR. Así, Beatrice le dijo a CAP: "Creo que usted debe destituir e investigar a los miembros del Alto Mando Militar, porque un atentado como ese no habría sido posible sin complicidades en las esferas militares más elevadas. Frente a eso solo hay dos explicaciones: O son incompetentes o son cómplices y, en consecuencia, no llenan los perfiles requeridos por la institución"… CAP la miró y replicó: "Quien debería hacer esa recomendación es el ministro de la Defensa"… El diálogo prosiguió y la ministra expresó su disposición a renunciar al cargo pero Pérez la atajó: "Ese puesto es de la discreción del presidente", ante lo cual ella volvió a la carga: "Sí presidente, eso es así en tiempos normales, pero, como dijera Roosevelt, estos tiempos no son normales"…

En otras ocasiones las reacciones de Pérez habían sido similares frente a opiniones de los ministros Reinaldo Figueredo y Carlos Blanco. "No se meta usted en las tareas del ministro de la Defensa", le dijo a Figueredo. "No se ponga usted como Reinaldo Figueredo, que se cree policía", le espetó a Blanco. Sin embargo, en ciertas oportunidades tuvo reacciones muy distintas frente a Jesús Ramón Carmona, el ministro de la Secretaría en cuya hacienda de Apure Chávez había tejido intrigas. Un día CAP escuchó a Carmona y atendió las sugerencias de dejar en libertad al teniente coronel, quien a pocos meses de haber comenzado el gobierno fue apresado in fraganti por una de sus tantas confabulaciones. El hacendado conocía el pasado de Chávez.

Con el propósito de facilitar el remozamiento del gabinete, Beatrice Rangel estuvo entre quienes al cabo de unos días dejaron sus cargos, y lo hizo con la convicción de que Ochoa Antich lo conocía todo pero le escamoteaba al mandatario nombres, lugares y fechas de reuniones de los tramoyistas. Ella estaba convencida de la existencia de una actitud encubridora del alzamiento, en lo cual coincidían el sucesor de Ochoa Antich en el ministerio de la Defensa, Iván Darío Jiménez, el exministro Pastor Heydra y otros, incluyendo a los miembros de la logia chavista, cuyas afirmaciones apuntaban a que Ochoa Antich no participó en el complot "pero estaba enterado de todo"…

"Ochoa Antich no intervino directamente en la conjura, pero como quería estar bien con todos le recomendó al presidente la liberación de los involucrados sin esperar el avance de los juicios, con el argumento de que las cárceles estaban llenas de subalternos cuyo único pecado había sido obedecer órdenes de oficiales superiores. Muchos de esos oficiales nunca fueron procesados o retirados de las FAN, sino enviados al exterior, a agregadurías militares, a cursos y a otras tareas, para regresar luego con renovados ímpetus rebeldes, mientras quienes los combatieron se quejaban por el trabajo excesivo y los bajos sueldos", decía Iván Darío Jiménez, quien como jefe del Estado Mayor Conjunto de las FAN había luchado contra los insurrectos el 4–F.

El 27 de noviembre, o sea casi diez meses más tarde, Jiménez derrotó el segundo golpe militar. Él no olvidaba la insensatez de Ochoa Antich hasta el último segundo de su carrera militar: "Nuestras posiciones discordaban. El 4 de febrero mi propósito era atacar a Chávez y a sus cómplices hasta vencerlos. Quería llevarlos a prisión, someterlos a juicio y verlos condenados por sus delitos. Ah, pero Ochoa Antich se interpuso para favorecerlos… Él defendía con pasión la tesis de la obediencia debida, que yo rechazaba por razones éticas, porque quien viola la Constitución desconoce a conciencia un juramento militar sagrado y debe pagar el precio de sus actos. Ochoa Antich, por el contrario, buscaba congraciarse con gente de comprobado historial desestabilizador, se reunía con ellos, les hacía concesiones, los protegía. Así fue durante muchos años. Encubría cualquier clase de deslealtades porque todos ellos eran sus amigos", me dijo Iván Darío Jiménez.

Un elemento adicional de dudas sobre la fidelidad de Ochoa Antich surgió al despuntar la noche del 4 de febrero, cuando envió a Maracaibo uno de los aviones ministeriales para rescatar a uno de sus sobrinos, un teniente miembro de la asonada, que intervino activamente en los ataques que ocasionaron daños a las dependencias militares zulianas, además de unos cuantos heridos. Pasadas unas horas la aeronave regresó sin el pasajero, porque el comandante de la Guarnición del Zulia desacató al ministro.

Tal como pronosticaban los críticos de Ochoa Antich, pronto empezaron a salir en libertad los primeros contingentes de exonerados de culpas, entre quienes estuvo el sobrino protegido, cuyas actividades de cuartel continuaron como si nada hubiera pasado. Para el levantisco teniente nada cambió. A su expediente profesional no se agregaron tachaduras ni hubo retardos en sus ascensos y, por decisión del tío encubridor, pronto le fue asignada una misión especial en el exterior y permaneció en las FAN hasta culminar su carrera como un anodino general chavista identificado con el llamado socialismo del siglo XXI.

Tras el levantamiento de Chávez el presidente Pérez se reunió con los ministros del Interior y de la Defensa y el Alto Mando Militar, donde Ochoa Antich replanteó la tesis de la obediencia debida. "A mi turno dije que si íbamos a perdonar a los golpistas y a concederles privilegios, pues tendríamos que prepararnos para que nos cayeran a sombrerazos. Al salir de la reunión Ochoa me dijo: "Iván, me echaste la partida pa'tras", recordaba Jiménez con amargura. Ochoa Antich pasaba por alto ejemplos como el de Argentina en marzo de 2001, cuando un caso de obediencia debida llegó a los tribunales y fue declarado inconstitucional. De esa manera se sentaron las bases para poner el punto final a la impunidad de los militares, y se reanudaran los juicios contra los asesinos y torturadores que tanto daño hicieron a la población del país sureño.

El general Iván Darío Jiménez recordaba haber leído un libro de la periodista Pilar Urbano sobre el golpe militar de 1981 en España, que fue aplastado y sus participantes terminaron enjuiciados y condenados sin contemplaciones, sin que nadie pidiera la libertad de los encausados y, menos aún, sin que el rey Juan Carlos los perdonara. "Allá nadie esgrimió el deleznable argumento de la obediencia debida. Aquí, por el contrario, la alcahuetería de muchos supuestos demócratas estuvo a la orden del día y a la vista de todos"...

Vale la pena también recordar la diferencia entre las posiciones asumidas por las poblaciones de España y Venezuela con relación a los dos golpes de Estado. Desde el primer minuto el pueblo español evidenció una conducta de respaldo a las instituciones y de firme condena a los tricornios insurrectos de aquel año. Como en las películas de crímenes, en la población venezolana de 1992 hubo quienes experimentaron una cierta fascinación por los malos. Era una creciente atracción estimulada por las reiteradas actuaciones públicas de Caldera, Uslar Pietri, Ramón Escovar Salom, los medios de comunicación y muchos más.

El inspector general Elías Daniels también calificaba de públicos y notorios los antecedentes conspirativos de quienes rodeaban al ministro, pero consideraba insuficiente ese aspecto para implicarlo en la asonada. "Todo el mundo estaba enterado del historial pecaminoso de los amigos de Ochoa Antich y ni siquiera él mismo lo disimulaba. Eso era vox populi, hasta el presidente lo sabía"…

El entonces jefe del Estado Mayor Conjunto, Iván Darío Jiménez, relataba que el traslado de Chávez al Cuartel San Carlos ocurrió entre las cinco y las seis de la tarde del tormentoso 4 de febrero. "Ahora, lo que yo no sé es por qué el ministro hacía después la falsa afirmación de que yo estuve entre sus invitados al inexplicable almuerzo por él ofrecido a Chávez ese mismo día. ¡Un almuerzo ofrecido por el ministro al golpista! Pero la verdad es que yo ni siquiera supe quiénes compartieron la mesa. A partir de ahí escuché y leí el montón de tonterías expuestas por Ochoa Antich, entre ellas las publicadas en su libro *Así se rindió Chávez*, escrito para borrar lo que él jamás podrá borrar"…

Como si la cadena de temeridades fuera de poca monta, la actitud del comandante general del Ejército, general Pedro Remigio Rangel Rojas, también empezó a ser insólita en las horas previas al estallido de la insurgencia. En la dirección de la Academia Militar había habido una delación a las diez de la mañana del 3 de febrero, que pudo haber sido determinante para abortar la patraña chavista y detener a sus organizadores, pero Rangel Rojas lo echó todo por la borda. Con la información aportada por un capitán agobiado por un conflicto de conciencia, el director de la Academia reveló al comandante del Ejército el plan para capturar al presidente de la república cuando esa noche aterrizara en Maiquetía, así como para tomar por asalto el palacio de Miraflores, La Casona, el Fuerte Tiuna, las comandancias de la Marina, la Aviación y las guarniciones de los estados Zulia, Aragua, Carabobo y Lara, además de otras dependencias.

El capitán desconocía las tareas específicas encomendadas a cada uno de los conjurados, pero sí reveló las pistas suficientes y necesarias para desmantelar el formidable movimiento militar que estaba en desarrollo. Uno de esos aportes fue nada más y nada menos que el nombre de Chávez como líder de la acción, que lo había visitado para asignarle la detención del director de la Academia (con cuya hija él estaba de amores y a la postre sería su suegro) y la neutralización de los cadetes.

Enterado antes de las 11 de la mañana, Rangel Rojas incumplió la obligación de informar los acontecimientos al ministro, al viceministro, al director de Inteligencia Militar y a los miembros del Alto Mando, así como al subjefe de la Casa Militar. Le dio largas al asunto e impidió a los jefes de los departamentos de contrainteligencia y búsqueda del Ejército, apresar a los cabecillas revoltosos. No impartió instrucciones para acuartelar las tropas y la oficialidad en todo el país, medida que hubiese dejado en veremos la maniobra chavista. Ni siquiera se le ocurrió ordenar a Chávez que se trasladara de manera inmediata al ministerio, donde podía haberlo detenido mientras avanzaban las averiguaciones pertinentes.

A las 4.30 de la tarde el aludido Rangel Rojas dijo al jefe de inteligencia del Ejército que los datos aportados por el director de la Academia y por el capitán denunciante eran viejos y carentes de veracidad, por lo cual desautorizó el envío de radiogramas de alerta a las unidades militares bajo su mando. Era una asombrosa forma de colocar en el terreno de lo inverosímil el diálogo sostenido por el capitán con el teniente coronel Chávez. Con ese comportamiento impropio de un alto jefe de las Fuerzas Armadas, los batallones "Caracas" y "O'Leary" —reconocidos por su elevada capacidad de acción militar—, solo vinieron a ser alertados al despuntar la noche, lo que causó la pérdida de un tiempo precioso.

El comandante Rangel Rojas no se presentó al ministerio en las horas de apremio, no intervino en la coordinación del contraataque, no atendió las llamadas telefónicas del ministro, del inspector general de las FAN, del jefe de la Casa Militar y de los directivos de cuerpos de investigación. Encerrado en su oficina actuaba sin sentido. Al caer la noche ordenó la extracción de las baterías y las municiones de unos cuantos tanques del batallón "Ayala". Carlos Andrés Pérez dijo que a él sí lo había llamado dos o tres ocasiones durante la madrugada, pero eso, por supuesto, no era todo lo que se esperaba de un general con sus elevadas responsabilidades.

Cerca de la una de la madrugada, un escuadrón de tanques del mismo batallón "Ayala" dirigido por otro general fue despachado al Palacio para combatir al lado de las tropas leales al gobierno. Nunca se supo por qué ese convoy permaneció 3 horas estacionado a oscuras en las inmediaciones del parque Los Caobos, cerca de la plaza Venezuela, para llegar a su destino cuando los atacantes habían sido dominados por la Guardia Nacional. ¿El comandante general del Ejército estaba enterado de ese acto de traición? ¿Por qué el jefe de ese escuadrón nunca estuvo preso? ¿Por qué ni siquiera fue investigado y destituido?

Según Chávez, al ser detenidos unos cuantos oficiales sedicentes a las 7 de la noche por instrucciones de Rangel Rojas, el sistema radial de alta frecuencia y largo alcance dejó de funcionar y las comunicaciones en el bando rebelde quedaron interrumpidas. Esas afirmaciones contradecían aquellas según las cuales el sistema de radio había funcionado con normalidad hasta las 11 de la noche, cuando Chávez abandonó la autopista regional del Centro para tomar la carretera vieja de Los Teques, que con sus innumerables curvas hacía lento el avance de su convoy.

A los escritos sobre reuniones conspirativas, al historial de denuncias y a la ausencia de decisiones categóricas en el ministerio, que daban consistencia a la tesis de tolerancia y complicidad por parte de ciertos jerarcas, el 17 de julio de 1991, cuando apenas faltaban seis meses para el estallido de la sedición, se había sumado el episodio malicioso de que Ochoa Antich y Rangel Rojas otorgaron puestos de comando a los miembros de la logia chavista, ignorando sus expedientes de confabulaciones y sanciones disciplinarias. Desde hacía un buen tiempo el ministro y el comandante del Ejército se detestaban, pero simulaban una relación civilizada. Y como los extremos siempre tocan, era posible que ese hecho harto conocido estimulara a Chávez y a los suyos.

Una vez consumado el atentado antidemocrático, Ochoa Antich se empantanaba en peroratas justificativas que nada justificaban. Asistía a reuniones de la oposición y a protestas en las calles, concedía entrevistas a periodistas, publicaba artículos en distintos medios de prensa con predicas de una pureza nebulosa, mientras el otro, Rangel Rojas, se sumergía en el mutismo y las sombras. Nunca dijo esta boca es mía, no escribió una sola palabra, no dio explicaciones de nada. Era escurridizo. En otras circunstancias ambos habrían sido apresados y enjuiciados por sus irresponsabilidades, pero CAP no lo consideró conveniente porque aún confiaba en ellos y porque pensaba en el riesgo potencial de la reestructuración de la cúspide castrense en medio de la tensión y la incertidumbre imperantes. Ninguno de los posibles reemplazantes estaba libre de entredicho. El presidente esperó hasta julio del mismo año -cinco meses que parecían lustros-, para trasferir a Ochoa Antich a la Cancillería, mientras Rangel pasó a retiro a los dos años, al finalizar su período de servicio, y fue entonces cuando desapareció de la luz pública como por arte de magia. Un buen día se supo que por una de esas cosas del destino, Rangel había encontrado trabajo como asesor de seguridad de uno de los principales bancos comerciales del país.

En la última fase de la organización conspirativa el teniente coronel barinés había querido incorporar oficiales de la aviación a su movimiento, pero la irrenunciable aprensión a lo que significaba compartir el liderazgo hizo que solo un puñado de ellos lo siguiera. A solo 3 días del 4 de febrero Chávez le pidió apoyo al jefe de la base aérea de Maracay, general Francisco Visconti, quien frente a la invitación de último minuto propuso un aplazamiento de 90 días para evaluar el asunto y ajustar los aspectos puntuales que garantizaran el éxito del plan. Con mayor jerarquía y antigüedad en las Fuerzas Armadas, la meta de Visconti era desplazar a Chávez como cabeza de la conjura. Maniobró, hizo cuanto pudo, pero en ningún momento estuvo cerca de imponerse. A él le criticaban sus pobres habilidades disuasivas y la opaca personalidad. Los argumentos de Chávez para descartar la petición de Visconti fueron la complejidad para detener una acción que ya estaba en marcha, el gran número de involucrados y la constante vigilancia de la Dirección de Inteligencia Militar a los miembros de la logia.

La segunda revuelta militar del mismo año, ocurrida el 27 de noviembre, liderada por un contralmirante y con Visconti de cómplice, reafirmó el pálpito presidencial de que la lealtad de muchos estaba en entredicho. Fue una acción de menor impacto por el reducido número de participantes del Ejército, aplastada con eficiencia ejemplar pero, por supuesto, también surtió daños a la estabilidad del gobierno y al sistema de partidos. El contralmirante en cuestión había comandado en agosto de 1987 las unidades navales con motivo de los amagos de conflicto bélico con Colombia, durante el gobierno de Jaime Lusinchi, cuando la corbeta colombiana "Caldas" penetró en aguas del Golfo de Venezuela.

En febrero de ese año, o sea, nueve meses antes, Visconti había obedecido los lineamientos del ministerio de la Defensa para neutralizar a Chávez y sus complotados. Envió los dos aviones en plan de sobrevuelo intimidatorio a baja altura sobre el Museo Militar y acató otras órdenes del Ejecutivo, pero el 27 de noviembre se insubordinó, fracasó y huyó a Perú, donde el régimen autoritario de Alberto Fujimori lo amparó. El historial desestabilizador de Visconti se remontaba a la época de Luis Herrera Campins, cuando sigiloso viajaba a Cuba, Libia e Iraq para someterse a entrenamientos y obtener financiamiento para sus desventuras.

En una conversación con CAP, un día Iván Darío Jiménez sacó a colación los indicios de la deslealtad de Visconti durante la revuelta liderada por Chávez. Ahí recordó que él mismo le había ordenado a Visconti el paso rasante de supersónicos sobre el Museo Militar para atemorizar al jefe de la asonada, vuelos que se cumplieron al pie de la letra y sin vacilaciones, pero, por supuesto, el tiempo fundamentó la certeza de los datos obtenidos por el presidente a través de otras fuentes. Visconti debió haber sido relevado del cargo e investigado, puesto que las denuncias en su contra eran numerosas.

En el intervalo entre las dos sediciones militares de 1992, el viceministro Daniels recorría las guarniciones para recabar testimonios, hablar sobre la ética militar y apaciguar los ánimos de los oficiales y suboficiales. Escuchó cosas inauditas sintomáticas de que las turbias aguas subterráneas no dejaban de revolverse en los cuarteles. Al respecto escribió: "Se aprecia una desinhibición ante la realidad nacional; el personal militar hace preguntas y planteamientos con absoluta sinceridad y sin aprensión por la presencia de los superiores, cuestionando a las dirigencias de todos los sectores"[32]...

A una de esas asambleas realizada en Caracas concurrió un general de la guarnición del Zulia deseoso de intervenir, a quien le preguntaron por qué quería hablar si no estaba entre los invitados. "Ah, muy sencillo: hace meses informé al ministro Ochoa Antich y al comandante del Ejército aspectos específicos del complot que a pleno día avanzaba en Maracaibo, pero mis planteamientos fueron desoídos. Los dos, Ochoa Antich y Rangel Rojas, estaban al tanto de la conspiración en cierne pero no hicieron nada"... Esas frases sin adornos cayeron en el auditorio como un baño de agua

____

[32] Ver *Militares y Democracia*, pag. 197, editorial Centauro/92, autor Elías Daniels. Libro publicado en mayo de 1992, tres meses después de la asonada del cuatro de febrero.

fría, con murmullos interminables, al tiempo que los pálidos aludidos escuchaban con aparente frialdad, sin siquiera cruzarse miradas entre ellos. No hallaban cómo escurrir el bulto.

Los acontecimientos militares de febrero y noviembre de 1992 condujeron a mejorar los esfuerzos de inteligencia y contrainteligencia, pero también alentaron el espíritu antidemocrático de archiconocidos grupos de intelectuales, políticos, empresarios y periodistas. Para defenestrar a ese presidente acorralado y desesperado no hacía falta otra rebelión militar porque el piso de la democracia crujía cada día más, sin que nada ni nadie restañara las fisuras. Bueno, pocos en realidad querían restañarlas para bien de todos.

Deseoso de oír las explicaciones de Ochoa Antich sobre su rosario de juegos dobles, le propuse una entrevista a través de Skype o de Zoom. Lo menos que yo podía hacer como periodista era plantearle preguntas y esperar sus razonamientos. Eso hice, pero me cortó de plano con expresiones que no dejaban de ser amables. Dos semanas más tarde recibí un correo electrónico suyo de 13 páginas y media con una versión edulcorada de los hechos, a varios de cuyos párrafos es bueno echar un vistazo para tener idea de su concepto de ética. Una vez fuera del ministerio él se dedicó a enredar aún más lo que había dejado atrás antes, durante y después del golpe de Estado, en procura de confusiones para captar ingenuos.

"Yo estaba convencido de que la única posición posible para ser útil al presidente Pérez era mostrar una amplia independencia en mi manera de pensar y actuar. En ese tiempo acuñé una frase que repetía permanentemente: "he sido absolutamente leal al presidente de la República, pero también lo he sido con mis compañeros en desgracia"… Esa autonomía en mi posición frente a las Fuerzas Armadas empezó a dar buenos réditos. Al principio esas visitas a las guarniciones eran tensas, se sentía el malestar. Quince días después del 4 de febrero la situación había cambiado totalmente. El permitir que los oficiales expusieran sus puntos de vista libremente permitió que surgiera un interesante diálogo conmigo que fortaleció mi ascendiente militar. A partir de ese momento empecé a influir en la manera de ver los problemas nacionales en la mayoría de los oficiales y suboficiales profesionales de carrera"…

Más adelante dijo que "esta explicación sorprendió al presidente Pérez, que realmente no había percibido con claridad mi manera de actuar. También le recordé que esa política militar había sido aprobada por él al autorizar la libertad de la mayoría de los oficiales detenidos por haberse insurreccionado, dejando presos en el cuartel San Carlos y en Yare a un pequeño grupo de los oficiales de mayor grado que tenía una más amplia responsabilidad en la conspiración"…

En vez de responder a mis preguntas, el correo electrónico del ahora exministro Ochoa Antich multiplicaba las sospechas: ¿Podía él tener independencia en su "manera de pensar y actuar", cuando la Constitución y las leyes eran taxativas al atribuir al jefe del Estado la exclusividad de la función de comandante en jefe de las Fuerzas Armadas y la responsabilidad de establecer la política militar? ¿No era él acaso un subalterno sin capacidad para discutir decisiones presidenciales? ¿Podía el ministro de la Defensa —como él mismo decía— ser leal al presidente y al mismo tiempo a "los compañeros caídos en desgracia"? ¿Puede existir algún tipo de lealtad con los traidores a la Constitución y las leyes? En ese correo reconocía haber promovido las discusiones políticas entre los miembros de las Fuerzas Armadas, lo que constituía una violación de las disposiciones legales.

Las expresiones de Ochoa Antich exhibían un acomodaticio concepto de moral que desembocaba en la incógnita de si, por ejemplo, en los años sesenta el inflexible ministro de la Defensa Briceño Linares, hubiese podido ser leal al presidente Rómulo Betancourt y simultáneamente a los guerrilleros y a los conspiradores militares que pretendían abolir a como diera lugar el naciente sistema democrático. ¿Betancourt habría tolerado a un ministro con la doble moral de Ochoa Antich?

Los juicios militares a los golpistas presos avanzaban con lentitud. A medida que ocurrían las decisiones en los tribunales militares, los abogados de los inculpados acudían a la Corte Suprema de Justicia, donde los fallos a su favor no se hacían esperar. Abundaban las componendas o coincidencias subrepticias entre fiscales del Ministerio

Público, políticos, magistrados, periodistas sin moral y otros. Era obvio que el rígido temple democrático de las instituciones era cosa del pasado y la sociedad venezolana transitaba senderos inciertos.

Los dos golpes militares de 1992 acicatearon los odios que dentro y fuera de las FAN marchaban indetenibles contra el presidente Pérez. Los resentidos en los sectores civiles tomaron nuevos aires de lucha por otras vías y, sobre todo, con la cada vez más encendida contribución de *El Nacional* y *Radio Caracas Tv*, sin que los militares que combatieron y derrotaron las insurrecciones asumieran posturas rechazo al sobreseimiento del juicio a Chávez. Los militares institucionales que venían detrás y que todavía continuaban en servicio activo, no hicieron gestiones para frenar la fuerza de la candidatura presidencial de Chávez en 1998. Fue una actitud de brazos cruzados que pagaron cara.

El presidente Carlos Andrés Pérez dominó con destreza y sin vacilaciones la larga e intrincada trama golpista, pero a pesar de su obstinada veteranía e intuición en el combate antisubversivo, no consiguió desentrañar el caudal de intrigas simultáneas y concatenadas de los más elevados niveles del ministerio de la Defensa, tan perversas como la misma revuelta de Chávez y sus cómplices, que ese día reventaron con todos sus ímpetus. Como dice un viejo adagio, "al mejor cazador se le va la liebre"...

Han transcurrido casi tres décadas y media desde aquellos inquietantes acontecimientos y los principales protagonistas (Hugo Chávez, Carlos Andrés Pérez, Rafael Caldera, Uslar Pietri y otros) han muerto, lo que facilita las cosas para análisis fríos, en perspectiva y sin pasiones. Y aunque desde el cruento golpe de Estado de Chávez la tinta ha corrido a raudales con explicaciones, interpretaciones, justificaciones y objeciones, es probable que jamás se despejen todas las aristas de las complejas y perversas complicidades.

Capítulo VI

Miserias de un juicio

En marzo de 1993 el país ardía por los cuatro costados, alterado por los enemigos del presidente Carlos Andrés Pérez y de la democracia, más interesados en el uso funesto de mecanismos legales e ilegales con pretextos de pulcritud administrativa que en la paz y el bienestar colectivo. Mientras unos estimulaban las manifestaciones estudiantiles, las quemas de autobuses y neumáticos y asaltos a casas comerciales, otros ingeniaban argumentos artificiosos para atraer incautos. En ese desolador ambiente, los hechos trascendentes de verdad quedaban de lado, ignorados o tergiversados.

A raíz del 4 de febrero, el atribulado CAP cayó en la trampa de designar un consejo consultivo no contemplado en las leyes, que traslucía las sombras de Los Notables, de Rafael Caldera y otros. Fue un consejo integrado por ciudadanos presuntuosos de estar por encima del bien y el mal, que nació empecinado en alterar la correlación de la Corte Suprema de Justicia para complacer a los hostiles. Ni el período de los magistrados estaba vencido ni el presidente tenía facultades para solicitarles la renuncia, pero lo hizo convencido de que al satisfacer las exigencias de los inquisidores el país se apaciguaría, en lo cual se equivocó.

A partir de la conformación de ese consejo y con la llegada de los magistrados sustitutos, la estrategia para aniquilar a CAP avanzó con rigor cuasi matemático porque ellos venían con el encargo de deponerlo, enjuiciarlo y llevarlo a prisión. El terreno estaba arado. El fiscal general de la República, Ramón Escovar Salom, desempeñó un papel central en ese proceso al solicitar la anuencia de la Corte Suprema para enjuiciar al mandatario y a los ministros del Interior y de la Secretaría de la Presidencia, por supuesto uso indebido de la partida secreta del Ministerio del Interior para proteger a la presidenta de Nicaragua, Violeta Chamorro, que en las elecciones de 1990 había vencido las pretensiones continuistas del resquebrajado movimiento sandinista. Escovar asumió el rol de acusador.

En el Fiscal anidaba una malquerencia contra el presidente Pérez por haberlo destituido del ministerio de Relaciones Exteriores al aproximarse las elecciones nacionales de 1978, mientras realizaba una inmotivada gira de 28 días por Europa. En la creencia de que al desconocer las instrucciones de regresar pronto a Caracas permanecería en el cargo, Escovar dio lugar a la remoción.

Así, al llegar 1980, cuando la discusión parlamentaria sobre el escándalo de las irregularidades en la compra del barco Sierra Nevada estaba al rojo vivo y los venezolanos nos manteníamos en vilo, Escovar Salom no dejó pasar la oportunidad para el primer intento de venganza. Se movió como pudo entre quienes elaboraron aquella bomba de relojería política con mecanismos defectuosos, que no pasó del fiasco. Al fracasar la jugada hizo un silencio temporal sin abandonar el lobby que pronto le dio frutos diplomáticos, aunque la ojeriza continuaba encendida, revolviéndose en sí misma.

Una década más tarde, al inicio del segundo gobierno de Pérez, Escovar todavía ejercía como embajador en Francia, donde halagaba a políticos prominentes para que lo postularan a otro cargo de primera importancia. Los alojaba en la residencia oficial, les ofrecía almuerzos y cenas, los sacaba a pasear en el carro oficial, les hacía reservaciones para obras de teatro… Y ni siquiera el mismo Carlos Andrés Pérez fue excluido de las carantoñas, porque al pasar por París un día de 1986, también fue homenajeado con un almuerzo en uno de los mejores restaurantes y se le puso a la orden para lo que necesitara. Quienes habían sido compañeros de fatiga de Escovar en distintas oportunidades, lo recordaban tan empalagoso como diestro en puñaladas traperas.

Como ni siquiera los años hacían que Escovar olvidara la afrenta de su destitución de la Cancillería, con paciencia franciscana se sentó a esperar otro chance para dar rienda suelta a los macerados rencores. Las formas cortesanas le volvieron a dar frutos en 1989, cuando fue postulado a la fiscalía general con el patrocinio del presidente de Acción Democrática, Gonzalo Barrios, a quien con regularidad enviaba revistas y otras publicaciones políticas francesas, además de una que otra exquisitez. La postulación tuvo lugar sin que del presidente Pérez saliera un gesto de rechazo que hubiera resultado natural y hasta pasado inadvertido, por cuanto en la mesa había otro nombre con elevadas calificaciones académicas y profesionales. Al plantearle AD el asunto, un elogio suyo al otro candidato hubiera bastado para cerrarle el paso a Escovar, pero no lo hizo por considerar que se trataba de una decisión de la competencia exclusiva de los partidos y del Congreso.

La mañana de la selección del candidato al pomposo cargo era gris, húmeda, pegajosa, con pronósticos de tormenta. Los augurios lúgubres flotaban en el aire, todos en Venezuela los respirábamos y nos contaminábamos sin el menor presentimiento de lo que traería la decisión por adoptarse. Reunidos en La Casona, los miembros de la dirección nacional de Acción Democrática expusieron el tema al presidente Pérez, mientras él escuchaba sin mover siquiera un músculo de la cara. La discusión adquirió una rápida tónica distinta con la intervención de quien había sido jefe de la recién finalizada campaña electoral presidencial, David Morales Bello, con frases premonitorias que removieron en sus sillas a los presentes: "Quiero dejar constancia de mi criterio opuesto a esta decisión porque estamos ante un hecho muy delicado, peligroso y de enorme trascendencia para la democracia nacional. Recuérdelo presidente: Escovar viene cargado de odios a enjuiciarlo a usted. ¡No lo acepte!"…

La postulación de Escovar fue tramitada en el Congreso pese a una larga lista de recuerdos ingratos: su expulsión del partido durante la dictadura de Pérez Jiménez por desacato a las instrucciones de lucha clandestina; el ruidoso allanamiento policial por instrucciones suyas en los años 60 a La Peña Tanguera (un bar frecuentado por gente de peso de la sociedad caraqueña), mientras se desempeñaba en el ministerio de justicia; y, sobre todo, la añeja animadversión contra el presidente Pérez. Al subestimar los lapidarios y bien fundados llamados de atención de Morales Bello, el confiado Carlos Andrés Pérez no intuyó que acababa de ponerse la soga al cuello.

En mi ejercicio reporteril conversé en unas cuantas ocasiones con Escovar Salom en el Ministerio Público y un par de veces en su casa, de paredes forradas con fotografías con líderes nacionales e internacionales, cada una con la correspondiente placa dorada en la parte inferior, con nombres, lugares y fechas, que delataban una desbordante personalidad egolátrica, inversa al corto tamaño físico de aquel funcionario dotado de buenos conocimientos y vocabulario ampuloso que no admitía contrariedades. Hasta entonces yo no había visto antes nada igual. Su jugada contra CAP fue pensada en la Fiscalía y madurada con la participación de Los Notables, de Rafael Caldera, de miembros de los partidos y otros enemigos jurados del presidente, así como con la perfidia de dirigentes de AD encabezados por Alfaro Ucero, quienes con calma y en la oscuridad de la noche estiraban y encogían las cuerdas de sus fichas en la Corte Suprema de Justicia y en la opinión pública, sin medir el potencial destructivo de sus maniobras.

Desde el final de la campaña electoral de 1988 eran perceptibles las mentiras que se acumulaban contra Carlos Andrés Pérez, hasta producir el efecto deseado por los conspiradores, en adición a lo cual existían las equivocaciones de apariencia irrelevante que tocaban a las puertas del despacho presidencial: la displicencia ante a los sucesos internos de AD, los desmesurados fastos de la inauguración del gobierno, las poco acertadas designaciones de Escovar Salom para la Fiscalía General, de Fernando Ochoa Antich para el ministerio de la Defensa, de Jesús Ramón Carmona para el ministerio de la Secretaría, y de Andrés Blanco Iturbe para el ministerio de Información; a lo que se agregaba el menosprecio presidencial a las advertencias sobre la marcha de la conjura chavista y la imprudencia de crear el consejo consultivo ... Todas, todas esas decisiones sin substancia política socavaron el espíritu democrático de las instituciones nacionales. Y como si fuera poco, también estaban ahí las debilidades estructurales de la sociedad venezolana.

El antejuicio de mérito realizado por la Corte Suprema al presidente se basó en los artículos semanales de un diputado y periodista de larga experiencia, José Vicente Rangel, que luego sería ficha protuberante del chavismo. La misma denuncia había sido arma de un publicista indignado por la demora de ciertos pagos de la campaña electoral de

CAP en 1988. Después de meses de avisos pagados en *El Nacional* y *El Universal* para descalificar a los adversarios de Carlos Andrés Pérez y de Acción Democrática, el cobrador se volvía con igual fiereza contra el ahora presidente y su partido.

En el arrebato por liquidar al incómodo Pérez, el Fiscal incurrió en la ligereza de imputarle dos delitos incompatibles desde el punto de vista jurídico: malversación de fondos y peculado. Hasta un estudiante de primer año de Derecho hubiese adivinado que al ser excluyentes entre sí, los dos señalamientos envolvían una clara falsedad en la acusación y por ende la existencia de motivaciones políticas. Cegado por la prisa y la inquina, el profesor de derecho constitucional que era Escovar Salom no reparó en la existencia del dislate.

Más allá de los detalles del caso, ni el presidente Rafael Caldera, ni los partidos políticos, ni Escovar Salom, ni la Corte Suprema, ni Los Notables, ni el Congreso, se detuvieron a analizar el hecho de que no había existido delito, por cuanto lo denunciado tenía base en un desliz procedimental subsanado con antelación por los ministros de Relaciones Interiores y de la secretaría de la Presidencia. Caldera, entretanto, daba por segura la condena de Carlos Andrés Pérez, a quien definía como su némesis, y así lo pregonaba a los cuatro vientos.

En una de sus diligencias, el fiscal general ordenó allanar las oficinas particulares de CAP en la Torre Las Delicias, en la avenida Libertador. Durante días una cuadrilla de policías hurgó, uno por uno, en los archivos de valor histórico creados en más de sesenta años de trabajo de CAP. Destruyeron y sustrajeron buena parte de los documentos allí guardados, entre ellos cartas personales y políticas, discursos, fotografías y otras cosas del trienio 1945-1948, pasando por la dictadura de Pérez Jiménez y la etapa democrática iniciada en 1958. Entre las muchas cosas que CAP almacenaba con celo estaban borradores y escritos definitivos de las negociaciones Torrijos-Carter para dar a Panamá la soberanía sobre el canal interoceánico, además de otros relativos a sus gestiones para pacificar a Centroamérica en los años setenta. ¿Qué ganaba Escovar Salom con el ensañamiento? Incesantes runrunes hablaban de temores de Escovar a que CAP ventilara en público potenciales evidencias de alguna irregularidad suya, lo que habría motivado el allanamiento.

Cuando las actuaciones de la Corte Suprema de Justicia relacionadas con los señalamientos contra el jefe del Estado dejaban pocas dudas de su parcialidad, algunos le recomendaron a CAP separarse del puesto y dejar encargado al ministro de la Defensa, el general Iván Darío Jiménez, como única vía para contener los ímpetus antidemocráticos. Jiménez era el mismo que en la fatídica noche de febrero de 1992 trató en vano de atacar a Chávez en el Museo Militar, mientras comandaba el golpe desde las tinieblas. El Alto Mando Militar, ministros, exministros y algunos políticos respaldaban la tesis de encargar a Jiménez de la jefatura del Estado, cosa que a Pérez no le gustaba porque veía en ella la posibilidad de exponer a las Fuerzas Armadas a un debate de secuelas políticas imprevisibles que acicatearían las ansias de poder de los generales.

Una de esas tardes el nuevo ministro del Interior y excandidato presidencial Luis Piñerúa Ordaz y el senador David Morales Bello, visitaron al ministro Iván Darío Jiménez en su despacho del Fuerte Tiuna. Cada uno hizo análisis jurídicos y políticos de la crisis nacional y de las consecuencias que de ella derivarían, para concluir con la petición de que asumiera el desafío de finalizar el mandato de CAP. Fueron largas horas de discusión en las cuales Piñerúa y Morales Bello se comprometían a convencer a CAP para que diera el audaz paso.

"No. No puedo. Agradezco la confianza y el respeto de ustedes, pero no puedo aceptar un planteamiento de ese tipo porque involucraría a los militares en un grave conflicto ocasionado por políticos. Los políticos son culpables de cuanto ahora ocurre en Venezuela y, en consecuencia, a ellos corresponde la búsqueda de la solución. El grave problema actual es político y no un problema militar", reaccionó categórico el ministro Jiménez. Morales y Piñerúa me narraron el desconcertante encuentro, con detalles confirmados mucho después por el ya exministro de la Defensa. Aunque con pequeñas diferencias de enfoques, los tres veían el país en un callejón sin salida.

Con una acendrada conciencia democrática, a Iván Darío Jiménez le desagradaba el caos sembrado por la descompuesta clase dirigente y en privado la criticaba con acidez, pero evitaba tocar el tema en público para no ser sindicado de estimular potenciales conductas impropias entre los militares. Era obvio que él no pretendía abrazarse las columnas del sistema como Sansón, para demolerlo y llevárselo todo por delante. Por el contrario, deseaba contribuir a la difícil tarea de recomponer la tranquilidad nacional. ¿CAP debió haber encargado a Jiménez de la Presidencia? Es posible que sí. Tal vez Jiménez era el personaje indicado para tomar las riendas nacionales en aquellas convulsas circunstancias, porque era un militar honesto y de sólidas creencias democráticas. Era hombre de una sola pieza, sin dobleces y, a diferencia de Ochoa Antich, no guardaba mentiras en sus bolsillos. Aun conservo la grabación del testimonio de Jiménez sobre aquel triste episodio de la República.

Al producirse el 20 de mayo de 1993 el fallo de la Corte Suprema con la declaratoria de procedencia del juicio en su contra, Carlos Andrés Pérez pronunció por radio y televisión una alocución profética sobre los peligros que acechaban a las instituciones. "Ojalá nos sirva la lección de esta crisis. Que se inicie una rectificación nacional de las conductas que nos precipitan a imprevisibles situaciones de consecuencias dramáticas para la economía del país y para la vigencia de la democracia que tantos sacrificios ha costado"...

Entre lágrimas agregó que "fue en 1992 cuando brotó la soterrada conspiración civil que aprovechó astutamente la conmoción producida por la felonía de los militares golpistas. La misma conspiración de hoy que recurre a otros métodos porque se agotaron todos los demás, desde la metralla y el bombardeo implacable hasta la muerte moral. Si no abrigara tanta convicción en la transparencia de mi conducta que jamás manchará mi historia, y en la seguridad del veredicto final de justicia, no tendría inconveniente en confesar que hubiera preferido otra muerte"…

Aquel mismo 20 de mayo, Caldera, Alfaro Ucero y muchos otros, celebraban la decisión de la Corte Suprema de Justicia y entre dientes repetían un dicho vulgar: "muerto el perro se acabó la rabia", sin tener una idea clara del irreparable perjuicio por ellos causado al destino de generaciones de nuevos ciudadanos. La gente también celebraba en las calles y en sus casas, porque el resentimiento creado por los medios de comunicación daba para eso y más.

Pérez acertó al hablar en los dramáticos términos en que lo hizo al anochecer. Sus vaticinios se cumplieron al pie de la letra: los avances económicos y sociales se derrumbaron, las certidumbres devinieron en incertidumbres que catapultaron a Chávez a la jefatura del Estado y despejaron el cauce para un modelo político atroz, desastroso, de sufrimientos para las nuevas generaciones, que hizo de Venezuela un país de miseria, de presos políticos, torturados y perseguidos, que lanzó a millones de venezolanos al exterior. Después de haber atraído durante décadas a millones de latinoamericanos y europeos por sus perspectivas de prosperidad, Venezuela pasó a ser un deplorable país de hambre, emigrantes, persecución política y delitos de todo género.

Entre el golpe de Chávez y el 20 de mayo de 1993 la vida venezolana no salía de sobresaltos. Fueron quince meses de eventos vertiginosos que profundizaban el descrédito de la democracia. Las manifestaciones callejeras, la quema de neumáticos y de unidades del transporte público no cesaban, las voces agoreras aturdían a cualquiera en cualquier sitio. ¿Por qué la ponencia del antejuicio a CAP se hizo pública quince o veinte días antes de ser discutida por la Corte y declarada con lugar? ¿Por qué fue ignorado el derecho cuasi universal del reo a obtener copia de la querella? Las respuestas a estas y otras interrogantes apuntaban siempre a lo mismo: a la debilidad de la democracia para encarar a los detractores de larga data. Quien debía actuar como juez natural del mandatario (el entonces presidente de la Corte Suprema de Justicia) no lo era porque su antipatía hacia el procesado era vieja y conocida por todos. ¿No era acaso esa una razón jurídica y moral para que un magistrado de ese nivel se abstuviera de participar en la causa?

En apenas 24 horas el Senado autorizó la petición de la Corte Suprema sin cubrir los aspectos formales contemplados para el allanamiento de la inmunidad de los diputados y senadores y, por ende, para quien ostentaba la jefatura del Estado. Pérez, además, con anterioridad había sido presidente de la República y, por lo mismo, era senador vitalicio. Pero ni siquiera se requirió un estudio del caso al consultor jurídico del Congreso. Pocas veces un caso de gravedad extrema había tenido una celeridad tan pasmosa. El Senado procedió sin haber recibido copia del voluminoso expediente y, por supuesto, sin que una comisión de su seno lo estudiara y nombrara el ponente de un informe con conclusiones y recomendaciones. También fue incumplida la formalidad de escuchar la voz del presidente de la República, que en cualquier causa imparcial hubiera sido indispensable.

En uno de los peores absurdos, la Corte Suprema envió al Senado la copia del expediente una semana después de haber sido autorizado el comienzo del juicio, o sea, cuando Pérez ya estaba separado del cargo y el presidente del Congreso, Octavio Lepage, ejercía funciones como encargado de la Presidencia de la República. Al deponer al Presidente sin examinar y discutir el expediente, la pureza de la actuación de la casa de las leyes quedaba en veremos, pero ni siquiera el partido de gobierno, Acción Democrática, hizo las advertencias pertinentes y, por el contrario, procedió a expulsar de sus filas a uno de los hombres de raíces democráticas más profundas. ¿No se suponía que el Senado era la representación legítima del pueblo y que Pérez había sido elegido por el pueblo?

El Congreso declaró la falta absoluta del presidente en agosto, tres meses después de la declaratoria de la Corte a favor de la procedencia del juicio, sin que existiera condena judicial alguna, con lo cual quedaba descartada toda posibilidad de absolución. Al prescindir de la presunción de inocencia del jefe del Estado, automáticamente el Congreso lo declaró culpable. La cadena de vicios y errores era larga, como si en Venezuela no existiera el estado de Derecho.

Al ser introducida al Congreso la solicitud del antejuicio, Pérez experimentó en su propia piel el encono de la mayoría abrumadora de la bancada de AD. Venezuela habría vivido otra vida si el presidente del Senado, Octavio Lepage, hubiese exigido los procedimientos establecidos para un juicio ajustado a derecho y si la bancada de AD hubiese rechazado la petición de la Corte por viciada, pero el partido rumiaba la derrota infligida por CAP al presidente Lusinchi, a su candidato Lepage y a los secretarios generales seccionales en la elección del abanderado presidencial de 1988.

Las negociaciones entre los partidos para dar el puntillazo final al presidente Pérez no amainaron en los pocos días de Lepage en Miraflores. No, todo lo contrario, además de atacar a CAP también se vinieron contra Lepage, descartaron a un potencial sucesor simpatizante de AD y convinieron el interinato presidencial de Ramón J. Velásquez, un historiador independiente elegido senador en las planchas adecas por el Táchira, cuyas actuaciones traslucían inseguridad y un mal día indultó a un narcotraficante que estaba tras las rejas. Las culpas del desaguisado recayeron en una secretaria, a quien procesaron y condenaron, aunque Gustavo Velásquez, hijo menor de

Ramón J. Velásquez, en su condición de consultor jurídico de Miraflores, había preparado un informe para el presidente Pérez, con fecha 28 de enero de 1993, con la recomendación de absolver al convicto y confeso delincuente. Pérez leyó el papel y de su puño y letra garabateó la orden de "archívese" y estampó su media firma. ¿Por qué ese consultor jurídico actuaba así, a la ligera? ¿Existía alguna relación económica él y el beneficiario de la propuesta de indulto o estaba motivado por otro interés?

Una mañana cuando era tarde para remediar el entuerto del Congreso contra CAP, Lepage, a quien acompañé como director de Información en su pasantía de dos semanas en la jefatura del Estado, me habló con acento autocrítico y hasta con remordimiento: "En el partido, en el Congreso y en la calle, yo he debido adoptar una posición firme contra el juicio a Carlos Andrés. Me arrepiento de no haberlo hecho"... De encarnizado rival de CAP en la competencia por la nominación de AD en 1988, Lepage había pasado a expresarse en términos autocríticos poco comunes en los políticos venezolanos, pero ya era tarde.

"La dirección de AD creía que al oponerse al planteamiento de la Corte Suprema se hundiría con CAP. Eso fue un grave error y una gran injusticia que le ha costado caro al partido y al país, porque lo que estaba en marcha era una maniobra política contra un presidente a quien habían condenado de antemano. Reconozco también la conducta noble, respetuosa, del presidente frente a las instituciones", agregó Lepage, quien podía haber competido por la candidatura en 1983 si se hubiera empeñado, porque reunía larga preparación política y experiencia de combate a la tiranía de Pérez Jiménez, pero la falta de ambición lo apartaba de la ruta, tal como admitía en reuniones de amigos. Antes del fallo de la Corte sobre la procedencia del juicio, Lepage pensaba que el Presidente debía sopesar la posibilidad antes de salir del cargo para no engendrar el caos.

A poco más de tres décadas de aquellos angustiantes acontecimientos, el excandidato presidencial copeyano Eduardo Fernández no modificaba sus críticas a la vida y obra de CAP. En un correo electrónico fechado en enero de 2021 me recalcó que "fue un gran error haber elegido a CAP por segunda vez y también fue un gran error defenestrarlo faltando unos meses para terminar su período. Fue un error de los partidos que se prestaron a la defenestración. Fue un error de AD y Copei creer que al votar contra CAP amansarían el sentimiento antipolítico que prevalecía en el país"…

La postura de Fernández la noche del 3 de febrero fue de valiente defensa del sistema democrático, a partir de lo cual Copei tuvo una colaboración fugaz con el gobierno y dos copeyanos fueron ministros, pero pronto regresó a las críticas que aumentaban la sensación de inestabilidad del régimen. Y aunque desde diciembre de 1992 él había salido de la secretaría general de Copei, no objetó las actitudes de los magistrados de la Corte Suprema, de los partidos, del

Fiscal Escovar Salom, Rafael Caldera, Uslar Pietri y otros, que a la postre fueron catastróficas para el sistema. La voz de Fernández era escuchada dentro y fuera de Copei. Una advertencia suya no habría cambiado las posiciones de la Corte Suprema de Justicia y del Congreso, pero sí hubiese tenido el valor de un llamado a la preservación del sistema democrático. Al cumplirse el centenario del nacimiento de CAP, Fernández había modificado en alguna medida su criterio. Ahora era menos ácido.

A tantos años de aquellos avatares cabe preguntarse si eran válidas las razones esgrimidas para deponer al presidente cuando faltaban pocos meses de la culminación del período constitucional. La respuesta obvia es sí, porque a Caldera, a Los Notables, al fiscal Escovar Salón, a José Vicente Rangel y a otros enemigos jurados, les constaba la dimensión política de Carlos Andrés Pérez y temían a la fuerza de su liderazgo. Sabían que en ese momento estaba disminuido, viejo y acorralado, pero aun así les aterraban las posibilidades de su reivindicación histórica. Sabían que era un político con las espuelas bien puestas, que se crecía ante las adversidades, y no estaban dispuestos a soñar siquiera con la probabilidad de su reivindicación.

De una carta a los miembros del Comité Directivo Nacional (CDN) de Acción Democrática convocado para oficializar la expulsión del expresidente, vale la pena refrescar ahora tres párrafos escritos al calor de la emoción: "He sido sometido al más inicuo de los procesos que se hayan dado en

Venezuela en este siglo. Intentaron derrocarme y no pudieron. Me solicitaron que renunciara y no lo hice. Por todas las vías intentaron promover mi salida de la Presidencia. El último recurso de mis enemigos, que son los del partido, fue un proceso judicial que ha mostrado lo frágil y desvirtuado que está el estado de Derecho en nuestro país"… "Estoy informado de cómo en la larga reunión (de la dirección nacional del partido) fui víctima de los más obscenos ataques. Todo el atajo de injurias, calumnias y chismes de que he sido objeto por nuestros enemigos fueron esgrimidos por mis detractores"…

…"Confieso la angustia que me embarga aquí en prisión, sin poder hacerme presente en la asamblea del Comité Directivo Nacional, como tampoco lo pude hacer, por la misma razón, en el Comité Ejecutivo Nacional. Pero asumo a plenitud de conciencia esta inequidad. Me duele hondamente. Quiero con todo derecho la reivindicación de mi militancia de toda la vida y de todos los riesgos, infortunios, derrotas y victorias en Acción Democrática. Pese a la inmensidad del daño que se pretende inferirme, no guardo rencor ni pido retaliaciones contra nadie. Tampoco pretendo —agregó— que mi conducta no pueda ser objeto de críticas o hasta de investigaciones, así como acepté y enfrento el insólito proceso judicial que se me sigue, con la firmeza y la reciedumbre que afortunadamente me han acompañado en tantas horas difíciles de mi vida de luchador adeco por la libertad y la democracia"…

El desenfreno antiperecista de Caldera era tan inocultable que antes del juicio conversó con Uslar Pietri y otros, para explorar la posibilidad de enmendar la Constitución para recortar el período presidencial. Antes, en 1980, durante la discusión del caso Sierra Nevada, asistió a una entrevista de hora y media en *Radio Caracas TV* para dejar claros sus sentimientos de repulsa a CAP. Fue un programa dedicado a hablar solo contra el enemigo visceral. Los sufrimientos de Caldera en su temprana infancia se manifestaban ahora con fuerza vengadora, sin notar el potencial efecto bumerán de sus expresiones. Aunque se diera golpes de pecho y cada domingo se arrodillara y comulgara en la iglesia, no había milagro posible para exorcizar sus atavismos.

El desencadenante de eventos trascendentales en distintos lugares y en distintas circunstancias suele estar en detalles sin importancia aparente. Por eso, es probable que la génesis de la aversión del líder socialcristiano hacia CAP, estuviera en las ironías y las descripciones de éste sobre su personalidad. Pérez recordaba, por ejemplo, que mientras la dirigencia adeca estaba en las cárceles, en el exilio y la clandestinidad durante la tiranía de Pérez Jiménez, Caldera ejercía la abogacía y el comercio sin participar en la resistencia al régimen, y hasta llegó a fungir de apoderado de la esposa del verdugo Pedro Estrada en el juicio de divorcio por ella entablado, sin que sus actividades se vieran constreñidas por el brazo torturador de la Seguridad Nacional. En dicho proceso judicial Caldera estuvo en contacto directo con el cruel Estrada, quien, según la leyenda negra, usaba frac a la hora de martirizar a los protuberantes adecos y comunistas que caían en sus manos. Además, estuvo preso durante un breve lapso en la recta final del despotismo perezjimenista. De igual forma, CAP no vacilaba en calificar de aristocrática la visión que Caldera tenía del país. Otra posibilidad del origen de la animosidad podía ser la vanidad y la envidia, porque la popularidad de CAP en las etapas electorales ni siquiera era afectada por los temas más conflictivos.

En un gesto interpretado por especialistas como una presión a la Corte Suprema, cuando se acercaba el final del proceso judicial contra CAP, el presidente Caldera declaró que no procedía un indulto porque "sería una inconsecuencia que se desconozca el veredicto condenatorio de la Corte, que se corresponde, por lo demás, con el que se ha formado el pueblo venezolano en su conciencia"... No obstante esa categórica afirmación, el presunto respeto de Caldera a la independencia del poder judicial no se vio más tarde, cuando interfirió la causa a que estaba sometido Hugo Chávez y lo sobreseyó.

En las últimas semanas de 1993 el presidente de la Corte Suprema se reunió en Miraflores con el encargado de terminar el período constitucional, Ramón Velásquez, para solicitarle el rechazo a una reforma legal aprobada unos meses antes por el Congreso, porque en ella se contemplaba la eliminación de la figura jurídica de la malversación como delito. El objetivo del planteamiento, que fue aceptado por Velásquez sin formular reparos, era mantener activo el mecanismo elaborado para condenar a CAP.

A tres años y dos meses del comienzo del juicio, el 30 de mayo de 1996 la Corte Suprema dictó su veredicto firme. El expresidente Pérez fue condenado a dos años y cuatro meses de arresto domiciliario, culpable del delito de malversación agravada y absuelto del cargo de peculado doloso. La sentencia buscaba enmendar las imputaciones contradictorias del Fiscal General, al tiempo que evidenciaba la componenda para sentenciar al áspero adversario político.

La Corte desestimó el principio universal conforme al cual solo quien maneja el dinero puede incurrir en el delito de malversación. La mayoría de los magistrados tenía larga y reconocida experiencia académica, judicial y en el ejercicio profesional privado y, en consecuencia, sabían que el presidente era responsable de la Hacienda Pública pero no administrador directo de los fondos del Estado. La culpa de cualquier omisión o delito debía recaer en los ministros por ser administradores directos del presupuesto, pero, en definitiva, para Caldera se trataba de un ajuste de cuentas políticas y la Corte Suprema procedió en sintonía con su voluntad.

Pasado un tiempo, Carlos Andrés Pérez recordaba entre amigos las incidencias del día en que la Corte declaró con lugar el juicio en su contra, cuando al barajar sus opciones finales le pasó por la cabeza la idea de presentarse en el

Congreso para preguntar a los senadores dónde estaba la comisión de su seno que investigaría las presuntas irregularidades y quiénes la integraban, así como para preguntarles dónde estaba el informe de dicha comisión. ¿Qué habría hecho el Congreso frente a ese embarazoso trance? No hay duda: la falta de respuestas hubiera provocado un forcejeo sin solución posible porque las posiciones eran rígidas. En ese disparadero a Carlos Andrés Pérez solo le habría asistido la fórmula de aferrarse a la Presidencia, suspender las garantías constitucionales y disolver las cámaras legislativas, sin que hubiera barreras para contener un golpe militar de derecha al estilo del protagonizado por el chileno Augusto Pinochet. Los militares de izquierda estaban presos por sus implicaciones en las dos sediciones de 1992. Consciente de ese panorama desolador, CAP descartó esa idea y tomó otras vías para enfrentar el caso.

Ni Los Notables, ni Caldera, ni el fiscal general, ni la Corte Suprema de Justicia, ni el Congreso de la República, ni los partidos políticos, ni los medios de comunicación, tuvieron la sindéresis indispensable para deducir el potencial desestabilizador de sus actuaciones. ¿Por qué tantos erraban en forma simultánea? Cuando el denunciante José Vicente Rangel (JVR) fue interrogado por la Corte Suprema acerca de los orígenes de las imputaciones al presidente, se limitó a decir que como periodista no podía revelar ni sus fuentes de información ni otros aspectos relacionados con el caso. Desde el primer día del proceso judicial todo había sido extraño, comenzando por las actuaciones simultáneas de Escovar Salom como acusador y parte de buena fe. Lo puesto en escena era un teatro bufo con una galería que con anticipación estaba enterada del desenlace del libreto y a gritos lo pedía. En 1994, al inicio del segundo gobierno de Caldera, la afinidad contra CAP fue la razón de peso designar a Escovar Salom ministro de Relaciones Interiores. Para justificar la ineficacia gubernamental de ese período, ambos, Caldera y Escovar, sacaban a relucir el nombre de Carlos Andrés como el gran culpable de todo lo malo que sucedía en el país. Quedaba así comprobada la teoría según la cual la democracia procrea y engorda sus propios enemigos.

Los rumores sobre el uso de las columnas de José Vicente Rangel como mecanismos de presión y chantaje, siempre fueron vox populi. En ese país pequeño donde todos nos conocíamos, donde los dimes y diretes sobre sus dobleces eran cuentos de nunca acabar y era sindicado de vender las esculturas de su esposa a hombres de negocios y miembros del gobierno a cambio de silencios ante posibles hechos fraudulentos, además de actuar como agente de compañías vendedoras de equipos militares. El sello de origen de su matrimonio con una escultora de modestos méritos artísticos nacida en Chile, era una fidelidad elástica que en más de una oportunidad destapó aprietos.

De cuando en cuando en los años setenta el automóvil de Rangel con placas del Congreso de la República era conducido por un subversivo amigo de su cónyuge, a quien la policía política tenía en la mira. Un día unos patrulleros policiales que durante horas le habían ido pisando los talones, lo pillaron con las manos en la masa. En el maletero del vehículo hallaron el jugoso botín del asalto a una sucursal de un banco comercial en el este de la ciudad. En sus apuros Rangel corría de un lugar a otro, movía cielo y tierra para librarse del escándalo y la cárcel. Se rascaba la cabeza, hablaba con políticos y ministros, imploraba el silencio de los medios de comunicación ante la noticia de aristas imprevisibles. JV, como lo llamaban los amigos, era parte primordial de los desestabilizadores del gobierno de CAP.

En la segunda quincena de diciembre de 1999, luego de un deslave sin precedentes que dejó cientos de muertos y desaparecidos, miles de heridos e incalculables daños materiales en el estado Vargas, en la costa central del país, sostuve un diálogo con el ya canciller José Vicente Rangel sobre los motivos del rechazo del gobierno chavista a la ayuda norteamericana para reconstruir la arrasada carretera litoraleña y varios acueductos, mientras pequeñas y medianas poblaciones estaban aisladas, sin agua potable, sin electricidad y alimentos. Rangel me hizo revelaciones *off the record* sobre el curso socialista de la revolución bolivariana, que, por lo demás, ya corrían de boca en boca.

Pues bien, al suceder aquella catástrofe natural el presidente de Estados Unidos, Bill Clinton, había ordenado el envío de dos grandes barcos militares con maquinaria pesada y técnicos para restablecer en pocas semanas la carretera del Litoral Central y para proveer asistencia con hospitales de campaña y medicinas a las decenas de miles de damnificados, que pronto debieron regresar al puerto de partida porque por recomendaciones de Fidel Castro, Chávez y sus acólitos achacaban a Washington la planificación de una supuesta invasión a Venezuela, al estilo de las tantas que desde hacía más de un siglo plagaban la historia de las relaciones del país del norte con América Latina. Pasó el tiempo, no hubo invasión alguna y, a pesar de los fabulosos ingresos petroleros, el gobierno de Chávez fue incapaz de brindar la ayuda implorada por la población que sufría los desastres naturales y la desidia oficial.

"Como en muchas otras partes, aquí hay quienes todavía creen que el socialismo desapareció para siempre con la caída de la Unión Soviética. ¡Qué equivocados están! ¡Se van a caer de una nube!", me dijo el flamante ministro Rangel. Era improbable que un hombre con su experiencia política incurriera por ingenuidad en un desliz de ese tenor. ¿Se trataba acaso de un globo de ensayo? Como a todo el mundo, a mí me resultaba difícil pensar en la existencia de acuerdos secretos para montar el régimen de izquierda obediente a Cuba que luego se hizo evidente. Los acontecimientos posteriores se encargaron de demostrar los efectos nefastos de la influencia de Fidel Castro en las políticas del régimen venezolano, una de cuyas primeras manifestaciones fue el ya comentado rechazo a la asistencia de Estados Unidos.

Años después de la destitución de Carlos Andrés Pérez, cuando la embestida de sus verdugos seguía arrolladora, los estragos de la edad eran inocultables y los antiguos amigos se alejaban porque lo veían con el sol en la espalda, una mañana mientras desayunábamos en su residencia de Miami, el expresidente me miró y con serenidad dijo: "Me causan risa ciertos comentarios sobre mi supuesta liquidación histórica. Eso es muy difícil porque una vida como la mía no podrá ser destruida por infamias"… Como reportero curtido en los sinsabores de la diatriba venezolana, que no son tan distintos en otros países latinoamericanos, en aquellas palabras de CAP percibí no solo las convicciones firmes de sus actuaciones políticas, sino también el peso de las desilusiones y frustraciones en el ocaso de un hombre que había saboreado grandes éxitos y tragado amargas derrotas, encierros y hasta sufrido tuberculosis a los 23 años, porque la pasión política lo hacía olvidar los alimentos.

Al salir del apartamento por él compartido con Cecilia Matos y empezar a recorrer la avenida Collins, tan larga como cualquier otra de los Estados Unidos pero sin los deslumbrantes encantos arquitectónicos de las europeas, yo trataba de hilvanar la conclusión que con los años se ha reafirmado sobre su acerada vocación democrática y ciudadana. El ensañamiento terminó por imponerse no solo contra quien consagró su vida al partido político en que cosechó glorias y envidias, sino hasta llevarse también en los cachos a un sistema cuyo balance pocos se atrevían a recitar.

Carlos Andrés Pérez fue despedazado políticamente por quienes hasta le colocaron el mote de enemigo del pueblo, sin comprender que la ceguera y las envidias lo arrasarían todo. El final de su vida en el destierro estuvo signado por sinsabores que por orgullo evitaba revelar incluso a los más allegados. Sus facultades físicas estaban menguadas por dos derrames cerebrales, pero conservaba incólumes la lucidez y el deseo de ver a Venezuela libre de dictadura. A pesar de las evidencias de la persecución política, Estados Unidos rechazó su solicitud de asilo político para no perjudicar las probabilidades de unas relaciones diplomáticas promisorias con el gobierno de Hugo Chávez, tras lo cual el expresidente ni siquiera contaba con una póliza de seguros de salud pagada por el Estado. Después de haber dedicado su vida a la República, estaba en la pobreza absoluta.

Para pasar sus últimos años en Miami CAP debió ser reclamado por su hija menor, la abogado Cecilia Victoria Pérez Matos, nacida y educada en Estados Unidos. Y aunque los enemigos de grueso calibre habían hecho creer que era "el hombre más rico del mundo", ni antes ni después de su muerte se vieron manifestaciones de opulencia o derroche en ninguno de los miembros de sus dos familias.

EPILOGO
EN VOZ ALTA

Tras cuatro décadas de democracia y dos y media de chavismo, en mi cabeza hay ideas recurrentes. Van y vienen, se arremolinan, chocan entre ellas y encienden emociones dispares: alegrías, tristeza, esperanzas y frustraciones... Al final todas se resumen en soledad e impotencia ante la destrucción y pérdida del país en que nací, crecí y creí, en el que tantas oficinas visité, tantas calles caminé en búsqueda de noticias exclusivas, de entrevistas y de una que otra crónica, cuando, como dije al comienzo del presente texto, teníamos abundantes recursos para salir del subdesarrollo y ser felices, pero los dilapidamos de manera irracional.

Estudié y trabajé en la Venezuela democrática, con esfuerzos formé a mi familia y cultivé amistades que ojalá no hayan pasado en vano. Ahora, por supuesto, mal podría yo tratar de resucitar ilusiones irrepetibles, porque con un buen grado de inmadurez y en la vorágine de los acontecimientos, no reparé en la juventud que iba quedando atrás. Eso sí, me consuelan los recuerdos del largo y apasionado viaje periodístico a las entrañas de mi convulso país, tras lo cual he intentado resumir esas experiencias con el deseo de hacer un aporte modesto a los lectores jóvenes.

Los periódicos para los cuales trabajé dejaron de existir no solo por el progreso arrollador de la tecnología, que ha copado las distintas áreas de las comunicaciones, sino también porque el sistema del cual ellos eran parte esencial se derrumbó, carcomido por egoísmos y conspiraciones que no les eran ajenas. En aquella época hubo ejemplos dignos de compromiso profesional, moral y social, pero en términos generales los medios de comunicación estaban entre los principales culpables de la ruptura de la democracia y del ascenso presidencial del teniente coronel Hugo Chávez, quien luego se jactaba de su diabólica revolución. Los medios de comunicación eran asfixiantes factores de poder que por momentos suplantaban el papel de los partidos, con líneas políticas uniformadas en distintas ocasiones a través de su robusta asociación gremial, el Bloque de Prensa Venezolano.

No puedo dejar de recordar la frase eufemística "todo tiempo pasado fue mejor", pero que en nuestro caso adquiere proporciones de sentencia bíblica porque los avances económicos y sociales alcanzados en los cuarenta años siguientes a la caída de la tiranía de Pérez Jiménez, fueron destruidos como por una bomba, sin que quedara el menor vestigio de ellos, cuando en realidad nuestra única "bomba atómica" fueron Hugo Chávez, sus cómplices directos y quienes desde la sociedad civil abonaron el terreno para la llegada del nuevo régimen autoritario. Ellos provocaron tempestades jamás imaginadas.

Desde el primer día de la democracia venezolana inaugurada en 1958 teníamos razones para ser felices, aunque de manera simultánea había quienes jugaban a tres bandas como en el billar, haciendo gala de carambolas criminales para desestabilizar el sistema y favorecer a quienes le pondrían la mano al aparato estatal con fines personales y grupales. Por eso debemos arrostrar a los de mala memoria para recordarles las conspiraciones civiles y militares que quedaron ahí, desnudas, sin tapujos de ninguna clase, porque el resultado ha sido una nación hecha jirones, desgarrada en todos los sentidos, sin el menor asomo de recomposición efectiva. Nos empeñamos en demostrar que teníamos una democracia experimental, con instituciones endebles, incapaces de evitar el abismo, y lo conseguimos para desgracia de la inmensa mayoría ciudadana.

Los tristes episodios de nuestra sociedad, tan similares a los de otras latinoamericanas, conducen de manera inexorable a la conclusión de que por más traumáticas que hayan sido las experiencias dictatoriales, los pueblos aprenden poco o lo hacen tarde y mal. Las ilusiones traídas por los gobiernos posteriores a 1958 se convirtieron en ansias populares de regreso a la dictadura con todas sus implicaciones. De la misma forma, cuarenta años después de la larga historia de desajustes, vicios e innegables aciertos del sistema ahora añorado, es imposible negar que la población adoró y aplaudió a Hugo Chávez a pesar de sus evidentes impulsos delictivos, y después hasta lloró frente a su féretro y lo acompañó a la tumba. En las etapas de gloria del golpista, más de ochenta por ciento del mismo pueblo se declaraba su admirador y eso, que ojalá nos sirva de escarmiento, no lo podemos ni lo debemos olvidar.

Durante la autocracia de Hugo Chávez y Nicolás Maduro, un grupo de jóvenes codiciosos que brotaron en la recta final de la democracia y se enseñorearon con promesas de villas y castillos, de la noche a la mañana defraudaron a la población por su formación inconsistente y su carencia de principios básicos capaces de echar a andar un proyecto de país con pulcritud y desarrollo humano. De ellos esperábamos unos cambios decentes, novedosos, productivos, pero con sus pasiones, vicios y egoísmos solo fueron el óbice de un nuevo amanecer.

Ahora bien, aunque me aleje del anuncio inicial de circunscribirme a los cuarenta años de la convulsa democracia que un día despertó sueños y produjo pesadillas, sería injusto ignorar el admirable caso de una valiente y vertical mujer que ha desafiado el autoritarismo, María Corina Machado, que ha experimentado atropellos gubernamentales y la abrumadora mezquindad de quienes se suponían militantes de su misma trinchera. Machado ha demostrado valentía, decisión en el combate a la dictadura, y con su acerado espíritu ha sembrado admiración, aunque, por supuesto, su labor de conducción de los destinos nacionales está por verse y ojalá ocurra para bien del país, sin sujeción a intereses foráneos de ninguna clase.

Desde la llegada de Chávez a Miraflores tampoco han faltado otros nada jóvenes como el expresidente de la federación empresarial, Fedecámaras, Pedro Carmona Estanga, tutelado por un puñado de hambrientos de poder y de algo más, que durante los días 11 y 12 de abril de 2002 cometieron abusos, cuando Chávez fue sacado del poder por los militares al reprimir con impunidad las oleadas de protestas en las calles y avenidas de Caracas, hasta dejar 19 muertos y más de cincuenta heridos. Quienes en aquella ocasión veían todo fácil invitaron a la toma del palacio, sin imaginar la presencia de francotiradores chavistas en azoteas de edificios y otros lugares estratégicos.

Carmona Estanga encarnó la dramática comprobación de que por ser un asunto serio, la política no debería dejarse en manos de improvisados o irresponsables. Al encontrarse de golpe y porrazo en la silla presidencial, él abolió todas las ramas del Estado y se declaró jefe absoluto, sin instancias de apelación ni controles administrativos. En pocas palabras, el militar desquiciado que era Hugo Chávez tuvo en Carmona Estanga un efímero sucedáneo civil, sin que las consecuencias se hicieran esperar. Después de su desmadre, Carmona Estanga ni siquiera dio la cara por sus insensateces y menos afrontó las consecuencias, porque huyó y metió la cabeza en la tierra, para ser en Bogotá un desconocido profesor universitario titular una cátedra de cooperación internacional y, luego, ya viejo y con andar inestable, se sentaba en apartados rincones de algunos eventos de la oposición venezolana en Madrid, tratando de encontrar algún despistado que lo saludara. Carmona labró su propia desgracia y la de muchos otros.

Han transcurrido lustros, hemos recogido los frutos amargos de una sociedad con mando vertical, cerrada, retrograda y oprimida, construida por Chávez, con todos los derechos civiles y políticos pisoteados. Chávez y Nicolás Maduro instauraron un régimen basado en la repartija de los bienes y dineros nacionales entre sus familiares y amigos. Los casi 1.4 billones de dólares de ingresos de la República en los años de la bonanza registrada en los años de Chávez, fueron esquilmados, regalados y malgastados de manera grosera.

Ahora lo confieso: algunas noches me he descubierto con lágrimas en las mejillas al recordar los sufrimientos de mi familia, de los amigos y muchas otras personas que han muerto o ido a la cárcel por defender sus ideas. He sentido dolor por la gente sin derecho al trabajo, a la salud y a soñar con un país en libertad. En esos momentos recapacito y la indignación bulle hasta envolverme, pero sé que un buen día finalizará el oprobio, regresarán las libertades y la moral y prevalecerá el espíritu de rectificación. Debo confesar también que al empezar el bosquejo de este libro estuve tentado a escribir en tónica novelesca, pero las circunstancias prevalecieron y opté por el periodismo narrativo con pocos adornos. Pensé que el reportero que siempre he llevado por dentro dejaría atrás cualquier aventura ficcional, para dar cuerpo al relato de los hechos.

Las luchas intestinas condujeron al régimen del militarote —vocablo peyorativo de uso extendido en Venezuela— que fue Chávez y que pregonaba las soluciones más descabelladas para los males por él fomentados, como ese de cultivar zanahorias en los maceteros de las plazas públicas y tener gallineros en los balcones de los apartamentos. Es inevitable entonces recordar que su entrada en escena no fue producto del azar, sino de la acumulación de irregularidades y de la inmadurez de los casi 3.7 millones de ciudadanos que el domingo 6 de diciembre de 1998 votaron a ciegas para que quien se presentaba como un mecías viniera a "arreglarlo todo". De la misma forma, no oculto que en mi cabeza es recurrente la pregunta de si algún día lograremos asimilar la dolorosa y prolongada lección.

Ante la desconcertante realidad venezolana, más de ocho millones de compatriotas han salido despavoridos, unos perseguidos, otros por hambre y en pos de un mundo mejor, todos anhelantes de líderes honestos y eficientes que ojalá un buen día restablezcan los valores morales derrochados. La recuperación económica tendrá una relativa rapidez porque Venezuela posee cuantiosos recursos naturales atractivos, pero la tarea de restañar los enormes daños morales exigirá una denodada entrega de varias generaciones y será compleja. Esa tarea solo será posible después del régimen autocrático instaurado hace dos décadas y media.

Mis esperanzas siguen intactas porque hasta en las peores dictaduras, entre los venezolanos siempre ha habido quienes no dejan extinguir sus posibilidades de lucha; están bien preparados, son honestos, sin odios de ninguna clase, opuestos a fanatismos y a las manifestaciones colonialistas que amenazan con dominar el mundo. Por eso, no quiero pensar, me resisto a pensar que los venezolanos seamos incapaces de poner coto a la "revolución bonita" proclamada por Chávez, a la cual él auguraba cien años de duración. Ojalá hayamos aprendido la lección y cuanto antes volvamos a la democracia. ¡Ojalá! Lo deseo con la mano derecha sobre el corazón.

A MANERA DE ANEXO

COSECHAS EN DEMOCRACIA

A estas alturas me resulta indispensable un anexo sobre los éxitos alcanzados en la Venezuela democrática. Es verdad que en esos años no supimos utilizar la riqueza petrolera de la manera más provechosa, con la visión necesaria para constituir con disciplina, por ejemplo, un fondo soberano al estilo de los existentes en otras naciones, pero, por supuesto, también sería mezquino desconocer el progreso alcanzado en los sectores económico, educativo y de salud.

Éramos, claro está, una nación dividida y en pugna constante, con un sector de amargados y detractores que trastocaron principios esenciales, pese a lo cual hubo manifestaciones de desarrollo, paz y concordia. No obstante, en etapas tan criticas como las del segundo gobierno de CAP, las estadísticas nacionales y de los organismos internacionales reflejaron avances significativos y el acceso de las masas al estado de bienestar. Antes, cuando en el quinquenio de Betancourt las conspiraciones de izquierda y derecha tenían al país en jaque, la reforma agraria dio un respiro a la desatendida población campesina.

En los cuarenta años que fueron de 1958 a 1998, las decisiones estaban en manos de civiles y a los militares activos les estaba prohibido intervenir en disputas políticas y no tenían derecho al voto. Más allá de las dificultades, prevalecía la convivencia entre negros y blancos, ricos y pobres, radicales de derecha e izquierda, sin distingos religiosos o políticos. Aunque hubiera grupos de funcionarios resabiados, existía la separación de poderes y el respeto a los derechos civiles. Los partidos políticos funcionaban sin restricciones, con plena libertad de organización y de expresión, el sistema de pesos y contrapesos funcionaba, el pueblo elegía y cambiaba a sus representantes en elecciones reconocidas y aceptadas por la mayoría. El desgaste progresivo de los partidos y de las instituciones en general fue notorio, pero en comparación con otros países de América Latina, la legitimidad del presidente y de otros funcionarios, adquiría un alto valor derivado de los porcentajes de participación ciudadana en las elecciones quinquenales. El liderazgo venezolano resaltaba por su robustez en el escenario mundial. Así fue hasta la segunda elección presidencial de Rafael Caldera.

Entre los estudiosos de los problemas del desarrollo hay quienes dividen esas cuatro décadas en dos etapas: a los primeros tres períodos constitucionales les atribuyen avances y bienestar general, mientras a los que comenzaron con el primer gobierno de Carlos Andrés Pérez les endilgan ineficiencia, despilfarro y corrupción. Es un enfoque de corte academicista dirigido a descargar en el primer gobierno de CAP el comienzo de todas las calamidades, como consecuencia del uso clientelar de la renta petrolera.

Los peores desajustes económicos de la democracia se hicieron patentes entre los años 1979 y 1989, pero eso no significaba que todos los males fueran nuevos ni que se pudieran curar con analgésicos. Los síntomas se habían sentido por generaciones en los distintos estratos de la población. Hubo culpas compartidas entre partidos políticos, conspiradores de oficio, educadores, empresarios, banqueros, sindicalistas, militares, medios de comunicación y otros y, en consecuencia, se puede afirmar que era incierto que la aniquilación de la democracia fuera obra exclusiva de gobernantes o de la mezquindad de la clase media. Por eso, sería injusto descargar todas las falencias en un solo gobierno o en la clase media, a la cual también debemos reconocer sus aportes al avance del país.

Los esfuerzos iniciados por Rómulo Betancourt y continuados con intermitencias por los gobiernos y sectores privados, culminaron en la creación de la Comunidad Andina de Naciones. Las inflexibles y complicadas barreras aduanales que desde siempre habían sido obstáculo insalvable de desarrollo, empezaron a ser superadas en un lento y complicado proceso hasta hacer realidad el intercambio comercial armonioso que llegó a 7 mil millones de dólares anuales entre Colombia y Venezuela. Ahora bien, aunque el uso de cifras pudiera hacer farragosa la lectura de textos como el presente, es necesario acudir a ellas para dar una idea de los logros de los cuarenta años siguientes a la dictadura de Marcos Pérez Jiménez.

La explosión educativa

En la etapa democrática posterior a la dictadura de Pérez Jiménez el analfabetismo disminuyó en forma admirable. Entre 1961 y 1981, es decir, en el corto lapso de 20 años, se redujo de 36.7 por ciento a 15.3 por ciento, en otras palabras, bajó a la mitad. Las estadísticas oficiales evidenciaban el salto asombroso de la masificación educacional: La tasa bruta de escolarización ascendió de 11.7 por ciento en 1958 (817.488 estudiantes) a 28.6 por ciento en 1978 (4.045.200 estudiantes), sin que los gobiernos se vanagloriaran de ese logro que proporcionaba mejores condiciones de vida a las nuevas generaciones de ciudadanos.

La educación superior era accesible y sin pago alguno para quienes reunían las exigencias de ingreso. Los estudiantes de educación superior pasaron de 14 mil en 1957 a 774.995 en 1998, es decir, se multiplicaron por 59, mientras el crecimiento de la población fue de 3.5 veces. No obstante, a pesar de los esfuerzos oficiales y de los progresos de la masificación lograda, en 1992 todavía faltaba mucho para alcanzar la meta de alta prosecución escolar. Los índices de deserción escolar seguían siendo inquietantes.

Las fallas del sistema educativo tenían relación directa con las deficiencias en la capacitación de los maestros y profesores y, por extensión, de los profesionales en distintas disciplinas. Lamentablemente, la carrera educativa en Venezuela siempre adoleció del necesario reconocimiento social y de la remuneración atractiva para los jóvenes más valiosos. Los cursantes en institutos superiores registraron cifras que resultaban muy elevadas en comparación con las de países europeos, pero los niveles de eficiencia dejaban mucho que desear.

En los años sesenta y setenta el Estado tenía sus culpas en los problemas de las universidades nacionales, pero pocos hablaban del uso malsano que los partidos de extrema izquierda hacían de los centros educativos, para convertirlos en focos de subversión, tráfico de armas, guaridas de asaltantes de bancos y secuestradores. Durante largos períodos esos grupos políticos tomaban escuelas y facultades en aras de la socorrida renovación académica. Para ellos las universidades eran cotos cerrados. Había profesores con excepcionales calificaciones académicas y morales, comprometidos con las nuevas generaciones, pero otros no reunían las exigencias mínimas para el desempeño de sus tareas y estaban allí solo con fines proselitistas. Los requisitos de ingreso en muchas universidades eran pobres. En las nóminas de profesores y empleados proliferaban los activistas políticos que cobraban sin trabajar y muchos tenían becas como si fueran estudiantes.

La izquierda marxista utilizaba la autonomía universitaria para cometer delitos, sembrar vicios y evadir los controles administrativos y académicos. Lo cuestionaba todo sin proponer soluciones a nada. En la Universidad de los Andes, en Mérida, por ejemplo, se publicaba la revista *Trimestre ideológico,* financiada con presupuesto del instituto, desde cuyas páginas se proclamaba la destrucción de las universidades nacionales por supuestamente encarnar "la ideología burguesa en forma de institución, que simula un alejamiento de la producción para ocultar el verdadero carácter de ésta"[33]... Como para los promotores de esas tesis anarquistas las universidades no podían ser modernizadas en un sentido positivo, lo apropiado era destruirlas. Con esa tesis carente de originalidad, que venía a ser una simple repetición de los planteamientos anárquicos del Mayo francés de 1968 —en el que fulguraban Jean–Paul Sartre, Simone de Beauvois, Louis Althusser y otros intelectuales—, la revista merideña propiciaba el estancamiento y el atraso de los estudiantes.

Hubo universidades y otros institutos privados cuyos esfuerzos educativos sería injusto desconocer, pero también era obvio que no estaban exentos de los males aquí anotados. Numerosas escuelas y liceos privados tenían más interés en el dinero que en la formación de las nuevas hornadas de ciudadanos. Existían centros de mejoramiento profesional del magisterio, aun cuando persistían las debilidades en la formación, selección y evaluación del profesorado.

En esas circunstancias, algunos como el escritor Arturo Uslar Pietri, en vez de propiciar mejoras en la calidad de la enseñanza adoptaban posturas críticas por la crítica misma,

---

[33] *Trimestre ideológico*, edición correspondiente a abril, mayo y junio de 1971.

según las cuales la calidad de la educación era sacrificada en aras de la masificación del estudiantado. Era una postura basaba en el concepto de que en países desarrollados el acceso a la educación no alcanza a toda la población, "Si a mí se me aparece el arcángel Gabriel y me obliga a escoger entre darle una educación de primera clase a la mitad de la población y darle una educación mediocre a toda la población, pues yo escojo la primera. La mitad de la población, o la tercera parte, con una educación de primera clase saca a Venezuela adelante, mientras que una educación mediocre nos va a mantener en el fondo indefinidamente", sostuvo Uslar en la entrevista antes mencionada, hecha por Antonio López Ortega y publicada por la Revista Iberoamericana de la Universidad de Pittsburgh, en su número especial de enero-junio de 1994.

Las estadísticas de organismos nacionales y extranjeros aportaban elementos para comprender la transformación de la educación de los trabajadores. Después de haber sido analfabeto el 47 por ciento de la fuerza laboral en 1961, con los programas públicos y privados bajó a 15.3 por ciento en 1990, lo que estimulaba el bienestar de las familias de los trabajadores.

Más allá de los bemoles anotados, la educación y la salud pública experimentaron en democracia una expansión nunca antes conocida. El salto cuantitativo de los institutos de educación primaria, secundaria y universitaria auspiciaba mejores niveles de vida. El Estado proclamó el compromiso de garantizar la educación laica, gratuita y obligatoria para todos, con textos únicos o preferenciales. Se desarrollaron programas de construcción de escuelas primarias y de secundaria, además de otros destinados a la capacitación de maestros y profesores. Los programas de esos institutos eran llevados adelante sin interferencias ideológicas de los gobiernos. Las universidades y otros institutos superiores pasaron de seis en 1958 a más de cuatrocientos en 1998. Con el paso del tiempo el entonces rector de la Universidad Católica "Andrés Bello", Luis Ugalde, sostenía que a pesar del progreso del período democrático, la rutina y la burocracia centralizada impuso un deterioro entrópico en el sistema educativo. El magisterio, según él, parecía carecer de voluntad innovadora y del vigoroso aliento de los años cuarenta. El rendimiento escolar era bajo y los sectores de menores recursos tenían acceso a una educación pobre en calidad y en prosecución escolar.

LA SALUD PÚBLICA

En los inicios de la democracia el sistema sanitario presentaba serias limitaciones. Las tasas de mortalidad infantil y de enfermedades infecciosas tratadas con ineficacia eran elevadas; la salubridad de las viviendas rurales era cuando menos inquietante y resultaba insuficiente el número de hospitales y de profesionales de la salud en zonas urbanas y rurales.

Entre 1958 y 1998 la convivencia de instituciones y otros entes públicos y privados propició una cooperación y participación benéfica para la colectividad. En ese lapso se acordaron y desarrollaron planes de salud y construcción de viviendas populares. En 1957 ocurrían 62.5 muertes infantiles por cada mil; en 1980 esa cifra había bajado a 31.7 por mil. Más allá de lo pregonado por Pérez Jiménez y su régimen, las estadísticas demostraban que la asistencia sanitaria de su tiempo era deplorable. Había estados en los cuales fallecían hasta cien de cada mil niños.

Desde 1958 las universidades y los organismos del gobierno suscribieron convenios para fomentar la enseñanza de la medicina preventiva y social, así como para crear postgrados clínicos y de salud pública. La Universidad Central de Venezuela fundó la primera escuela de salud pública del país y una de las primeras de América Latina, en la cual se formaron epidemiólogos profesionales de significación tanto nacional como para otros países, porque a la larga ellos dirigieron grandes hospitales y coordinaron avanzados programas de salud pública y de investigación científica.

En los primeros cuatro períodos constitucionales Venezuela estuvo entre los países de América Latina con la mejor calidad y cobertura de los servicios médicos, lo que influía en el decrecimiento de las tasas de mortalidad. La construcción de hospitales públicos con capacidad para más de cien camas se aceleró y, de la misma manera, entraron en servicio más de 250 hospitales con capacidad para cien camas. Según publicaciones especializadas, el número de camas hospitalarias en el país pasó de 18600 en 1957 a casi 45 mil en 1998, cubriendo zonas de bajos ingresos urbanos y de fácil acceso a las rurales.

El Programa Nacional de Vivienda Rural, puesto en marcha en 1959 y desarrollado en forma simultánea con la reforma agraria, hizo posible la construcción de cerca de medio millón de casas de acuerdo con las normas de salubridad y comodidad en áreas campesinas y se aceleró la extensión de la red de acueductos y cloacas, que después de haber atendido apenas al 16 por ciento de la población en 1958, en 1998 llegó a casi 67 por ciento.

La dictadura de Pérez Jiménez se había jactado de construir grandes obras en todo el país, cuando en realidad para 1957 existían solo 24502 kilómetros de carreteras nacionales. En las décadas siguientes, por el contrario, hubo un auge en la construcción de redes viales, hasta cuadruplicarlas y facilitar de manera directa el acceso de la población a los programas de salud pública. En el momento en que Chávez subió a la magistratura nacional en 1999, la red nacional de carreteras cubría más de 96 mil kilómetros. La infraestructura vial llegaba a los pueblos más pequeños y distantes, lo que permitía a la población rural el acceso a los centros médico–asistenciales y educativos y, por supuesto, mejoraba la calidad de vida.

Al igual que la educación y otras actividades nacionales, la salud pública experimentó progresos significativos, pero, por supuesto, tampoco estaba libre de deficiencias. Las partidas presupuestarias destinadas a la salud se vieron restringidas en la década de los ochenta, lo que generó repercusiones negativas en los programas de cuidado infantil. Las defunciones en los centros materno-infantiles eran reflejo de los trastornos políticos nacionales.

Avances industriales

Entre 1959 y 1964 el gobierno de Rómulo Betancourt sentó las bases para el desarrollo industrial venezolano al revertir las concesiones petroleras otorgadas por la dictadura, así como al jugar un papel decisivo en la creación de la Organización de Países Exportadores de Petróleo (Opep) y de la Corporación Venezolana de Guayana (CVG).

La coordinación de políticas de los miembros de la Opep se tradujo en grandes ingresos para las naciones exportadoras de crudos. Más allá de los avatares del comercio internacional y de las triquiñuelas de ciertos integrantes de la organización para vender más de lo convenido, nunca antes un grupo de productores de materias primas fue tan exitoso en la defensa coordinada de sus intereses. Una vez nacionalizada la industria petrolera y creada Pdvsa en 1975, un manojo de ciudadanos que antes ocupaban posiciones ejecutivas en las empresas concesionarias pasaron a ocupar las posiciones de primera línea en la corporación estatal y demostraron eficiencia. La exitosa estrategia de funcionamiento de Pdvsa se basó en los principios de apoliticismo, autofinanciamiento, meritocracia, normalidad operativa y profesionalismo gerencial. Entre 1976 y 1981 se desarrollaron los planes de modernización de las refinerías. La capacidad de refinación y procesamiento de crudos se mantuvo en 1.4 millones de barriles por día, pero con la política de elevadas inversiones y la rígida conservación de recursos se elevó el rendimiento de la industria. La producción de combustibles de alto contenido de azufre bajó de 451 mil barriles por día a 327 mil, y las reservas probadas de crudos aumentaron de 18.220 millones de barriles a 20154 millones de barriles.

Los nuevos patrones de refinación de hidrocarburos incidieron en la producción de combustibles menos contaminantes, orientados a satisfacer normas ambientales internacionales y a obtener mayor rendimiento industrial. Se construyeron el Centro Refinador de Paraguaná, en Falcón; el centro mejorador de crudos extrapesados de Jose, en Anzoátegui; y el Instituto de Investigación científica y Tecnológica de Hidrocarburos (Intevep). La petroquímica progresó y sus exportaciones aumentaron.

Si bien el holding petrolero adquirió reputación mundial, no faltaban los avatares. Políticos con celo exagerado y corta visión, trataban de ponerle la mano a la corporación con propósitos clientelares. Desde el Congreso y a través de los medios de comunicación definían a Pdvsa como un Estado dentro del Estado y empezaron a ingeniar fórmulas para mermar la autonomía gerencial de los altos ejecutivos de la industria. Fue así como el gobierno de Luis Herrera y los partidos políticos aumentaron los controles administrativos del holding.

No obstante los tropiezos, la eficacia de la industria petrolera se mantuvo incólume hasta marzo de 1994, cuando Rafael Caldera nombró presidente de Pdvsa a un técnico de altas calificaciones identificado con Copei, que venía de la segunda línea de mando de una de las filiales. El escozor se notó de inmediato entre los altos ejecutivos de las empresas operadoras, que entendieron la decisión como una jugada política contra la meritocracia, por cuanto el escogido no provenía de la primera línea de directivos de la industria ni era una persona ajena a Pdvsa. Trabajar para Pdvsa implicaba ser parte de una élite, tener sueldos y otros beneficios superiores al promedio nacional. Esos privilegios garantizaban la excelencia y disminuían los riesgos de corrupción, a la vez que garantizaban el progreso industrial y los ingresos necesarios para el sostén de la población. Los síntomas iniciales de la politización de la industria de los hidrocarburos ocurrieron en las administraciones de Herrera Campins y Caldera y, por supuesto, al llegar Hugo Chávez se exacerbaron y transformaron en una pasmosa fuente de corrupción.

Con una cadena de refinerías en Estados Unidos y en Europa, la empresa Citgo fue adquirida por el Estado venezolano (cincuenta por ciento en el gobierno de Jaime Lusinchi, en 1986, y el otro cincuenta por ciento en la segunda administración de Carlos Andrés Pérez, en 1990) y transformada en brazo refinador y comercializador de crudos de Pdvsa en el exterior. Para frenar el impacto de los vaivenes del comercio internacional en la economía venezolana, esa filial llegó a manejar más de diez mil estaciones de servicio a lo largo y ancho de Estados Unidos, así como algunas refinerías en Europa.

En primer lugar Pdvsa y en menor medida la Corporación Venezolana de Guayana, fueron los símbolos de esplendor de la democracia venezolana y fomentaron un sinnúmero de compañías propias dentro y fuera del país. Dieron trabajo directo e indirecto a decenas de miles de personas, promovieron centros de desarrollo tecnológico, de salud, educación y facilitaron una infraestructura corporativa jamás vista en Venezuela.

La CVG construyó un formidable conglomerado de 59 empresas con capacidad excepcional para generar energía hidroeléctrica, explotar y exportar minerales y producir acero, aluminio, hierro, oro y otros metales, además de haber contribuido al desarrollo forestal. Una de esas compañías, CVG Electrificación del Caroní (Edelca), en su mejor momento llegó a producir hasta 17 megavatios de energía limpia para satisfacer la demanda del complejo industrial de Guayana, así como para cubrir cerca de treinta por ciento de las necesidades del país. Para ello fueron construidas las represas de Guri en el cañón del Necuima, con capacidad instalada de diez megavatios de electricidad; Macagua I, Macagua II, Caruachi y Tocoma, utilizando la potencia del rio Caroní, además de cuantiosos sistemas de transmisión y subestaciones generadoras de respetables volúmenes de energía. La cadena nacional de plantas termoeléctricas satisfizo la demanda eléctrica de grandes, medianas y pequeñas ciudades mediante inversiones estatales.

En forma paralela, en 1961 fue fundada Ciudad Guayana en la confluencia de los ríos Caroní y Orinoco, planificada por técnicos de la CVG, del Instituto Tecnológico de Massachusetts y de la Universidad de Harvard, que constituyó un polo de desarrollo dotado de hospitales, universidades, centros comerciales, institutos de adiestramiento industrial e infraestructura vial y otros servicios.

Después del Plan IV de la Siderúrgica del Orinoco (Sidor), la producción venezolana de acero fue de cuatro millones de toneladas por año. Con su enorme potencial industrial, Sidor abastecía la demanda de tubos sin costura de la industria petrolera nacional y exportaba una parte de sus productos. Venalum, creada originalmente con capital mixto venezolano-japonés, llegó a producir hasta 430 mil toneladas anuales de aluminio primario para los mercados nacional y extranjero de envases, utensilios del hogar, cables, rines y partes para vehículos, que aportaron miles de millones de dólares al torrente económico nacional. De manera simultánea se formaron compañías fabricantes de válvulas, mantenimiento y otras. Con sus plantas de reducción directa, Ferrominera del Orinoco producía 20 millones anuales de toneladas de hierro de buena calidad. También se formaron empresas conexas como Minerven, cuyo propósito era la extracción y procesamiento de oro; Carbonorca, fabricante de ánodos de carbón para la industria del aluminio, y otras.

Los patrones de la economía venezolana durante el período democrático eran similares a los de otros países monoproductores de petróleo. Los ingresos cíclicos, cuantiosos y fáciles, fueron tanto una bendición como un freno para la diversificación de los sectores industriales no tradicionales y para ser competitivos en el comercio exterior. Por un lado, permitieron las mejoras en educación, salud, carreteras y autopistas y otros medios para modernizar sociedad y, por el otro, el elevado costo y la escasez de la mano de obra con elevadas calificaciones constituía una pesada carga para la diversificación industrial, sobre todo en las dos primeras décadas. Las posibilidades de elaborar productos acabados y competir en el comercio internacional eran reducidas. Habíamos llegado a creer que con el cobijo estatal las cosas serían fáciles hasta el fin de los siglos. Poco a poco y sin darnos cuenta, desde el descubrimiento de los yacimientos de hidrocarburos y el inicio de sus exportaciones, los venezolanos nos habíamos acostumbrado a la mano pródiga del Estado hipertrofiado, omnipotente, con una fortuna capaz de solucionarlo todo.

La incorporación de Venezuela a la Organización Mundial de Comercio solo vino a ocurrir en 1995, porque hasta entonces los defensores de los esquemas proteccionistas impedían un desarrollo industrial sano y sin subsidios, a pesar de lo cual desde el primer gobierno de Carlos Andrés Pérez hubo progresos en empresas privadas cuyos dueños eran ejemplos de experiencia y visión de futuro industrial. Se instalaron fábricas de cemento para producir en admirables cantidades, empresas metalmecánicas y una ensambladora de autobuses que constituyó un paso intermedio en el proceso automotriz y en poco tiempo empezó a exportar vehículos de reconocida calidad.

El intercambio comercial con naciones latinoamericanas superó los ocho mil millones de dólares anuales, aunque para llegar al pleno desarrollo industrial se requerían pasos todavía más audaces tanto en lo tecnológico como de capacitación de los trabajadores. La posición geográfica nos garantizaba el acceso a la región pero claro, las metas de la autosuficiencia no estaban al alcance de la mano. Hemos debido hacer más sacrificios así muchos protestaran. Si a las políticas económicas hubiésemos agregado mecanismos de disciplina amargos al comenzar, a la larga hubiésemos obtenido frutos positivos de desarrollo. Bastaba observar el ejemplo de los saltos registrados por Japón después de la guerra, así como de la ciudad–estado de Singapur bajo el mandato del autoritario Lee Kuan Yew. En ese mismo lapso otros países tuvieron asombrosos avances y abandonaron la condición de subdesarrollados para situarse entre los emergentes. Corea del Sur, cuyos pilares económicos habían estado en la agricultura hasta los años sesenta, abandonó el subdesarrollo y entró al grupo de los altamente industrializados. Con el ascenso del visionario Deng Xiaoping al poder, China no solo dejó atrás la miseria de las décadas de Mao Tsé Tung, sino que despegó como el gran milagro económico mundial del siglo XX hasta situarse entre las principales potencias mundiales.

Para el momento en que Chávez asumió la Presidencia de la República en 1999, no obstante los bemoles de las clases política y económica, los venezolanos habíamos cubierto una serie de etapas y el 35 por ciento de las exportaciones nacionales ya correspondía a renglones distintos a los hidrocarburos. Algo importante se había hecho. Ahora, cuando todas esas fuentes de riqueza fueron conducidas a la bancarrota por los gobiernos de Hugo Chávez y su sucesor, es imposible imaginar adónde hubiese llegado Venezuela si se hubiera preservado el impulso industrial y comercial adquirido en los años de democracia. Lo único tangible ahora son las descomunales pérdidas económicas, el atraso general, la miseria y el éxodo de millones de empobrecidos ciudadanos.

La proximidad a Estados Unidos y al amplio mercado latinoamericano, además de la clase media profesional con elevadas calificaciones, fueron valiosas ventajas comparativas para el relativo avance sostenido de la economía entre 1959 y 1999. Venezuela, entretanto, impulsada por la enorme palanca del ingreso petrolero daba los primeros pasos hacia lo que auguraba una próspera industria eléctrica en el estado Bolívar, donde la diversidad de materias primas permitía ingeniar el conglomerado de la Corporación Venezolana de Guayana.

El objetivo fundamental de la CVG era establecer las bases materiales para la modernización y diversificación económica para superar el subdesarrollo. Fue un plan ejecutado con amplio apoyo nacional, sin que en el período inicial se impusiera la crítica negativa. El Estado fue el inspirador y autor único de ese gran proyecto porque al capital privado nacional le faltaba fuerza la suficiente para emprender planes industriales de gran envergadura.

En los gobiernos de Luis Herrera Campins y Jaime Lusinchi, en los años ochenta, el endeudamiento del conglomerado industrial de Guayana adquirió dimensiones inmanejables derivadas de la lentitud de los factores económicos internos y externos. Por un lado hubo errores y vicios en los organismos oficiales y, por el otro, los desajustes mundiales debilitaron los precios de las materias primas y de los renglones semi elaborados, con las consecuentes repercusiones en las exportaciones de la CVG. La capacidad financiera limitada de la Corporación restringió el mantenimiento y la modernización de las plantas. Su deuda externa ascendió a casi 2300 millones de dólares de la época, a lo cual se sumaban otros dos mil millones de dólares requeridos para inversiones a corto plazo. Los dirigentes sindicales obnubilados con reclamos insensatos y las frecuentes huelgas de trabajadores, contribuyeron al desalentador panorama que desembocó en endeudamientos en condiciones negativas y en la venta de activos.

Después de haber acusado a Carlos Andrés Pérez de neoliberal y comprometido con intereses extranjeros, el presidente Caldera y su ministro de planificación Teodoro Petkoff, comprendieron la impostergable necesidad de la apertura del sector petrolero. La crisis de la CVG con sus proporciones inmanejables planteó la privatización de varias compañías del conglomerado, comenzando por la Siderúrgica del Orinoco. El consorcio Amazonia, con accionistas de Argentina, Brasil y México, pagó 2300 millones de dólares por el setenta por ciento de sus acciones.

Sobre el autor

Ricardo Escalante, dos veces premio nacional de periodismo en Venezuela (1980 y 1985), consagró su vida al ejercicio del reporterismo. Trabajó más de treinta años para *El Universal, El Nacional, Panorama, El Carabobeño, La Nación de San Cristóbal* y otros medios, en los

cuales cubrió diversas fuentes informativas, hasta anclarse en las parlamentarias y partidistas, que le permitieron conocer y tratar a buena parte de los protagonistas de la vida nacional.

El autor trabajó durante casi cuatro años en la embajada venezolana en Londres, y más tarde siete como encargado de prensa y relaciones públicas de la embajada británica en Caracas, para luego ejercer por un breve lapso la dirección de información de la Presidencia de la República.

En San Cristóbal, estado Táchira, donde nació en 1947, transcurrió su niñez. Allí, aunque jamás tuvo militancia partidista, comenzó su interés por la política. Cada tarde, al salir de sus clases, ayudaba a su padre en una modesta carpintería y recolectaba frutas en el solar de su casa para venderlas los fines de semana en el mercado municipal.

A lo largo de su trayectoria periodística desarrolló una particular capacidad para identificar ángulos noticiosos y analizar las personalidades de los principales líderes venezolanos, experiencia que nutre las reflexiones y testimonios recogidos en este libro.